中国资产证券化系列

公租房REITs

高旭华　修逸群　高　仪◎著

Public Rental Housing C-REITs

48位金融及地产领域专家联袂推荐

中山大学出版社
SUN YAT-SEN UNIVERSITY PRESS

·广州·

图书在版编目（CIP）数据

公租房 REITs/高旭华，修逸群，高仪著 . —广州：中山大学出版社，2023.8
ISBN 978 - 7 - 306 - 07843 - 8

Ⅰ.①公…　Ⅱ.①高… ②修… ③高…　Ⅲ.①保障性住房—房地产投资—信托基金—研究—中国　Ⅳ.①F832.49

中国国家版本馆 CIP 数据核字（2023）第 118227 号

出　版　人：王天琪
策划编辑：熊锡源
责任编辑：熊锡源
封面设计：曾　斌
责任校对：蓝若琪
责任技编：靳晓虹
插　　图：高　权
出版发行：中山大学出版社
电　　话：编辑部 020 - 84110283，84113349，84111997，84110779，84110776
　　　　　发行部 020 - 84111998，84111981，84111160
地　　址：广州市新港西路 135 号
邮　　编：510275　传　　真：020 - 84036565
网　　址：http：//www. zsup. com. cn　E-mail：zdcbs@ mail. sysu. edu. cn
印 刷 者：佛山市浩文彩色印刷有限公司
规　　格：787mm×1092mm　1/16　14 印张　294 千字
版次印次：2023 年 8 月第 1 版　2023 年 8 月第 1 次印刷
定　　价：75.00 元

鸣　　谢

特别感谢丰诚集团有限公司和董事长何锐平先生对本书出版的鼎力支持和热情帮助！

非常感谢广东大鹏资产管理有限公司全体同仁对本书出版的鼎力支持和热情帮助！

作者简介

高旭华

暨南大学－法国图卢兹商学院工商管理博士，中山大学高级工商管理硕士、行政管理硕士，建筑学学士

高级策划师，高级经济师，高级工程师

中山大学特聘研究员，暨南大学特聘研究员、博士生校外导师，西北工业大学 MBA 校外导师

广东大鹏产业投资有限公司董事长，广东中泰投资股份有限公司董事总经理

国务院发展研究中心地方债 REITs 试点前课题组成员

曾任职于大鹏集团和保利集团，参与起草并获得颁布五部国家标准及行业标准

曾合作出版《REITs：颠覆传统地产的金融模式》

修逸群

广东外语外贸大学国际商务硕士（MIB），广东金融学院金融数学与金融工程学士、金融学学士

房地产估价师、资产评估师、会计师、审计师、经济师

保利投资控股有限公司地产金融事业部总经理助理

曾合作出版《REITs：颠覆传统地产的金融模式》

研究方向：房地产金融、股权投资、企业管理

高　仪

密歇根大学社会学学士

布朗大学国际与公共事务研究院硕士

具有行政管理、金融投资、生物医药相关工作经验

某世界三十强企业高级副总裁特别助理

曾合作出版《REITs：颠覆传统地产的金融模式》

道阻且长，行则将至

我国地方政府公共资产存量规模已经超过 100 万亿元，这些公共资产包括由政府购买服务的公租房和廉租房，以及其他有运营收益的高速公路、园区、市政管廊、废物处理厂等。这些公共资产的投资及运营，对我国经济发展贡献巨大。前些年，伴随经济发展和城镇化进程，各地政府积极推进城市基础设施建设，在取得建设成果的同时，地方债务也快速增长。财政数据显示，截至 2022 年 2 月末，全国地方政府的债务余额已超过 30 万亿元。

面对地方政府债务堆积过高的问题，有人担心，也有人不以为意。不少政府干部和专家学者尝试提出一些化解地方债的方法。这些方法包括：第一，发低息新债偿还高息旧债，这虽能解决应急问题，但实际上等于没有还债。地方政府负债率不降反升，加大了地方政府的债务风险。第二，实行"贷款证券化"，即把还不起债的地方贷款"证券化"，这实际上变成了一种中国式的"次贷"。第三，"卖地还债"的传统办法，这其实是地方政府最主要的偿债来源。但是去年以来，我国房地产市场转冷、资金断供、需求收缩、预期转弱，不少地方出现了土地流拍的情况，让指望卖地还债的地方政府风险凸显。

什么是化解地方债的正确方式？本书作者高旭华博士以 REITs（real estate investment trusts，房地产投资信托基金）模式为公租房融资的思路，为化解地方债问题提供了新的视角。正如李克强总理 2015 年在达沃斯论坛致辞中所说，"地方性债务 70% 主要是用于基础设施建设，是有资产保障的"。地方债所对应的各项基础设施资产与公租房资产已成倍增值，这是在我国实行"不动产证券化"的最好条件。因此，通过引进 REITs 进行金融创新，把公共资产中的优质资产通过 REITs 实现证券化，不仅很容易化解地方债，而且能深化投融资体制改革，给资本市场提供优质资本品，促进我国资本市场稳健地发展。若能将其中 1% 的资产实现证券化，即可撑起一个万亿元人民币规模的基础设施 REITs 市场。

从 2005 年我将 REITs 介绍到我国以来，REITs 理念曾在我国长期遭到冷落，也曾走入误区。直至去年中国证监会和国家发展改革委联合发布《公开募集基础设施证券投资基金指引（试行）》（征求意见稿），REITs 在我国的发展才进入新阶段。这些年来，高旭华博士及其团队奔走各地，积极研究推进公租房 REITs，经常来北京与我研究探讨相关问题，其中颇多艰辛与不易。"路漫漫其修远兮，吾将上下而求索。"如今 REITs 试点恰逢天时、地利、人和，很高兴看到旭华将公租房 REITs 研究成果公之于众，与行业同仁共同探讨研究。

道阻且长，行则将至。经过我们大家十几年坚持不懈的推动，REITs 部分门类的产品已在中国蓓蕾初绽。我认为，将 REITs 引进我国，既要结合国内实际情况循序渐进，又要充分学习借鉴国外先进经验，让 REITs 能覆盖到更多优质资产领域。从基础设施项目启动 REITs 试点符合中国实际的路径，现在 REITs 试点应加快进入公租房领域，它亦是城市基础设施的一部分；随后，各类商业租赁房也应当能进入 REITs 试点，它们的资产增值长期效应更加明显，可以给 REITs 投资人带来长期可观的收益，成为人民群众可以享受的普惠型资本福利。

我国有足够的优质不动产资产可以进行证券化；我国人民素有持有房产等不动产的历史习惯，容易接受不动产证券化产品；近年我国与世界各国不动产资产持续增值，有利于增强不动产证券化的信心。这都是我国开展不动产资产证券化的优势。只要我们进一步解放思想，坚定扩大直接融资比重，相信 REITs 将会在中国大行其道。它将促进我国金融体系完善、资本市场健康发展，为中国经济长期发展与良性循环，发挥出更大的作用。

孟晓苏

北京大学教授、博士生导师

中国房地产集团理事长、汇力基金管理有限公司董事长

2023 年 5 月 1 日

序二

民生化房地产理论养成记

人民群众对美好生活的向往包括对更好住房条件的向往，满足人民群众的这种向往，正是高旭华博士他们第三本书中民生化房地产理论的重要背景。

民生化房地产理论建构无疑是一个宏大而艰难的学术目标。在高博士开始下决心做这个研究的时候，中央关于公租房 REITs 的政策还没有推出。当时的基本情况是，北上广深因地制宜，根据不同条件推出了几支准 REITs 产品，大多针对商业类物业或酒店类物业，通过境外资本市场发行，或者通过债权市场或股票场外交易的方式在境内发行。当时保障房 REITs 还处于未真正开始试点的时期，要立足当时中国现实政策条件，做保障房 REITs 这一课题，其难度可以想象，一缺本土案例、二缺本土理论借鉴、三缺本土经验数据——这种前沿性、创新性很强的"三无"研究，无疑是横亘在高博士及其研究团队面前的巨大障碍。

正因如此，选题确立之初，就有多位专家投来了质疑的目光。记得在东莞举行的一次学术研讨会上，多位学者提出了对此前沿课题的学术担心，其中既包括中国知名学者，还包括来自欧洲著名大学的国际学术专家。他们大致的意见都是，西方的 REITs 已经发展了很长时间，以西方理论为根本的理论探索似乎缺乏创新意义，而以中国本土化理论开发为目标的理论探索又存在上述的"三无"障碍。

作为当时在场的专家，我和广东外语外贸大学的郑立华教授却心里有底。这份底气来自我们对高博士的了解——在文质彬彬的外表下，高博士有挑战难题的非凡毅力。他说，有难题不怕，正好提供了研究破题的方向，同时给这个行业起到抛砖引玉的作用。没有本土理论，就基于民生化房地产理论进行本土理论创新；缺乏现成案例，就跟踪现有保障房建设项目进行案例开发；没有系统化经验数据，就通过各种渠道进行数据收集。寒来暑往，三易其稿，几经讨论，终于付梓。

其中难度最大的恐怕就是本土民生化房地产理论的创新部分。由于房地产将从房改之初的准金融属性和财富效应，走向未来的社会民生效应，如何平衡社会民生和市场，如何分析新型民生化房地产的产品结构、组织结构、价格结构和利润结构，将是理论构建的难点。高博士及其研究团队在长期的房地产从业经验和房地产金融理论研究的基础上，提出以 REITs 为金融基础，以保障性住房的微利化、民生化定价为其价格基础，将是未来民生化房地产的重要特征，并提出了基于 REITs 公租房项目的利润结构，较好地回应了上述理论关切。

研究中，高博士及其团队竟日奔波于诸所大学与案例现场之间、往返于北京与广州的诸位专家之间，博采众长、审问精研、慎思明辨，终成伟卷。

最后，借序言之机，为此开创性成果，向高博士及其团队表示衷心祝贺！

王霄

暨南大学管理学院教授、博士生导师

2023 年 3 月 26 日于暨南园

房地产民生模式

每年的两会政府工作报告、年底的国家经济工作会议、住建部等部门的主题会等会议，往往决定中短期国家房地产的走向，国家会根据新的形势和变化，再次调整楼市走向。比如2021年政府工作报告提出：切实增加保障性租赁住房和共有产权住房供给……尽最大努力帮助新市民、青年人等缓解住房困难。再比如国家"十四五"规划纲要明确提出：加快培育和发展住房租赁市场，有效盘活存量住房资源，有力有序扩大城市租赁住房供给。再比如1987年中国共产党第十三次全国代表大会《沿着中国特色的社会主义道路前进》的报告，第一次提出了建立房地产市场，确立了房地产市场的地位，宣告了中国特色社会主义房地产市场的诞生。

党的十九届六中全会虽然不是关于房地产议题的专门会议，甚至不是经济工作专题会，却说清楚了国家层面对于中国房地产市场十年以上的长期发展思路，因为会议通过了《中共中央关于党的百年奋斗重大成就和历史经验的决议》。

这份文件关于房地产的论述，放置的位置却很有深意。房地产是中国国民经济的重要组成部分，房子是中国老百姓70%资产的沉淀。它并没有放在第四大部分第三小节的经济论述方面——经济建设上，而是放在了第八小节——社会建设上。社会建设说白了就是民生，例如脱贫工作、居民就业、医疗保障、打击黑恶势力等。很显然，国家已经慢慢把房地产从国民经济支柱地位变成国民经济重要组成部分，然后又变成国民经济组成部分，现在再变成了民生保障的一部分。

本人认为，促使房地产政策方向发生变化的原因，应该追溯到最近的一次人口普查。第七次全国人口普查结果显示：2020全年全国人口超14亿，出生人口1200万人，人口出生率为8.50‰，出生人口连续三年滑落，出生率为1952年该数据存在以来最低。出生率低导致持续的人口负增长对一个国家的社会、经济、国防都具有极其严重的影响：人口老龄化、社会经济倒退、国家竞争力下降。现实的例子请参照邻国日本。导致人口出生率低的原因有很多，专家普遍认为是城市化进程中城市房价的飙升、超前过度消费、医疗和教育两座大山等原因造成的。中国政府因此下定决心，对房地产、消费金融、医疗、教育等行业进行大刀阔斧的改革。

当然，房地产政策方向的转变并不是对住房商品化的否定，而是对中国特色社会主义市场经济的不断完善，是对城镇住房制度改革的进一步深化。城镇住房制度改革从早期那种城镇住房主要依靠国家投资建设、排队分配、低租金使用的做法，转变为主要由房地产开发商开发建设、从市场上购买或者承租的"住房商品化和社会化"的做法，到如今构建以政府为主提供基本保障、以市场为主满足多层次需求的住房供应体系的做法，都是因时制宜地制定符合当时国情的政策，最终目的就是实现广大人民群众住有所居的住房目标。

各个行业的发展都要前瞻性地与国家战略方针相吻合。根据党的十九届六中全会精神，我们可以推测，房地产市场十年以上的长期发展思路就是房地产市场民生化、保障化，而非利润化。具体内容很好理解，就是四句话：第一，坚持房子是用来住的、不是用来炒的定位；第二，加快建立多主体供给、多渠道保障、租购并举的住房制度；第三，加大保障房建设投入力度；第四，城乡居民住房条件明显改善。

这四句话可以看作是有关房地产和楼市须长期坚持的国策。如果结合房地产民生化、保障化，而非利润化的定位，未来的中国楼市，政府也许会采用房地产"民生模式"来管理。一直以来，中国房地产市场并非完全市场化；市场化就是资源配置由市场那只"看不见的手"调配，而中国房地产市场一直以来也受到政府这只"有形的手"支配，这就是1998年到2018年中国楼市的基本规则。

未来20年游戏规则也许会变成中国房地产从高负债高杠杆跃进式的开发模式，转变到稳健经营、保障民生，把房地产投资需求从实体层面转移到证券市场层面中的"民生模式"中来。这种新型的"民生模式"将结合美国的金融模式、中国香港地区的政府主导模式以及英国公私合营的模式，把政府主导的"看得见的手"和市场主导的"看不见的手"相结合，充分利用政府的公益性、房地产市场的调节性以及资本市场的逐利性。中国房地产商业模式的变革，必然涉及以下九个方面的变革：

（1）服务群体细分：按照国家的顶层设计和长期发展思路，很可能就是中高端房地产市场执行市场经济，同时低端房地产执行调控经济。

（2）渠道通路的变更：从房地产销售渠道转变为向政府申请公租房。

（3）价值主张的不同：中高端房地产的价值主张是独特、稀缺、品牌、设计、升值；而低端房地产的价值主张应该是价格低廉、成本减少、经济适用。

（4）服务关系的转变：从私人订制服务转变为标准化自助服务。

（5）收入来源：从一次性付款转变为长期租赁服务费。

（6）关键资源的变化：土地方面，政府有规模较大的政策性住房土地——

公租房、廉租房、共有产权住房，而不单是商品房用地，这将要成为长期的坚持土地出让和划拨原则；资金方面，从银行抵押贷款转变为证券市场融资。

（7）关键活动：开发商开发并销售商品房，政府开发并租赁公租房。

（8）关键伙伴的变化：抑制房产炒作，逐步压缩商品房的投资空间，提高交易费用，房价保持平稳，从"房住不能炒"，变成"房住不想炒"。提高资本市场的投资氛围及活跃度，吸引公众投资者投资房地产投资信托基金（REITs）。

（9）整个商业模式的成本结构的变化。

从国家层面来看，房地产民生化这种商业模式的转变必然是复杂及重大的。过去广大普通投资者没有很好的投资途径，上市公司财务造假、恶意做空等现象常常导致投资者血本无归，证券市场俨然成为富豪圈钱的跑马场。保障房REITs作为一种风险和收益相匹配的地产金融产品，更加能够引导民众理性地投资。同时，它能够在资金端解决保障性公共租赁住房的资金问题，加速房地产市场民生化的进程。当然，这个过程是漫长的；我们花了20年建立现有市场化的中国楼市，或许还要花20年，把这个市场变回"政府＋市场＋金融"的民生模式。这个过程或许漫长，但是它已经开启。

最后，我们以《中共中央关于党的百年奋斗重大成就和历史经验的决议》第四大部分第八小节的社会建设的开篇语来结束这段序文："必须以保障和改善民生为重点加强社会建设，尽力而为、量力而行，一件事情接着一件事情办，一年接着一年干，在幼有所育、学有所教、劳有所得、病有所医、老有所养、住有所居、弱有所扶上持续用力，加强和创新社会治理，使人民获得感、幸福感、安全感更加充实、更有保障、更可持续。"

修逸群

2023 年 9 月 18 日

目　录

第一章

房 地 产

住房在人民的"衣食住行"中具有非常重要的地位。

从需求角度看，衣食住行与人们的日常生活息息相关。中国现存最早的一部风水住宅著作《黄帝宅经》有言："宅者，人之本。人因宅而立，宅因人得存。人宅相扶，感通天地。"意思是说，住宅是人的根本需求，人靠住宅而自立，住宅因人而存在。人和住宅相互扶持，其中的感应与天地相通。西方马斯洛需求层次理论认为，人的需求从低到高有 5 个层次：生理需求、安全需求、社交需求、尊重需求和自我实现需求。而住宅是上述需求得以实现的基本前提条件和重要保障。

从投资角度看，住宅作为人们的重要资产，深刻影响国家的治理和经济的发展。《孟子》说："民之为道也，有恒产者有恒心，无恒产者无恒心。"意思就是说，统治人民的规律在于，人民有稳定资产就能安居乐业，没有稳定资产就会胡思乱想。早在 1931 年，美国总统胡佛就在住房问题会议上指出："没有什么东西比住宅建设能为谋求人们幸福和社会安定作出更大贡献。"日本 20 世纪 80 年代末的房产泡沫和美国 2008 年的住房次级抵押贷款危机都给我们带来惨痛而深刻的教训。住房问题是关系国计民生的大事，可谓"成也住房，败也住房"。

下面从房地产这个与人们日常生活息息相关的品类入手，看看房地产的具体含义、特性和种类，进而认识保障性住房需求的重要性。

一、房地产的含义

（一）房地产的定义

房地产，通俗地说是指房屋与土地，或者房产和地产。严谨意义上的房地产，是指土地以及建筑物和其他相关定着物，是实物、权益和区位的结合体。要理解房地产的概念，首先就要搞清楚土地和建筑物的含义。

1. 土地

从房地产的角度看，土地是一个空间，该空间不是平面的，而是三维立体的，具体是指地球的陆地表面及其上下一定范围内的空间，包括地表、地上空间和地下空间。

一宗土地的地表范围，是指该土地在地表上的边界所围合的区域。这个边界是以权属界线组成的封闭曲线。土地的实物形态是连绵无垠的，本身无所谓范围，但因为人们在地表上形成了一块一块或一宗一宗的土地，也使每块或者每宗土地有了平面界址、形状和面积。例如建设用地红线图，有土地管理部门或者城市规划管理部门在地块各转点钉桩、埋设混泥土界桩或者界石并放线确认形状。

一宗土地的地上空间范围，是从该土地的地表边界向上扩展到无限空间；其地下空间范围是从该土地的地表边界呈锥形向下延伸到地心的空间。然而这只是理论上而言，通常认为地上空间的高度以飞机的飞行高度为限，地下不包括可以出售、出租或者法律规定其他交易行为的资源、埋藏物等，而这些物资属于地表所有权人以外的其他单位或个人。

2. 建筑物

建筑物有广义和狭义之分。广义的建筑物既包括房屋，也包括构筑物。而狭义的建筑物主要指房屋，不包括构筑物。房屋是指有基础、墙体、门窗和顶盖，起遮风挡雨、保温隔热、抵御他人或者野兽侵扰等作用，人们在其内部生活和进行生产活动的建筑空间，如住宅、商店、办公楼、宾馆、厂房、仓库等。

构筑物在日常生活中也随处可见。构筑物是指人们一般不直接在其内部生活和进行生产活动的工程实体或附属建筑设施，如烟囱、水塔、围墙、道路、桥梁、碉堡等。当然，有时对亭子、宝塔之类的建筑物，称其为房屋或者构筑物似乎都不妥，一般直接称呼其为建筑物。因此，建筑物的范围最大，包括房屋和构筑物。

3. 其他相关定着物

其他相关定着物是指附属或结合在土地或者建筑物上，从而成为土地或者建筑物的从属物，应随土地或建筑物的转让而一并转让的物。相关定着物与土地或者建筑物通常在物理上不可分离，即使可以进行物理分离，也是不经济的，或者分离后会破坏土地、建筑物的完整性、使用价值或功能。相关定着物包括埋设在地下的管线、设施，建造在地上的围墙、假山、水池，种植在地里的树木、花草，镶嵌在墙里或者直接画在墙上的画，等等。

仅仅是放在土地或者建筑中，置于土地或者建筑物的表面，或者与土地、建筑物毗连者，如摆放在房屋内的家具和家电，停放在车库里的汽车，挂在墙上的画，在地上临时搭建的帐篷、戏台，等等，则不属于其他相关定着物。

（二）房地产的内在含义

房地产不仅仅是物理上的土地和建筑物，它还是实物、权益和区位的"三位一体"。

1. 房地产实物

房地产实物是房地产中看得见、摸得着的部分，如土地的面积、形状、地形、地势、地质、土壤、开发程度等，建筑规模、建筑结构、设施设备、装饰装修、外观、新旧程度，等等。房地产实物可以进一步分为有形的实体、该实体的质量、该实体组合完成的功能等方面。

2. 房地产权益

房地产权益是房地产中无形的、不可触摸的部分，是基于房地产实物而衍生出来的权利（rights）、利益（interests）、好处（benefits）。一宗房地产的权益包括拥有房地产的权利、该房地产权利受其他房地产权利的限制情况，以及该房地产权利受房地产权利以外因素的限制情况，例如房地产使用管制（如对土地用途、容积率、建筑密度、绿地率、建设高度等的限制）。除此之外，房地产权益还包括额外的利益和好处，例如屋顶或者外墙可以出售或者出租广告，以获得经济收入。

房地产权益以房地产权利为基础。中国目前的房地产权利主要有所有权、建设用地使用权、宅基地使用权、土地承包经营权、地役权[①]、抵押权和租赁权。

房地产所有权是指房地产所有权人对自己的房地产依法享有占有、使用、收益和处分的权利。房地产所有权具体有土地所有权和房屋所有权。中国现行的房地产所有制是土地只能为国家或者集体所有，房屋可以私人所有，其中住宅主要为私人所有。

房屋所有权可以分为单独所有、共有和建筑区分所有权三种。

单独所有是指房地产由一个单位或者个人享有所有权。

[①] 地役权，是指在自己的不动产之上按照合同约定设立他人的不动产，以提高自己的不动产效益的用益物权。

共有是指房地产由两个以上单位或个人共同享有所有权。共有又可以分为按份共有和共同共有。按份共有对共有的房地产按照其份额享有所有权，共同共有人对共有的房地产共同享有所有权。

建筑区分所有权是指业主对建筑物内的住宅、经营性用房等专有部分享有所有权，对专有部分以外的共有部分享有共有和共同管理的权利。建筑区分所有权可以说是一种复合性质的权利，由专有部分的所有权、专有部分以外的共有部分的持分权和因共有关系所产生的成员权构成。

建设用地使用权是指建设用地使用权人依法对国家所有的土地享有占有、使用和收益的权利，有权利用该土地建造建筑物、构筑物及其附属设施。根据取得方式，建设用地使用权分为划拨、出让、国有土地租赁、作价出资或者入股、国家授权经营等方式取得的建设用地使用权。建设用地使用权实质上是利用土地空间的权利，可以称为空间利用权或者空间权（air rights）。《中华人民共和国物权法》第一百三十六条规定："建设用地使用权可以在土地的地表、地上或者地下分别设立。"[①] 因此，土地的空间可以分割成很多个三维立体空间，分别成为独立的物。

宅基地使用权是指宅基地使用权人依法对集体所有的土地享有占有和使用的权利，有权依法利用该土地建造住宅及附属设施。

土地承包经营权是指土地承包经营权人依法对其承包经营的耕地、林地、草地等享有占有、使用和收益的权利，有权从事种植业、林业、畜牧业等农业生产。

建设用地使用权、宅基地使用权和土地承包经营权都属于土地使用权，而不是土地所有权，上文提到，我国土地只能属于国家或者集体所有。

地役权是指房地产所有权人或者土地使用权人按照合同约定利用他人的不动产，以提高自己不动产效益的权利。最典型的地役权是在他人的土地上通行的权利，具体称为通行地役权。

抵押权是指债务人或者第三人不转移房地产的占有，将该房地产作为履行债务的担保，债务人不履行到期债务或者发生当事人约定的实现抵押权的情形，债权人有权依法以该房地产折价或者以拍卖、变卖该房地产所得价款优先受偿。

房地产租赁权是指以支付租金的方式从房屋所有权人或者土地使用权人那里获得的占有和使用房地产的权利。

上述房地产权利中，租赁权属于债权，其余属于物权。物权是权利人在法律规定的范围内对一定的物享有直接支配并排除他人干涉的权利，物权的义务人是

---

① 该条现已合并到民法典第二编"物权编"中，即《中华人民共和国民法典》第二编第三百四十五条。

物权的权利人以外的任何其他人。因此，物权又可以称为绝对权或者对世权①。债权是债权人要求债务人作为或者不作为的权利，不能要求其债权债务关系无关的人作为或者不作为，因此，债权又称为相对权或者对人权。

在特定的房地产上，既有物权又有债权的，优先保护物权。有两个以上的物权，优先保护先设立的物权。在物权中，所有权属于自物权，其余属于他物权。自物权是对自己的物依法享有的权利。他物权是对他人的物依法享有的权利，是对所有权的限制。

在他物权中，建设用地使用权、宅基地使用权、土地承包经营权、地役权属于用益物权，抵押权属于担保物权。用益物权是在他人的物上依法享有占有、使用和收益的权利。担保物权是就他人的担保物依法享有优先受偿的权利。

在不同资产中，实物和权益对价值的影响是不同的。一般的有形资产主要是实物价值，一般的无形资产主要是权益价值。房地产的实物和权益在价值决定中都很重要。比如一栋房屋的价值既受到建筑结构、设施设备、装饰装修等实物状况的影响，又受到产权性质是否完整（例如是否有抵押、租赁）等权益状况的影响。

3. 房地产区位

区位（location）原本是房地产的外在因素，但是因为房地产位置的不可移动性而成为房地产重要的组成部分。一宗房地产的区位是指房地产与其他房地产或者事物在空间方位和距离的关系，包括位置、交通、外部配套设施、周围环境等。位置包括坐落、方位、与相关场所的距离、临街状况、朝向以及楼层。

交通是指进出该房地产的方便程度——通达性（accessibility），可分为可及性（进来的方便程度）和便捷性（出去的方便程度）。外部配套设施是指该房地产外部（用地红线外）的基础设施和公共服务设施。周围环境是指该房地产的自然环境、人文环境和景观。

房地产投资界流行一句名言，"决定房地产价值的因素，第一是地段，第二是地段，第三还是地段"。这句话一直以来也被房地产业界奉为金科玉律，这是因为区位是除实物、权益以外，直接影响房地产内在价值的重要因素。

（三）房地产的相关名称

1. 不动产

广义上的房地产等于不动产，狭义上的房地产是不动产的一部分。在法律上，通常把财产或者物分为动产和不动产两大类。一种财产是属于不动产还是属

---

① 对世权，又称绝对权，是指其效力及于一切人，即义务人为不特定的任何人的权利。

于动产，一般根据其实物形态是否可以自由移动来判别：凡是能够自行移动或者用外力移动的，并且移动之后其性质和价值不会改变的，称为动产；反之，不能移动的财产，如土地、房屋及其他附着物，属于不动产。

2. 物业

中国香港地区通常使用"物业"这个词。香港的"物业"一词是从英国的property 一词翻译过来的。在英国，property 也指房地产。香港通常还把房地产称为地产，而且"地产""物业""楼宇""房地产"等词经常混用。

3. real estate 和 real property

在英语中，房地产的名称为 real estate 和 real property，但两者的含义不完全相同。英语中的 land（土地）是指地球表面及下达地心、上达无限天空的空间，包括永久定着在地球表面之中、之上、之下的自然物。real estate 是指土地加上永久定着在其中、其上、其下的人工改良物（man-made improvement），如构筑物和房屋；real property 是指 real estate 加上其有关的各种权益，包括权利、利益和好处。虽然三者有上述区分，但是一般情况下是相互通用的，大多使用 real estate。

二、房地产的特性

房地产与其他经济物品、房地产市场与其他经济物品市场、房地产价格与其他经济物品价格，均有许多不同之处。这些不同之处是由房地产的特性所决定的。

房地产包括土地和建筑物，其中土地是大自然的产物，并且是永存的。建筑物是人工所建造的，固定在土地上。因此，房地产的特性主要取决于土地的特性，是以土地的特性为基础的。房地产主要有 10 个特性：不可移动、独一无二、寿命长久、供给有限、价值较大、用途多样、相互影响、易受限制、难以变现和保值增值。

（一）不可移动

不可移动特性也称为位置固定性，即房地产的位置不可移动，这是房地产最重要的一个特性，也是房地产不同于其他财产、资产、商品的主要特性。有时为了道路扩建或者保护古建筑的需要而对建筑进行整体平移，但是这种情况是很少见的，而且这种移动耗费巨大，移动的距离也很短。建筑物被拆除的情况倒很多见，但拆除后其经济价值就极大地下降了。

由于不可移动性，每宗房地产与重要场所的距离，以及其交通、外部配套设施、周围环境等均有一定的相对稳定性，从而形成不同房地产之间的优劣差异。

房地产的不可移动性，决定了任何一宗房地产只能就地开发、利用和消费，并且受制于其所在的空间环境（当地的制度政策、社会发展状况及邻里关系），而不像其他产品可以在不同地区运输，互通有无，调剂余缺。所以房地产市场不是一个全国性市场，更不是全球性市场，而是一个地区性市场。

（二）独一无二

独一无二特性也称为独特性、异质性、非同质性、个别性。房地产不像工厂生产出来的电视机和汽车那样整齐划一，每宗房地产都有自己的独特之处。虽然两处的建筑物一模一样，但是它们的位置、朝向、地形、地势、周围环境等不同，该两宗房地产实质上是不同的。

房地产的独一无二特性，使得房地产市场上没有大量相同的房地产供给，不同的房地产之间不能完全替代。房地产市场不是完全竞争市场，房地产价格千差万别。房地产交易不适宜采取样品交易方式，买家必须实地观察、感受和体验。值得指出的是，房地产尽管有独一无二的特性，但一些房地产之间仍然具有一定程度的替代性，从而存在一定的竞争，在价格上有一定程度上的牵掣。

（三）寿命长久

寿命长久特性也称为耐久性，对土地而言，也称为不可毁灭性、永续性。土地虽然可能坍塌、被洪水淹没或者荒漠化、盐渍化等，但它在地表上所标明的场所，作为空间是永存的。只要进行适当的保护，土地的生产力或者利用价值一般不会消失。建筑物虽然不像土地那样具有不可毁灭性，但是其寿命可以长达数十年甚至上百年。

由于寿命长久，房地产可以给其拥有者带来持续不断的利益。但是需要指出的是，从具体的使用者角度，土地在某些情况下是有寿命的，如以出让的方式取得的建设用地使用权是有使用期限的。我国居住用地使用权出让最高年限是70年，工业用地为50年，科教文卫体用地为50年，商业、旅游和娱乐用地为40年，综合用地或者其他用地为50年。

以出让方式取得建设用地使用权的，转让房地产后，受让人的使用期限不得超过原出让合同约定的使用期限减去原土地使用者已经使用期限后的剩余期限。建设用地使用权期限届满，除住宅建设用地使用权自动续期外，非住宅用地使用权人未申请续期或者虽然申请续期但未依法获得批准的，建设用地使用权由国家无偿收回。

（四）供给有限

土地是大自然的产物，人工是生产不出来的，地表面积基本上是固定不变的，因此土地总量不能增加。土地这种特性称为有限性、不可再生性或者不增性。但是对于狭义的土地（即可用的陆地），如果地价高到一定程度，可以吸引人们移山填海或者把荒漠改造为良田，从而制造出可用的土地。中国香港、澳门地区以及日本、新加坡都有大量填海造地的实例。但即使如此，这种造地的数量相对于现存的土地数量而言仍然是微不足道的。

土地不能增加，特别是位置较好的土地供给有限，导致了建筑物特别是位置较好的建筑物数量有限。房地产的供给有限性，使得房地产具有独占性。一定位置特别是好位置的房地产被占有以后，占有者可以获得生产或者生活的场所，享受特定的光热、空气、雨水和风景，或者可以支配相关自然资源和生产力。

房地产供给的有限特性，本质上不在于土地总量不能增加。目前，相对于人类的需求来说，土地的总量还是比较丰富的。如果没有不可移动性，土地总量不能增加就不那么重要了。因此房地产具有供给有限性，主要是因为房地产的不可移动性造成了房地产供给不能集中于一处，在特定位置上具有固定的数量。这是房地产和一般物品的最主要区别。

（五）价值较大

与一般物品相比，房地产的单价高、总价大。从单价高来看，每平方米土地或者每平方米建筑面积房屋的价格，低则数千元，高则上万元甚至十几万元，繁华商业地段常有"寸土寸金"之说。从总价值较大来说，房地产不可以按照平方米之类的小单位零星消费，必须有一定的规模，因此可供利用的一块土地或一套住房的价值，比一件家具或一台电视机的价值要大得多，一般为数十万至上千万元。对普通居民而言，购买一套普通商品住宅通常需要花费其一生的积蓄。至于一栋别墅、一座商场、一个酒店的价值就更大了，价值通常为上千万甚至上亿元。

（六）用途多样

用途多样性是指用途的竞争、转换及并存的可能性，这一特性在空地上表现得尤其明显。土地上一旦建造了建筑物，用途通常就被限定，一般难以改变，因为可能受到原有建筑结构等的限制，或者改变的费用很高而在经济上代价很大。当然，也有随着交通条件、外部配套设施等的改善，将原来的厂房改造为办公楼、超级市场或者loft公寓的大量实例。

多数土地就其本身而言，有多种不同的用途。如果愿意的话，即使是商业中心的土地也可以用来种植农作物。房地产虽然具有用途的多样性，但现实中的房地产用途并不是其拥有者可以随意决定的。房地产的利用一方面要符合城乡规划、土地利用规划等规定，另一方面则存在着不同用途和利用方式之间的竞争和优选问题。在市场经济中，房地产拥有者趋向于在规划允许的范围内将房地产用于预期可以获得最高收益的用途和利用方式。从经济角度来看，土地利用选择的一般顺序是：商业、办公、居住、工业、耕地、牧场、森林、荒地。

（七）相互影响

一般物品的使用基本上是孤立的，相互间很少有影响，并且由于一般物品可以移动，即使有影响，也易于排除，影响通常是暂时的。而房地产因为不可移动性，其用途、建筑高度、外观等状况通常会对周围的房地产甚至社会公众利益产生较大和较长久的影响；反之，周围的房地产状况也会对该房地产产生影响。因此，房地产的价值不仅与其自身状况直接相关，而且与周围的房地产状况，如通风、采光、日照、视野、可视性、人流噪声、异味等密切相关。

（八）易受限制

房地产由于具有不可移动、相互影响的特性，并且是各种生产、生活都不可或缺的要素，影响社会经济稳定或城镇景观，所以世界上几乎所有的国家和地区对房地产的利用都有一些限制。政府对房地产的限制一般通过下列4种特殊的权力来实现。

（1）管制权（police power）。政府为了增进公众安全、健康、道德和一般福祉，可以直接对房地产利用加以干涉。例如，通过城市规划规定用途、容积率、建筑密度、绿地率、建筑高度，禁止在居住区内建设某些工业或者商业设施。

（2）征税权（taxation）。政府为了增加财政收入等目的，只要是公平征收的，可以对房地产征税或提高房地产税收。

（3）征收权（eminent domain）。政府为了公共利益的需要，如修公路、建设学校等，可以强制取得单位和个人的房地产，哪怕会违反被征收单位和个人的意愿，但要对被征收单位和个人予以合理公平的补偿。

（4）充公权（escheat）。政府在房地产业主死亡或者失踪而无继承人的情况下，可以无偿收回房地产。

房地产易受限制的特性还表现在，由于房地产不可移动、不可隐藏、难以变现，所以难以逃避未来有关制度、政策等变化的影响。这一点既说明了房地产投资的风险性，也说明了政府制定长期稳定的房地产制度政策的重要性。一般来说，在社会动乱年代，房地产价格低落，而动产特别是食品、黄金的价格暴涨，正所谓"乱世黄金，盛世房产"之说。

（九）难以变现

难以变现即变现能力弱，流动性差。变现能力是指在没有过多损失的条件下，将非现金财产转换为现金的速度。凡是能够随时、迅速地转换为现金且没有损失或者损失很小的，称为变现能力强；反之，称为变现能力弱。对于变现能力的理解，关键是要注意"在没有过多损失的条件下"这一前提，因此变现能力通常是与变现价格相联系的。只要价格低到一定程度，总会有人购买。

由于价值较大、独一无二、易受限制、手续复杂等原因，同一宗房地产的买卖不会频繁发生，一旦需要出售，通常需要较长时间才能脱手。当需要将房地产快速变现时，通常要以一定幅度的降价为代价才能实现。不同类型的房地产在不同的房地产市场状况下，变现能力会有所不同。影响某宗房地产变现能力的主要有以下7个因素。

（1）通用性。所谓通用性，就是指是否常见，是否被普遍使用。通用性越差的房地产，用途越专业化的房地产，使用者的范围越窄，越不容易找到买家，变现能力越弱。

（2）独立使用性。所谓独立使用性，即是否能单独使用及单独使用所受的限制程度。

（3）可分割转让性。所谓可分割转让性，是指在物理上、经济上是否可以分离开来使用和转让。工厂的一个车间，在物理上一般是不可分割转让的。

（4）价值大小。由于受到支付能力的限制，价值越大的房地产，通常越不容易找到买者，变现能力越差。

（5）区位。通常情况下，所处位置越偏僻、越不成熟区域的房地产，变现能力越弱。

（6）开发程度。开发程度越低的房地产，不确定性因素越多，变现能力越弱。比如毛地、在建工程的变现能力弱。

（7）市场状况。房地产市场越不景气，出售房地产会越困难，变现能力越弱。

（十）保值增值

豆腐牛奶之类易腐烂变质的物品，经过一段时间后，其价值会完全丧失；电脑手机之类的高科技产品，随着新技术新工艺的不断出现、更好产品的面世、生产效率的提高、生产成本的降低等，其价值会较快降低。但是房地产因为土地面积不能增加、交通设施不断完善、人口不断增加等因素，其价值通常可以得到保持，甚至随着时间的推移而不断增加。引起房地产价格上涨的原因主要有 5 个方面。

（1）房地产拥有者对房地产进行投资改良，如重新进行装修改造、更新或添加设施设备、改进物业管理等。

（2）外部经济。如政府进行道路交通建设、修建公园绿地、调整城市发展方向、改变城市格局。

（3）需求增加导致稀缺性增加。如人口增加、经济发展、收入增加带动房地产需求增加。

（4）房地产使用管制改变。如将农用地转为建设用地、将原工业用途改变为居住用途或商业用途、增加容积率等。

（5）通货膨胀。即商品和服务的货币价格水平持续上涨。

房地产拥有者对房地产的投资改良所引起的房地产价格上涨，不是房地产自然增值。通货膨胀引起的房地产价格上涨，不是真正的房地产增值，而是房地产保值。外部经济、需求增加导致稀缺性增加，房地产使用管制改变引起的房地产价格上涨，才是真正的房地产自然增值。

通常所说的房地产具有保值增值特性，是从房地产价格变化的总趋势来讲的。现实中的房地产价格通常是波浪式上升的，不排除一些因素导致房地产价格连续下跌的可能性，如随着社会经济发展的波动而波动，房地产本身的功能变得落后，或者环境恶化、景观破坏，甚至出现群体的非理性预期和过度投机炒作等情况，等等。

中国现行土地价格是有使用期限的建设用地使用权价格，对一宗使用期限较长的土地来说，其价格在使用期限的前若干年可能随着需求增加而上涨，但因为总有一天剩余期限为零，所以具体一宗有土地使用期限的房地产价格从长远看是趋于下降的，除非预计可以续期且续费地价较低。

三、房地产的种类

我们可以根据不同的需要，按照不同的标准，从不同角度对房地产进行分类。

（一）按用途划分

房地产根据用途（使用性质），首先可以分为居住性房地产和非居住性房地产两大类。具体细分可以分为 10 种：居住房地产、商业房地产、办公房地产、旅馆房地产、餐饮房地产、体育和娱乐房地产、工业房地产、农业房地产、特殊用途房地产、综合用途房地产。

（二）按开发程度划分

按照房地产开发程度，可以把房地产分为下列5类。

（1）生地：是指不具有城市基础设施的土地，如农地、荒地。

（2）毛地：是指具有一定的城市基础设施，有地上物（如房屋、围墙、电线杆等）需要拆除或者迁移但尚未拆除或者迁移的土地。

（3）熟地：是指具有较完善的城市基础设施且场地平整，可以直接在其上进行房屋建设的土地。按照基础设施完备程度和场地平整程度，熟地又可以分为"三通一平""五通一平""七通一平"等土地。"三通一平"一般是指通路、通水、通电以及场地平整；"五通一平"一般是指具备通路、给水、排水、电力、通信等基础设施条件以及场地平整；"七通一平"一般是指在"五通一平"基础上增加燃气、供热等基础设施条件。

（4）在建工程：也称未完工程，是指处在某种开发建设状态之中而尚未竣工的房地产。该房地产不一定正在开发建设之中，也可能停工了多年，因此，在建工程包括停缓建工程。

（5）现房：是指已建造完成、可以直接使用的建筑物及其占用范围内的土地。现房按照新旧程度，又可分为新的房地产（简称"新房"）和旧的房地产（简称"旧房"）。其中，新房按照装饰装修状况，又可以分为毛坯房、粗装修房和精装修房。

（三）按实物形态划分

按照房地产的实物形态，可以把房地产分为下列9类。

（1）土地。又可分为无建筑物的土地（即空地）和具有建筑物的土地。

（2）建筑物。可以分为已建造完成的建筑物和尚未建造完成的建筑物。已建造完成的建筑物可以分为新建筑物和旧建筑物。尚未建造完成的建筑物可以分为正在建造的建筑物和停缓建的建筑物（如烂尾楼）。

（3）土地和建筑物的综合体。

（4）房地产的局部。

（5）未来状况下的房地产。其中最常见的是期房。

（6）已灭失的房地产。

（7）现在状况下的房地产与过去状况下的房地产的差异部分。例如建筑物的装饰装修部分、房地产受损状况和未受损状况的差异部分。

（8）以房地产为主的整体资产或者包含其他资产的房地产。例如正在运营使用的宾馆、商场、高尔夫球场等包含土地房屋构筑物等房产，还包含家具家电、机器设备、债权债务、特许经营权等资产。这种情况下应该将它视为一个持续经营的有机组织。

（9）整体资产中的房地产。例如企业的土地或者房屋。

（四）按权益状况划分

按照房地产权益状况，可以把房地产分为下列20种。

（1）"干净"的房屋所有权和出让国有建设用地使用权的房地产。所谓"干净"，是指房屋所有权、建设用地使用权为单独所有，没有出租，未设立地役权、抵押权或其他任何形式的他项权利，不存在发包人拖欠承包人的建设工程价款，未被人民法院查封，房地产开发过程中的立项、规划、用地审批、施工许可、竣工验收等手续齐全，产权明确，等等。

（2）"干净"的房屋所有权和划拨国有建设用地使用权的房产。

（3）"干净"的房屋所有权和集体土地的房地产。

（4）共有的房地产。

（5）部分产权或有限产权的房地产。

（6）有租约限制的房地产。

（7）设有地役权的房地产。

（8）设立了抵押权的房地产，即已经抵押的房地产，通常称为抵押房地产。抵押人在通知抵押权人并告知受让人的情况下，可以将已经抵押的房地产转让给他人。抵押人将已抵押的房地产转让给他人的，不影响抵押权，受让人处于抵押人的地位。抵押权存续期间，抵押人转让抵押物未通知抵押权人或者未告知受让人的，取得抵押物所有权的受让人，可以代替债务人清偿其全部债务，使抵押权消灭。受让人清偿债务后可以向抵押人追偿。

（9）有拖欠建设工程价款的房地产。

（10）已依法公告列入征收、征用的房地产。

（11）被依法查封、采取财产保全措施或以其他形式限制的房地产。

（12）手续不齐全的房地产。

（13）房屋所有权、建设用地使用权不明确或归属有争议的房地产。

（14）临时用地或临时建筑的房地产。

（15）违法占地或违法建筑的房地产。

（16）房地产的租赁权，即承租人权益。

（17）地役权。

（18）房地产的抵押权。

（19）房地产的空间利用权，又可以分为地上空间利用权和地下空间利用权。

（20）房地产中的无形资产。某些包含无形资产的房地产，如包含特许经营权的汽车加油站。

（五）按经营方式划分

房地产的经营使用方式主要有销售、出租、自营和自用，相应地可以把房地产分为销售的房地产、出租的房地产、自营的房地产和自用的房地产。

（六）按是否产生收益划分

按照房地产是否产生收益，可以把房地产分为收益性房地产和非收益性房地产。收益性房地产如住宅、写字楼、商店、旅馆、游乐场、停车场、加油站、厂房、仓库、农地等。非收益性房地产如行政办公楼、教堂、寺庙、道观等。

四、本章小结

房地产作为人类生活中不可缺少的品类，其民生作用和意义非常重大。同时，房地产所包含的复杂含义和构成，是房地产行业区别于其他行业的重要特征。房地产不仅包括房产，还包括地产，不仅具有实物形态，在权益和区位上也具有重要含义。房地产作为一项资产，应该回归到其本质——"房子是用来住的、不是用来炒的"，不能放任投资炒家对房地产市场进行掠夺和破坏。

公共租赁住房实物形态是以房地产为主的整体资产或者包含其他资产的房地产，权益上是"干净"的房屋所有权和划拨国有建设用地使用权的房产，房地产的经营使用方式主要是出租，是收益性房地产。由此引申出房地产细分品类——公租房。公租房在房地产的基础上，还具有其特殊性和限制性特征，这些特性和限制将在下文进行详细介绍。

五、阅读材料

广东省人民政府办公厅关于加快发展保障性
租赁住房的实施意见

粤府办〔2021〕39号

各地级以上市人民政府，省政府各部门、各直属机构：

为贯彻落实《国务院办公厅关于加快发展保障性租赁住房的意见》（国办发〔2021〕22号），加快发展保障性租赁住房，经省人民政府同意，提出以下实施意见。

一、工作要求

以习近平新时代中国特色社会主义思想为指导，坚持以人民为中心的发展思想，坚持房子是用来住的、不是用来炒的定位，突出住房的民生属性，加快构建我省以公租房、保障性租赁住房和共有产权住房为主体的住房保障体系，进一步加快发展保障性租赁住房，扩大保障性租赁住房供给，优化住房租赁市场供给结构，缓解住房租赁市场结构性供给不足，推进以人为核心的新型城镇化，促进实现全体人民住有所居。

二、完善基础制度，系统谋划推动

（一）明确对象标准。保障性租赁住房主要解决符合条件的新市民、青年人等群体的住房困难问题，以建筑面积不超过70平方米的小户型为主，租金低于同地段同品质市场租赁住房租金。各地级以上市要针对保障性租赁住房不同的筹集建设方式，分类制定准入、退出具体条件以及小户型的具体面积管理要求。（各地级以上市人民政府负责）

（二）明确发展重点。广州、深圳、珠海、汕头、佛山、惠州、东莞、中山、江门和湛江市是发展保障性租赁住房的重点城市，要根据常住人口规模、人口流入分布、公共服务设施配套和交通等条件，结合城市轨道交通站点和城市建设重点片区等情况，科学布局房源，加快发展保障性租赁住房。其他城市，可结合产业园区、重大企业（含科研教育机构）、重大项目的实际需求，配建宿舍型保障性租赁住房，促进职住平衡。（各地级以上市人民政府负责）

（三）科学制定目标。

1. 开展需求调查。各地级以上市要开展保障性租赁住房相关需求调查，科学合理做好测算，包括需求群体、符合条件的存量土地与存量房屋、新增用地、

房屋租金等。（各地级以上市人民政府负责）

2. 制定目标计划。各地级以上市要科学确定"十四五"保障性租赁住房建设目标，制定并公布保障性租赁住房专项发展规划及年度筹集建设计划。保障性租赁住房筹集建设计划及项目须由省住房城乡建设厅汇总报省政府确定后，纳入国家和省的计划，享受相关支持政策。省住房城乡建设厅牵头制定并公布全省保障性租赁住房"十四五"目标任务，组织各地实施三年专项行动。（各地级以上市人民政府、省住房城乡建设厅负责）

（四）加强项目全过程监管。各地级以上市要把保障性租赁住房项目纳入本市住房租赁管理服务平台管理，并与"粤安居"平台保障性租赁住房数据对接。加强对保障性租赁住房建设、出租和运营管理的全过程监督，强化工程质量安全监管。保障性租赁住房不得上市销售或变相销售，严禁以保障性租赁住房为名违规经营或骗取优惠政策。（各地级以上市人民政府、省住房城乡建设厅负责）

（五）落实主体责任。各地级以上市人民政府对本地区发展保障性租赁住房工作负主体责任，要建立健全保障性租赁住房制度，出台保障性租赁住房管理办法，梳理现有租赁住房的各类支持政策，做好政策衔接，符合规定的租赁住房均纳入保障性租赁住房规范管理。（各地级以上市人民政府负责）

三、落实支持政策，加强跨部门协同

（六）落实土地支持政策。各地级以上市要在年度住宅用地供应计划中单列租赁住房用地，其中，广州和深圳市单列租赁住房用地占比原则上不低于10%。各地级以上市人民政府要严格落实支持发展保障性租赁住房的各项用地政策，切实加大保障性租赁住房用地保障力度。要将加快发展保障性租赁住房与"三旧"改造、城市更新等工作有机结合起来，焕发老城区新活力。在保障性租赁住房中积极推广装配式建筑，将建设要求列入项目用地规划条件。（各地级以上市人民政府负责，省自然资源厅、省住房城乡建设厅配合）

（七）简化审批流程。各级人民政府要加强统筹协调，强化部门联动。对利用非居住存量土地和非居住存量房屋建设保障性租赁住房，市县人民政府组织开展联合审查，并根据审查结果授权本级保障性租赁住房行政管理部门出具保障性租赁住房项目认定书，从项目申请到完成认定原则上不超过30个工作日。企业凭认定书办理相关审批手续，并按规定享受土地、税费、民用水电气价格等优惠政策。各地级以上市要结合实际制定保障性租赁住房项目认定审批流程及操作指引，原则上要设置认定年限，到期后重新认定。（各地级以上市人民政府负责，省发展改革委、省财政厅、省自然资源厅、省住房城乡建设厅、省税务局等单位配合）

（八）做好资金保障。建立多元化的保障性租赁住房资金筹措机制，积极争取中央预算内投资等资金的支持，符合条件的项目可积极申请专项债券，统筹做好资金保障。支持各地级以上市按规定统筹利用土地出让净收益和住房公积金等现有保障资金发展保障性租赁住房。（省财政厅、省发展改革委、省住房城乡建设厅负责，各地级以上市人民政府配合）

（九）落实税费优惠政策。出台落实税费优惠政策的具体操作指引。执行《关于完善住房租赁有关税收政策的公告》（财政部 税务总局 住房城乡建设部公告2021年第24号），自2021年10月1日起，住房租赁企业中的增值税一般纳税人向个人出租经认定的保障性租赁住房取得的全部出租收入，可以选择适用简易计税方法，按照5%的征收率减按1.5%计算缴纳增值税，或适用一般计税方法计算缴纳增值税；住房租赁企业中的增值税小规模纳税人向个人出租经认定的保障性租赁住房，按照5%的征收率减按1.5%计算缴纳增值税；住房租赁企业向个人出租经认定的保障性租赁住房适用上述简易计税方法并进行预缴的，减按1.5%预征率预缴增值税；对企事业单位、社会团体以及其他组织向个人、专业化规模化住房租赁企业出租经认定的保障性租赁住房的，减按4%的税率征收房产税。对保障性租赁住房项目免收城市基础设施配套费。（省财政厅、省税务局负责，各地级以上市人民政府配合）

（十）执行民用水电气价格。建立健全与水电气等部门单位的联动机制，利用非居住存量土地和非居住存量房屋建设保障性租赁住房，取得保障性租赁住房项目认定书后，用水、用电、用气价格按照居民标准执行。（省发展改革委，各地级以上市人民政府负责）

（十一）提高金融支持水平。建立健全与金融机构的对接机制，支持银行业金融机构以市场化方式向保障性租赁住房自持主体提供长期贷款，按照依法合规、风险可控、商业可持续原则，向改建、改造存量房屋形成非自有产权保障性租赁住房的住房租赁企业提供贷款。完善与保障性租赁住房相适应的贷款统计，在实施房地产信贷管理时予以差别化对待。引导银行业金融机构加强产品创新、优化信贷管理，对符合条件的建设保障性租赁住房的集体经营性建设用地使用权可以办理抵押贷款。在职责范围内，建立企业发行公司信用类债券的绿色通道，支持符合条件的企业发行企业债券、公司债券、非金融企业债务融资工具等公司信用类债券，用于保障性租赁住房建设运营。支持商业保险资金按照市场化原则参与保障性租赁住房建设。落实《国家发展改革委关于进一步做好基础设施领域不动产投资信托基金（REITs）试点工作的通知》（发改投资〔2021〕958号）的要求，积极支持保障性租赁住房项目开展基础设施领域不动产投资信托基金（REITs）试点。（人民银行广州分行、广东银保监局、广东证监局、省发展改革委、地方金融监管局和各地级以上市人民政府负责，省住房城乡建设厅配合）

四、培育规范市场，支持多主体参与

（十二）支持市场主体参与。定期组织产品推介会，促进市场主体与企事业单位、村集体和产业园区等有发展保障性租赁住房需求的合作主体对接。对开展保障性租赁住房业务的国有租赁企业，适当放宽经营业绩考核要求。对国有企业出租自有物业开展保障性租赁住房业务，租期可放宽到10年，资产出租底价可在市场估价或询价，或者委托专业机构评估的基础上，结合市场供需及资产实际情况等因素综合确定。（各地级以上市人民政府，省国资委、省财政厅、省税务局负责）

（十三）培育发展专业化住房租赁企业。制定优质专业化租赁企业评定标准，建立优质专业化租赁企业库并定期更新。对入库企业在保障性租赁住房项目审批、手续办理等方面开通绿色通道。（省住房城乡建设厅负责，各地级以上市人民政府配合）

（十四）重点挖掘存量土地和房屋。省住房城乡建设厅联合有关部门出台鼓励和支持省属企事业单位利用自有非居住存量土地和非居住量房屋建设保障性租赁住房的政策措施，各地级以上市要出台具体的工作指引及激励措施。各地级以上市可把闲置棚改安置房、公租房、经适房等政府闲置住房用作保障性租赁住房。（省自然资源厅、省住房城乡建设厅、省教育厅、省卫生健康委、省国资委、省机关事务管理局，各地级以上市人民政府负责）

（十五）建立租金定价与监控机制。各地级以上市要建立保障性租赁住房租金定价机制，对保障性租赁住房项目租金实施监控指导，定期公开周边市场租金参考价。（各地级以上市人民政府负责，省住房城乡建设厅配合）

五、强化保障措施，推进工作落实

（十六）加强组织领导。建立省保障性租赁住房工作联席会议制度，统筹指导全省保障性租赁住房工作。各地级以上市要参照建立领导小组或联席会议制度，同时加强配备保障性租赁住房研究管理力量。省、市住房城乡建设主管部门发挥牵头作用，会同有关部门出台配套政策、建立信息共享机制、组织协调推进、开展检查督导，确保各项政策落实到位。（省直有关部门、中直驻粤有关单位、各地级以上市人民政府负责）

（十七）加强监督检查。省联席会议定期通报各地目标任务完成情况，并视情况对进度落后的城市或部门提醒、约谈。出台全省发展保障性租赁住房情况监测评价办法，建立监测评价指标体系，由省住房城乡建设厅会同有关部门实施，年度监测评价结果纳入《广东省高质量发展综合绩效评价体系》。（省住房城乡建设厅、省统计局负责，省直有关部门和各地级以上市人民政府配合）

（十八）加强示范激励。及时总结推广先进经验做法，定期组织经验交流会和项目观摩会。树立示范，每年选出若干省级示范专业化住房租赁企业和项目，对真抓实干、成效突出的地方实施激励。（省住房城乡建设厅负责，省直有关部门和各地级以上市人民政府配合）

（十九）加强宣传引导。运用各级各类媒体，宣传普及保障性租赁住房政策及房源信息。发挥融媒体优势，搭建保障性租赁住房网络宣传平台，通过新闻报道、短视频、创意海报等群众喜闻乐见、富有感染力的形式，全方位多层次宣传保障性租赁住房政策及成效。（各地级以上市人民政府，省住房城乡建设厅负责）

广东省人民政府办公厅

2021 年 11 月 2 日

鹳雀楼　（插图：高权）

第二章

房地产行业

上一章讲到房地产的含义、特征和分类。基于房地产在国民社会生活中的重要作用，本章进一步分析房地产行业的历史沿革和未来发展。"冰冻三尺，非一日之寒"，房地产供需矛盾不是一朝一夕造成的，房地产行业以及相关制度的确定，与我国政治、经济和社会的发展息息相关。通过了解房地产行业发展的来龙去脉，我们会逐渐认识到解决保障性住房问题的必要性和迫切性。

一、房地产业简述

（一）房地产业概念

房地产业是从事房地产投资、开发、经营、服务和管理的行业，包括房地产开发经营、房地产中介服务、物业管理和其他房地产活动。在国民经济产业分类中，房地产属于第三产业，是为生产和生活服务的部门。[①]

房地产业和建筑业既有区别又有联系。主要区别在于：建筑业是物质生产部门，属于第二产业；房地产兼有生产（开发）、经营、服务和管理等多种性质，属于第三产业。这两个产业又有非常密切的关系，因为它们的业务对象都是房地

[①] 参见北京兴宏程建筑考试培训中心：《房地产基本制度与政策命题点全面解读》，中国铁道出版社2011年版，第1-2页。

产。在房地产开发活动中，房地产业和建筑业往往是甲方和乙方的合作关系，房地产业是房地产开发建设的甲方，建筑业是乙方；房地产业是策划者、组织者和发包单位，建筑业则是承包单位，按照承包合同的要求完成基础设施建设、场地平整等土地开发和房屋建设的生产任务。

20世纪50—70年代，随着废除房地产私有制，禁止房地产买卖、租赁等活动，房地产市场基本消失了，这个时期几乎没有房地产业，只有建筑业。直到20世纪70年代末80年代初，在改革开放的背景下，随着城镇住房制度改革和城镇国有土地使用制度改革的启动与深入推进，我国现代房地产业迅速发展壮大起来[①]。

(二) 房地产业的历史沿革

房地产业在中国是一个既古老又新兴的产业。其发展大体上可以分为下列五个时期。[②]

(1) 1949年以前。据有关文献记载，中国在春秋战国时期就出现了田地的交换和买卖。在长达2000多年的封建历史中，出现了一定规模的土地和房屋的租赁、买卖等经济活动。从19世纪中叶开始，在沿海一带的上海、广州等城市，近代房地产业产生并得到迅速发展，但所有这些都是以土地和房产的私有制为基础的。

(2) 1949—1955年。新中国成立初期，稳定城市房地产秩序，是开展经济建设、稳定人民生活的重要组成部分。为此，新中国首先接手了旧政府的房地产档案，确认产权归属，代管无主房屋，没收敌伪房地产，打击房地产投机和各种非法活动；其次，在全国各地先后建立了房地产管理机构，制定了有关政策规定，开展了大规模的房地产清查登记，以极高的效率建立了新的房地产管理秩序；再次，国家从财政经费中拨出专款改造旧社会遗留的棚户区和贫民窟，建造新住宅，改善贫穷居民的居住生活条件。这一切，对于稳定民心、恢复经济起到了重要的作用。

(3) 1955—1965年。随着中国对资本主义工商业的社会主义改造，全国城镇陆续开始以"国家经租"和"公私合营"的形式对出租私有房屋进行了社会主义改造，付给房主定租和股息，赎买了房主产权，改造私房1亿平方米。私有企业占有的土地，国家也以赎买的方式收归国有。这一切，使城市房屋和土地的所有制构成发生了根本性的变化，确立了社会主义公有制在城市房地产中的主体地位。

---

① 柴强：《房地产估价》，首都经济贸易大学出版社2019年版，第39页。
② 徐会军：《中国转轨时期的房地产周期研究》，中国经济出版社2012年版第30页。

（4）1966—1978 年。"文革"时期，城市房地产管理工作受到了极大破坏。房地产管理机构几起几落，产权管理陷入混乱，违章占地几经泛滥，变相买卖土地时有发生，住宅建设停滞不前，欠账越来越多，致使房地产问题成为严重的社会问题之一。

（5）1978 年以后。随着经济体制改革的全面展开，在城市进行了城镇住房制度改革、城镇土地使用制度改革和房地产生产方式改革。1987 年 10 月 25 日，中国共产党第十三次全国代表大会《沿着有中国特色的社会主义道路前进》的报告正式指出："社会主义的市场体系，不仅包括消费品和生产资料等商品市场，而且应当包括资金、劳务、技术、信息和房地产等生产要素市场；单一的商品市场不可能很好发挥市场机制的作用。"在中国社会主义经济发展史上第一次提出了建立房地产市场，确立了房地产市场的地位，宣告了中国特色社会主义房地产市场的诞生。

2003 年 8 月 12 日，国务院印发了《国务院关于促进房地产市场持续健康发展的通知》（国发〔2003〕18 号），要求要充分认识房地产市场持续健康发展的重要意义，指出房地产业关联度高、带动力强，已经成为国民经济的支柱产业。实现房地产市场健康发展，对于全面建设小康社会，加快推进社会主义现代化具有十分重要的意义。

二、城镇住房制度

城镇住房制度改革简称为"住房制度改革"或者"房改"，指的是把过去那种城镇住房主要依靠国家投资建设、排队分配、低租金使用的做法，转变为主要由房地产开发商开发建设、从市场上购买或者承租的"住房商品化和社会化"的做法。

城镇国有土地使用制度改革简称为"土地使用制度改革"，指的是把过去那种城镇国有土地使用权和所有权合一，土地供应采取无偿划拨、无限制使用、不得转让的做法，改变为土地使用权和所有权分离，主要采取招标、拍卖、挂牌等方式将土地使用权有偿出让给单位或者个人，有限期使用，可以转让、出租和抵押的做法。

（一）城镇住房制度改革

城镇住房制度改革是经济体制改革的重要组成部分。我国传统的城镇住房制度是一种以国家统包、无偿分配、低租金、无限期使用为特点的实物福利性住房制度。这种住房制度存在着一系列严重弊端和难以克服的矛盾，其根本问题在于不能有效地满足城镇居民的住房需求，不适应社会主义商品经济发展的客观要求。实行低租金的办法，使得房租连住房的维修费也补偿不了，不仅国家年年投入住宅建设的大量资金收不回来，还要再拿出一大笔资金用于补贴住房的维修和管理费用，因此，这种传统的城镇住房制度必须进行全面彻底的改革，实现机制转换，创立具有中国特色的新型住房制度，实现住房商品化、市场化、社会化。

1. 城镇住房制度改革的探索和试点阶段[①]

1978 年，邓小平同志提出了关于房改的问题。1980 年 4 月，他更明确地提出了住房制度改革的总体构想，提出要走住房商品化的道路。同年 6 月，中共中央、国务院批转了《全国基本建设工作会议汇报提纲》，正式宣布将实行住宅商品化的政策。

1979 年开始实行向居民全价售房的试点，中央拨款给西安、柳州、梧州、南宁四市建房向居民出售。1980 年试点扩大到 50 个城市，1981 年又扩大到 23 个省、直辖市、自治区的 60 多个城市及部分县镇。

1982 年开始实行补贴出售住房的试点，即政府、单位、个人各负担房价的三分之一。1982 年先在郑州、常州、四平及沙市四市进行试点。1984 年，国务院批准在北京、上海、天津三个直辖市扩大试点。截至 1985 年底，全国共有 160 个城市和 300 个县镇实行了补贴售房，共出售住房 1093 万平方米。

自 1986 年以后，国务院住房制度改革取得重大突破，掀起了第一轮房改热潮。1986 年 2 月，成立了"国务院住房制度改革领导小组"，下设办公室，负责领导和协调全国房改工作。这一时期的主要特点是针对传统住房制度的核心——低租金，提出了以大幅度提高租金为基本环节的改革思路。在总结试点工作经验的基础上，1988 年 1 月，国务院召开了"第一次全国住房制度改革工作会议"；同年 2 月 25 日，国务院批准印发了国务院住房制度改革领导小组《关于在全国城镇分期分批推行住房制度改革的实施方案》（国发〔1988〕11 号）。这是国务院颁发的全面指导城镇住房制度改革的重要文件，充分肯定了试点城市的做法和经验，确定了房改的目标、步骤和配套政策，对全国房改的工作进行了部署，标志着住房制度改革进入了整体方案设计和全面试点阶段。

2. 城镇住房制度改革的全面推进和配套改革阶段

1991 年，城镇住房制度改革取得了重大突破和实质性进展，结束了一段时期以来的徘徊局面，进入了全面推进和综合配套改革的新阶段。1991 年 6 月 7 日，国务院颁发了《关于继续积极稳妥地进行城镇住房制度改革的通知》（国发〔1991〕30 号），其中明确规定了城镇住房制度改革的根本目的，重申了城镇住

---

① 参见王全民主编：《房地产经济学》，东北财经大学出版社 2002 年版，第 429－432 页。

房制度改革的有关政策，提出了部分产权理论，要求实行新房新制度，强调国家统一政策的严肃性。

1991 年 11 月 23 日，国务院办公厅下发了《关于全面进行城镇住房制度改革的意见》，这是城镇住房制度改革的一个纲领性文件，明确了城镇住房制度改革的指导思想和根本目的，制定了城镇住房制度改革的总体目标和分阶段目标，提出了城镇住房制度改革的四项基本原则，规定了城镇住房制度改革的十二大政策，要求在 1992 年至 1993 年内在全国范围内推进城镇住房制度改革。这标志着城镇住房制度改革已经从探索和试点阶段，进入全面推进和综合配套改革的新阶段。1991 年 2 月，国务院正式批复上海市的住房制度改革方案；同年 5 月 1 日，《上海市住房制度改革实施方案》正式出台实施，上海市实行了"五位一体"的房改实施方案，具体包括推行住房公积金、提租发补贴、配房买债券、买房给优惠、建立房委会等五项措施。上海市借鉴新加坡的成功经验，在全国率先建立了住房公积金制度，开辟了新的稳定的住宅资金筹措渠道。上海市住房制度改革方案的实施对全国的房改产生了巨大影响和推动作用，引起了所谓的"上海效应"。

3. 城镇住房制度改革的深化和全面实施阶段

1994 年 7 月 18 日，国务院下发了《国务院关于深化城镇住房制度改革的决定》（国发〔1994〕43 号，以下简称《决定》），它是在认真总结十多年房改实践经验的基础上制定的，是指导之后一段时期房改工作的主要政策文件。《决定》确定房改的根本目的是：建立与社会主义市场经济体制相适应的新的城镇住房制度，实现住房商品化、社会化；加快住房建设，改善居住条件，满足城镇居民不断增长的住房需求。

房改的基本内容可以概括为"三改四建"。

"三改"，即改变计划经济体制下的福利性的旧体制，包括：改变住房建设投资由国家、单位统包的体制为国家、单位、个人三者合理负担的体制；改变各单位建设、分配和维修、管理住房的体制为社会化、专业化运行的体制；改变住房实物福利分配的方式为以按劳分配的货币工资分配为主的方式。

"四建"，即建立与社会主义市场经济体制相适应的新的住房制度，包括：建立以中低收入家庭为对象、具有社会保障性质的经济适用住房供应体系和以高收入家庭为对象的商品房供应体系；建立住房公积金制度；发展住房金融和住房保险，建立政策性和商业性并存的住房信贷体系；建立规范化的房地产交易市场和发展社会化的房屋维修、管理市场。从而逐步实现住房资金投入产出的良性循环，促进房地产业和相关产业的发展。

《决定》要求全面推行住房公积金制度，积极推进租金改革，稳步出售公有住房，加快经济适用房的开发建设，做好原有政策与《决定》的衔接工作等，标志着城镇住房制度改革已经进入深化和全面实施阶段。

1998 年 7 月 3 日，国务院发布《国务院关于进一步深化城镇住房制度改革加快住房建设的通知》（国发〔1998〕23 号），宣布从 1998 年下半年开始，全国城镇停止住房实物分配，实行住房分配货币化。新的深化城镇住房制度改革的基本内容是：

（1）停止住房实物分配，实行住房分配货币化；

（2）建立和完善以经济适用住房为主的住房供应体系；

（3）继续推进现有公有住房改革，培育和规范住房交易市场；

（4）采取扶持政策，加快经济适用房建设；

（5）发展住房金融；

（6）加快住房物业管理。

由于实施上述政策，全国住房制度改革取得突破性的进展，该政策的实施也成为新旧的住房制度的分水岭和企业住房制度改革的重要里程碑。

党的十八大提出加快建立市场配置和政府保障相结合的住房制度，完善符合国情的住房体制和政策体系，立足保障基本需求、引导合理消费，加快构建以政府为主提供基本保障、以市场为主满足多层次需求的住房供应体系，逐步形成总量基本平衡、结构基本合理、房价与消费能力基本适应的住房供需格局，实现广大人民群众住有所居的住房目标。

（二）住房保障制度

目前，我国在廉租住房制度、经济适用房制度和公共租赁住房为主要内容的基本住房保障制度框架基础上，推进公共租赁住房和廉租房并轨运行，探索发展共有产权住房，并通过保障性住房等多种方式，积极改善其他住房困难群体的居住条件。

1. 保障性住房

保障性住房是享受政策支持的住房，主要包括廉租住房、经济适用住房、公共租赁住房、限价商品住房。

廉租住房由政府通过新建、改建、购置、租赁等方式筹建；新建廉租住房，实行土地划拨和税费减免；以低租金出租给符合条件的家庭。廉租住房单套建筑面积控制在 50m² 以内，保证基本居住功能。廉租住房保障也采取发放租赁补贴、由低收入家庭在市场上自行承租的方式。廉租住房保障资金来源有：

（1）地方财政将廉租住房保障资金纳入年度预算安排；

（2）住房公积金增值收益在提取贷款风险准备金和管理费用之后全部用于廉租住房建设；

（3）土地出让净收益用于廉租住房保障资金的比例不得低于10%，各地还可以根据实际情况进一步适当提高比例；

（4）廉租住房租金收入实行两条线管理，专项用于廉租住房的维护和管理；

（5）对中西部财政困难地区，通过中央预算内投资补助和中央财政廉租住房保障专项资金等方式给予支持。

经济适用住房由政府组织、社会投资建设，实行土地划拨、税费减免、信贷支持，按照保本微利原则出售给符合条件的家庭。经济适用住房单套建筑面积控制在60m²左右；购房人拥有有限产权，购房满5年可转让，但应按照规定交纳土地收益等价款；政府优先回购。

公共租赁住房①（简称"公租房"）是对住房困难人群的过渡性的解决方案，旨在为不属于低收入但住房困难的人群提供住房帮助。帮助的方式是用低于市场价②或者承租者承受得起的价格向该部分人群出租。这部分人群包括一些新就业的大学毕业生、新迁移到城市工作的农民工等。公租房只租不售，由政府或者公共机构拥有。公租房供应对象主要是城镇中等偏下收入住房困难家庭。有条件的地区，可以将新就业职工和有稳定职业并在城市居住一定年限的外来务工人员纳入供应范围。公共租赁住房房源通过新建、改建、收购、在市场上长期租赁住房等方式多渠道筹集。租金水平由市县人民政府统筹考虑市场租金水平和供应对象的住房支付能力合理确定。

公共租赁住房作为有别于廉租住房、经济适用房的一种新型保障性住房，尚无一个内涵统一的明确界定。分析《关于加快发展公共租赁住房的指导意见》（建保〔2010〕87号，以下简称《指导意见》）中对于发展公共租赁住房的要求，比较各地方公共租赁住房管理办法中对于公共租赁住房的规定，公共租赁住房呈现如下五个特征。③

第一，保障性。住房权是得到《世界人权宣言》《经济、社会及文化权利国际公约》《消除一切形式种族歧视公约》等国际公约一致确认的一项基本人权。《指导意见》也明确指出，大力发展公共租赁住房，是完善住房供应体系、培育住房租赁市场、满足城市中等偏下收入家庭基本住房需求的重要举措。由此可见，发展公共租赁住房是我国政府继廉租住房、经济适用房之后推出的保障居民住有所居的一种新型保障性住房。

---

① 《广州市公共租赁住房保障制度实施办法（试行）》定义的公共租赁住房，是指由政府或政府组建的住房保障投资公司筹集、管理，限定建设标准、租金标准、供应对象，面向符合条件的住房困难家庭出租的保障性住房。

② 一般为周边住房租赁市场价格的5折至6折。

③ 参见张民省：《新编社会保障学》，山西人民出版社2015年版，第285-287页。

第二，政策支持性。公共租赁住房不是在房地产市场中自发生成的，而是由国家推动出现的，是国家为了住房保障的目的人为设计的新型住房类别，因此公共租赁住房的发展，尤其是在发展初期，只有在国家特殊政策的支持下，才能步入正常的发展轨道。同时，基于公共租赁住房的保障性特质，国家也有责任通过政策支持来推动公共租赁住房的发展。对此，《指导意见》专设"政策支持"部分，从土地供应、国家投资、税收优惠、金融支持方面给予公共租赁住房发展以政策支持。

第三，租赁性。这是公共租赁住房的核心特征，也是公共租赁住房与经济适用房的最大区别。经济适用房是为目标群体提供的低于市场价格的产权住房，而公共租赁住房则是向目标群体提供适当的租赁住房来保障其住有所居。

第四，专业性。这是公共租赁住房与个人出租住房最大的区别。传统的个人出租住房的首要功能是产权者自住，而公共租赁住房不论是通过新建、改建、收购，还是通过在市场上长期租赁住房等方式筹集的房源，都不是为了自住，而是专业用于出租的。

第五，供应群体广泛性。在我国原有的保障性住房中，廉租住房的供应对象是最低收入群体，经济适用房的供应对象是中等收入群体。而《指导意见》规定：公共租赁住房的供应对象主要是城市中等偏下收入住房困难家庭，有条件的地区可以将新就业职工和有稳定职业并在城市居住一定年限的外来务工人员纳入供应范围。部分地方规定的公共租赁住房供应群体则更加广泛，如上海将公共租赁住房供应对象由户籍人口扩大为常住人口，并且不设收入限制。

限价商品住房通过限定套型结构、销售价位，以招标方式确定开发建设单位。按照《国务院关于坚决遏制部分城市房价过快上涨的通知》（国发〔2010〕10号）要求，房价过高、上涨过快的地区，要大幅度增加限价商品住房、公共租赁住房、经济适用住房等的供应。从建设限价商品住房的城市的情况看，其主要面向本地户籍的中等及以下收入住房困难家庭销售。

目前，国家有关部门正积极推进公共租赁住房和廉租住房并轨运行。根据2013年12月2日《住房城乡建设部、财政部、国家发展改革委员会关于公共租赁住房和廉租住房并轨运行的通知》要求，各地区要把廉租住房全部纳入公共租赁住房，实现统一规划建设、统一资金使用、统一申请受理、统一运营管理。同时，探索发展共有产权住房，从具体政策上看，共有产权住房的供应对象是在城镇稳定就业一定年限的首次购房家庭和棚户区改造后扩大住房面积的家庭，只能享受一次。当居住一定年限后交易时，需按政府（或单位）与个人产权比例分享收益，防止寻租，政府（或单位）与购房各自持有的产权份额可按规定相互购买。这种共有产权住房可以涵盖目前保障性住房的经济适用住房和限价商品住房。

2. 棚户区改造

棚户区改造包括城市棚户区改造、国有工矿棚户区改造、国有林区棚户区改造、国有垦区危房改造等。棚户区改造是重大的民生工程和发展工程，可以有效地改善困难群众住房条件，缓解城市内部二元矛盾，提升城镇综合承载能力，促进经济增长和社会和谐。棚改安置住房的供应对象是居住在棚户区的居民，其中多为低收入和中等偏下收入住房困难家庭。

3. 相关配套政策

第一，财政政策。市县财政将公共住房保障资金纳入年度预算安排。中央对中西部地区廉租住房、对各地公共租赁住房和棚户区改造住房建设给予资金支持。对保障性住房建设减免税收，免收各种行政事业性收费和政府性基金。通过税率调整，鼓励合理住房消费。

第二，金融政策。住房消费方面主要包括个人住房商业贷款、住房公积金贷款。国家通过调整贷款利率和首付比例、实行差别化利率等方式，支持购买普通自住住房。住房建设方面有商业银行开发贷款。允许利用住房公积金贷款支持保障性住房建设（试点）；进入机构对廉租住房、经济适用住房等保障性住房建设，执行优惠利率并适当延长贷款期限。

第三，土地政策。商品住房用地采取"招拍挂"方式出入，而保障性住房用地实行行政划拨等多种方式供应，并优先保证。

三、建设用地制度

（一）建设用地使用权出让

1. 建设用地使用权出让的概念

建设用地使用权是指国家将国有土地使用权在一定年限内出让给土地使用者，由土地使用者向国家支付土地使用权出让金的行为。土地使用权出让金是指通过有偿有期限出让方式取得土地使用权的受让者，按照合同规定的期限，一次或分次提前支付的整个使用期间的地租。出让的含义一般包括以下内容：

（1）土地使用权出让，也称为批租或土地一级市场，由国家垄断，任何单位和个人不得出让土地使用权。

（2）经出让取得土地使用权的单位和个人，只有使用权，在使用土地期限内对土地拥有占有、使用、收益、处分权；土地使用权可以进入市场，可以进行转让、出租、抵押等经营活动，但地下埋藏物归国家所有。

（3）土地使用者只有向国家支付了全部土地使用权出让金后才能领取土地

使用权证书。

（4）集体土地不经征用（成为国有土地）不得出让。

（5）土地使用权出让是国家以土地所有者的身份与土地使用者之间关于权利义务的经济关系，具有平等、自愿、有偿、有限期的特点。

2. 建设用地使用权出让方式

土地使用权出让必须符合土地利用总体规划、城市规划和年度建设用地计划，根据省级人民政府下达的控制指标，拟定年度出让国有土地总面积方案，并且有计划、有步骤地进行。出让的每幅地块、面积、年限和其他条件，由市、县土地管理部门会同城市规划、建设、房产管理部门共同拟定，按照国务院的规定，报经有批准权的人民政府批准后，由市、县人民政府管理部门实施。

《中华人民共和国物权法》第一百三十七条规定："工业、商业、旅游、娱乐和商品住宅等经营性用地以及同一土地有两个以上意向用地者的，应当采取招标、拍卖等公开竞价的方式出让。"[①] 《城镇国有土地使用权出让和转让暂行条例》规定，国有土地使用权出让可以采取拍卖、招标或者双方协商的方式。国土资源部出台的《招标拍卖挂牌出让国有土地使用权规定》增加了国有土地使用权挂牌出让方式，规定工业、商业、旅游、娱乐和商品住宅用地等经营性用地以及同一宗地有两个以上意向用地者的，应当采取招标、拍卖或者挂牌方式出让。除此之外，其他用途的土地供应计划公布后，同一宗地有两个以上意向用地者的，也应当采用招标、拍卖或者挂牌的方式出让。出让人应当至少在投标、拍卖或者挂牌开始日前 20 日，在土地有形市场或者指定的场所、媒介发布招标、拍卖或者挂牌公告，公布招标拍卖挂牌出让宗地的基本情况和招标拍卖挂牌的时间、地点。受让人依照国有建设用地使用权出让合同的约定付清全部土地出让价款后，方可申请办理土地登记，领取国有建设用地使用权证书。未按照出让合同约定缴清全部土地出让价款的，不得发放国有建设用地使用权证书，也不得按出让价款缴纳比例分割发放国有建设用地使用权证书。

3. 建设用地使用权的收回

国家收回土地使用权有多种原因，如使用权期间届满、提前收回、没收等。

（1）土地使用权期间届满处理。依据《中华人民共和国物权法》第一百四十九条规定："住宅建设用地使用权期间届满的，自动续期。"《城市房地产管理法》规定，非住宅建设用地使用权期间届满，土地使用者需要继续使用土地的，应当至迟于届满前一年申请续期，除根据社会公共利益需要收回该幅土地的，应当予以批准。经批准予以续期的，应当重新签订土地使用权出让合同，依照规定

---

① 编入《中华人民共和国民法典》第二编第三百四十七条。

支付土地使用权出让金。土地使用权出让合同约定的使用年限届满，土地使用者未申请续期或者虽申请续期但依照前款规定未获批准的，土地使用权国家无偿收回。该土地上的房屋及其不动产的归属，有约定的按约定；没有约定或者约定不明确的，依照法律行政法规办理。

（2）建设用地使用权期间届满前，因公共利益需要提前收回该土地的，应当依法对该土地上的房屋及其他不动产给予补偿，并退还相应土地出让金。

（3）因土地使用者不履行土地使用权出让合同而收回土地使用权。土地使用者不履行土地使用权出让合同而收回土地使用权，有两种情形：一是土地使用者未如期支付全部地价款，逾期未全部支付地价款的，出让方依照法律和合同约定，收回土地使用权。二是土地使用者未按合同约定的期限和条件开发和利用土地，由县级以上人民政府土地管理部门予以纠正，并根据情节可以给予警告、罚款，直至无偿收回土地使用权，这是对不履行合同的义务人采取的无条件取消其土地使用权的处罚形式。

（4）司法机关决定收回土地使用权。因土地使用权触犯国家法律而不能继续履行合同或司法机关决定没收其全部财产，收回土地使用权。

（二）建设用地使用权划拨

1. 建设用地使用权划拨的含义

建设用地使用权划拨是指县级以上人民政府依法批准，在用地者缴纳补偿、安置等费用后，将该幅土地交付其使用，或者将建设用地使用权无偿交给土地使用者使用的行为。划拨土地使用权有以下四个含义。

（1）划拨土地使用权包括土地使用者缴纳拆迁安置、补偿费用（如城市的存量土地或集体土地）和无偿取得（如国有的荒山、沙漠、滩涂等）两种形式。

（2）除法律、法规另有规定外，划拨土地没有使用期限的限制，但未经许可不得进行转让、出租、抵押等经营活动。

（3）取得划拨土地使用权，必须经由批准权的人民政府核准并按法定的程序办理手续。

（4）在国家没有法律规定之前，在城市范围内的土地和城市范围以外的国有土地，除了出让土地以外的土地，均按计划进行管理。

2. 建设用地使用权划拨范围

《国务院关于深化改革严格土地管理的决定》提出，严格控制划拨用地范围，推进土地资源的市场化配置。经营性基础设施用地要逐步实行有偿使用。运营价格机制限制多占、滥占和浪费土地。依据《划拨用地目录》（国土资源部令第9号），下列建设用地须经有批准权的人民政府依法批准，才可以划拨的方式提供土地使用权：

（1）国家机关用地。国家机关包括国家权力机关，即全国人大及其常委会，地方人大及其常委会；国家行政机关，即国务院及其所属各部委，各直属机构和办事机构，各级人民政府及其所属工作或职能部门等；国家审判机关，即最高人民法院，地方各级人民法院；国家检察机关，即最高人民检察院，地方各级人民检察院；国家军事机关，即国家军队的机关。以上机关用地属于国家机关用地。

（2）军事用地。指军事设施用地，包括军事指挥机关、地面和地下的指挥工程，作战工程；军用机场、港口、码头、营区、训练场、试验场等。

（3）城市基础设施用地。指城市给水、排水、污水处理、供电、通信、煤气、热力、道路、桥涵、市内公共交通、园林绿化、环境卫生、消防、路标、路灯等设施用地。

（4）公益事业用地。指各类学院、医院、体育场馆、图书馆、文化馆、幼儿园、托儿所、敬老院、防疫站等文体、卫生、教育、福利事业用地。

（5）国家重点扶持的能源、交通、水利等基础设施用地。

（6）法律、行政法规规定的其他用地。

3. 建设用地使用权划拨的管理

《中华人民共和国城市房地产管理法》和《中华人民共和国城镇国有土地使用权出让和转让暂行条例》对划拨土地使用权的管理有以下规定：

（1）划拨土地的转让。划拨土地的转让有两种规定：一是报有批准权的人民政府审批准予转让的，应当由受让方办理土地使用权出让手续，并依照国家有关规定缴纳土地使用权出让金；二是可不办理出让手续，但转让方应将所获得的收益中的土地收益上缴国家。

经依法批准利用原有划拨土地进行经营性开发建设的，应当按照市场价补缴土地出让金。经依法批准转让原划拨土地使用权的，应当在土地有形市场公开交易，按照市场价补缴土地出让金；低于市场价交易的，政府应当行使优先购买权。

（2）划拨土地使用权的出租。房产所有权人以营利为目的，将划拨土地使用权的地上建筑物出租的，应当将租金中所含土地收益上缴国家。用地单位因发生转让、出租、企业改制和改变土地用途等情形不宜办理土地出让的，可实行租赁。租赁时间超过六个月的，应签订租赁合同。

（3）划拨土地使用权的抵押。划拨土地使用权抵押时，其抵押价值应当为划拨土地使用权下的市场价值。因抵押划拨土地使用权造成土地使用权转移的，应办理土地出让手续并向国家缴纳地价款才能变更土地权属。

（4）对未经批准擅自转让、出租、抵押划拨土地使用权的单位和个人，县级以上人民政府土地管理部门应当没收其非法收入，并根据情节处以罚款。

（5）国有企业改制中的划拨土地。对国有企业改革中涉及的划拨土地使用权，可分别采取国有土地出让、租赁、作价出资（入股）和保留划拨土地使用权等方式予以处置。

下列情况应采取土地出让或出租方式处置：国有企业改造或改组为有限责任公司或股份有限公司以及组建企业集团的，国有企业改组为股份合作制的，国有企业租赁经营的，非国有企业兼并国有企业的。

下列情况经批准可保留划拨土地使用权：继续作为城市基础设施用地、公益事业用地和国有重点扶持的能源、交通、水利等项目用地，原土地用途不发生改变，但改造或者改组为公司制企业除外；国有企业兼并国有企业、非国有企业及国有企业合并后的企业是国有工业企业的；在国有企业兼并、合并中，一方属于濒临破产企业的；国有企业改造或改组为国有独资公司的。

（6）凡上缴土地收益的土地，仍按划拨土地进行管理。

（7）划拨土地使用权的收回。国家无偿收回划拨土地使用权有多种原因，主要有以下七种：土地使用者因迁移、解散、撤销、破产或其他原因而停止使用土地的；国家为了公共利益需要和城市规划的要求收回土地使用权；各级司法部门没收其所有财产而收回土地使用权；土地使用者自动放弃土地使用权；未经原批准机关同意，连续 2 年未使用；不按批准用途使用土地；铁路、公路、机场、矿场等核准报废的土地。国家无偿收回划拨土地使用权时，对其地上建筑物、其他附着物，应当依法给予补偿。

公租房土地性质一般为划拨用地，但也有土地出让给房地产开发企业附带配套建设的公租房。因此公租房土地性质不可分割，难以转让，因为划拨土地的转让有两种规定：一是报有批准权的人民政府审批准予转让的，应当由受让方办理土地使用权出让手续，并依照国家有关规定缴纳土地使用权出让金，这种方式成本巨大；另一种方式是可不办理出让手续，但转让方应将所获得的收益中的土地收益上缴国家。

四、房地产税收制度

（一）房产税

房产税是以房产为课税对象，向产权所有人征收的一种税。凡是中国境内拥有房屋产权的单位和个人都是房产税的纳税人。产权属于全民所有的，以经营管理的单位和个人为纳税人；产权出典的，以承典人为纳税人；产权所有人、承典人均不在房产所在地的，或者产权未确定以及租典纠纷未解决的，以房产代管人或者使用人为纳税人。

对于非出租的房产，以房产原值一次减除10%～30%后的余值为计税依据，具体减除幅度由省、自治区、直辖市人民政府确定。对于出租的房产，以房产租金收入为计税依据，租金收入是房产所有人出租房产使用权所得的报酬，包括货币收入和实物收入。

房产税采用比例税率。按房产余值计征的，税率为1.2%；按房产租金收入计征的，税率为12%。

下述房产免征房产税：

（1）国家机关、人民团体、军队自用的房产，但经营用房不属于免收范围。

（2）事业单位自用的房产，是指这些单位本身的业务用房。

（3）宗教寺庙、公园、名胜古迹自用的房产。

（4）个人所有的非营业用房产。

（5）经财政部批准免税的房产，如损坏不堪使用的房屋和危险房屋。

（二）土地增值税

土地增值税是对在我国境内转让国有土地使用权、地上建筑物及其附着物的单位和个人，以其转让房地产所取得的增值额为课税对象而征收的一种税。土地增值税的纳税义务人为转让国有土地使用权、地上的建筑物及其附着物（以下简称"转让房地产"）并取得收入的单位和个人，并按照纳税人转让房地产所取得的增值额和相关税率计算征收。

1. 税率的计算

根据《中华人民共和国土地增值税暂行条例》第七条的规定："增值额未超过扣除项目金额50%的部分，税率为30%；增值额超过扣除项目金额50%、未超过扣除项目金额100%的部分，税率为40%；增值额超过扣除项目金额100%、未超过扣除项目金额200%的部分，税率为50%；增值额超过扣除项目金额200%的部分，税率为60%。"为简化计算，往往采用速算扣除法计算，即以总的增值额乘以适用税率，减除扣除项目金额乘以速算扣除系数，直接得出土地增值税的应纳税额。具体公式如下：

① 增值额未超过扣除项目金额50%的：

土地增值税税额＝增值额×30%

② 增值额超过扣除项目金额50%，未超过100%的：

土地增值税税额＝增值额×40%－扣除项目金额×5%

③ 增值额超过扣除项目金额100%，未超过200%的：

土地增值税税额＝增值额×50%－扣除项目金额×15%

④ 增值额超过扣除项目金额 200% 的：

$$土地增值税税额 = 增值额 \times 60\% - 扣除项目金额 \times 35\%$$

以上公式中的 5%、15%、35% 为相应级距的速算扣除系数。

2. 扣除项目

在计算转让房地产的增值额时，允许扣除的项目包括：

（1）取得土地使用权所支付的金额。这是指纳税人为取得土地使用权所支付的地价款（指土地出让金、土地转让金）和按国家统一规定缴纳的有关费用（登记费、过户费等）。

（2）房地产开发成本。这是指纳税人房地产开发项目实际发生的成本。具体包括以下费用：

第一，土地征用及拆迁补偿费，包括土地征用费、耕地占用税、劳动力安置费及有关地上、地下附着物拆迁补偿的净支出、安置动迁用房支出等。

第二，前期工程费，包括规划、设计、项目可行性研究和水文、地质、勘察、测绘、"三通一平"等支出。

第三，建筑安装工程费，是指以出包方式支付给承包单位的建筑安装工程费，以自营方式发生的建筑安装工程费。

第四，基础设施费，包括开发小区内道路、供水、供电、供气、排污、排洪、通讯、照明、环卫、绿化等工程发生的支出。

第五，公共配套设施费，包括不能有偿转让的开发小区内公共配套设施发生的支出。

第六，开发间接费用，是指直接组织、管理开发项目发生的费用，包括工资、职工福利费、折旧费、修理费、办公费、水电费、劳动保护费、周转房摊销等。

（3）房地产开发费用。这是指与纳税人开发房地产项目有关的销售费用、管理费用和财务费用。但这三项费用不是按照纳税人开发房地产项目实际发生的费用进行扣除，而是按照《中华人民共和国土地增值税暂行条例实施细则》规定的标准进行扣除。

《中华人民共和国土地增值税暂行条例实施细则》规定，财务费用中的利息支出，凡能够按转让房地产项目计算分摊并提供金融机构证明的，允许据实扣除，但最高不能超过按商业银行同类同期贷款利率计算的金额。其他房地产开发费用，按前（1）（2）项计算的金额之和的 5% 以内计算扣除。即此种情况下允许扣除的房地产开发费为不超过：

利息 +（取得土地使用权所支付的金额 + 房地产开发成本）×5%。

凡不能按转让房地产项目计算分摊利息支出或不能提供金融机构证明的，房地产开发费用按前（1）（2）项计算的金额之和的 10% 以内计算扣除。即此种情况下允许扣除的房地产开发费为不超过：（取得土地使用权所支付的金额＋房地产开发成本）×10%。前述计算扣除的具体比例，由各省、自治区、直辖市人民政府规定。

（4）旧房及建筑物的评估价格。这是指在转让已使用的房屋及建筑物时，由政府批准设立的房地产评估机构评定的重置成本价乘以成新度折扣率后的价格。评估价格须经当地税务机关确认。

（5）与转让房地产有关的税金。这是指在转让房地产时缴纳的营业税、城市维护建设税、印花税。因转让房地产缴纳的教育费附加，也可视同税金予以扣除。

（6）财政部规定的其他扣除项目。如对从事房地产开发的纳税人可按其取得土地使用权所支付的金额加房地产开发成本计算的金额之和，再加计20%的扣除；纳税人成片受让土地使用权后，分期分批开发、转让房地产的，其扣除项目金额的确定，可按转让土地使用权的面积占总面积的比例计算分摊，或按建筑面积计算分摊，也可按税务机关确认的其他方式计算分摊。

3. 减免规定

按照《中华人民共和国土地增值税暂行条例》等相关规定，有下列六种情形之一的，免征土地增值税：

（1）纳税人建造普通标准住宅出售，增值额未超过扣除项目金额之和20%的，免征土地增值税；增值额超过扣除项目金额之和20%的，应就其全部增值额按规定计税。

（2）因国家建设需要依法征用、收回的房地产（指因城市规划、国家建设的需要而被政府批准征用的房产或收回的土地使用权）。

（3）因城市规划、国家建设的需要而搬迁，由纳税人自行转让原房地产的，比照前（2）项免征土地增值税。

（4）个人因工作调动或改善居住条件而转让原自用住房，经向税务机关申报核准，凡居住满五年或五年以上的，免予征收土地增值税；居住满三年未满五年的，减半征收土地增值税；居住未满三年的，按规定计征土地增值税。

（5）个人之间互换自有居住房地产的。

（6）对涉及土地增值税减免税的一些特殊问题，由财政部、国家税务总局制定专门规定。

（三）契税

契税是指不动产（如土地、房屋等）产权发生转移变动时，就当事人所订契约按不动产价的一定比例向新业主（产权承受人）征收的一次性税收。

转移土地、房屋权属具体包括以下五项内容：

（1）国有土地使用权的出让，由承受方交。

（2）土地使用权的转让，除了考虑土地增值税，另由承受方交契税。

（3）房屋买卖。

（4）房屋赠与。

（5）房屋交换。

以下四种情况，视同转移土地、房屋权属：

（1）以房产抵债或实物交换房屋。

（2）以房产作投资或股权转让。

（3）以获奖方式承受土地、房屋权属。

（4）以预购方式或者预付集资建房款方式承受土地、房屋权属。

税率：契税实行3%～5%的幅度税率。实行幅度税率是考虑到中国经济发展的不平衡，各地经济差别较大的实际情况。因此，各省、自治区、直辖市人民政府可以在3%～5%的幅度税率规定范围内，按照该地区的实际情况决定。

（四）城镇土地使用税

城镇土地使用税是指国家在城市、县城、建制镇、工矿区范围内，对使用土地的单位和个人，以其实际占用的土地面积为计税依据，按照规定的税额计算征收的一种税。

税率：城镇土地使用税采用定额税率，即采用有幅度的差别税额。按大、中、小城市和县城、建制镇、工矿区分别规定每平方米城镇土地使用税年应纳税额。城镇土地使用税每平方米年税额标准具体规定如下：①大城市为1.5～30元；②中等城市为1.2～24元；③小城市为0.9～18元；④县城、建制镇、工矿区为0.6～12元。应纳税额＝实际占用的土地面积×适用税额。

（五）耕地占用税

耕地占用税是对占用耕地建房或从事其他非农业建设的单位和个人征收的税。所谓"耕地"是指种植农业作物的土地，包括菜地、园地。其中，园地包括花圃、苗圃、茶园、果园、桑园和其他种植经济林木的土地。

税率：由于在中国的不同地区之间人口和耕地资源的分布极不均衡，有些地区人烟稠密，耕地资源相对匮乏；而有些地区则人烟稀少，耕地资源比较丰富。各地区之间的经济发展水平也有很大差异。考虑到不同地区之间客观条件的差别以及与此相关的税收调节力度和纳税人负担能力方面的差别，耕地占用税在税率设计上采用了地区差别定额税率。税率规定如下：

（1）人均耕地不超过1亩的地区（以县级行政区域为单位，下同），每平方米为 10 ～ 50 元。

（2）人均耕地超过 1 亩但不超过 2 亩的地区，每平方米为 8 ～ 40 元。

（3）人均耕地超过 2 亩但不超过 3 亩的地区，每平方米为 6 ～ 30 元。

（4）人均耕地超过 3 亩的地区，每平方米为 5 ～ 25 元。

经济特区、经济技术开发区和经济发达、人均耕地特别少的地区，适用税额可以适当提高，但最多不得超过上述规定税额的 50%。

（六）关于公共租赁住房建设和运营的税收优惠政策

为支持公共租赁住房建设和运营，财政部、国家税务总局决定自 2010 年 9 月 27 日起执行相关的税收优惠政策。三年执行期限到期后，于 2014 年 8 月 11 日发布《关于支持公共租赁住房建设和运营有关税收优惠政策的通知》（财税〔2014〕52 号），决定继续对公共租赁住房（简称"公租房"）建设和运营给予以下税收优惠，执行期限暂定三年，政策到期后将根据公租房建设和运营情况对有关内容加以完善。财政部、国家税务总局印发《关于公共租赁住房税收优惠政策的公告》，明确支持公共租赁住房建设和运营的 7 项有关税收优惠政策。公告执行期限为 2019 年 1 月 1 日至 2020 年 12 月 31 日。一般而言，往后相关政策到期再延续三年。

（1）对公租房建设用地及公租房建成后占地免征城镇土地使用税。在其他住房项目中配套建设公租房，依据政府部门出具的相关材料，可按公租房建筑面积占总建筑面积的比例免征建造、管理公租房涉及的城镇土地使用税。

（2）对公租房经营管理单位建造公租房涉及的印花税予以免征。在其他住房项目中配套建设公租房，依据政府部门出具的相关材料，可按公租房建筑面积占总建筑面积的比例免征建造、管理公租房涉及的印花税。

（3）对公租房经营管理单位购买住房作为公租房，免征契税、印花税；对公租房租赁双方签订租赁协议涉及的印花税予以免征。

（4）对企事业单位、社会团体以及其他组织转让旧房作为公租房房源，且增值额未超过扣除项目金额 20% 的，免征土地增值税。

（5）企事业单位、社会团体以及其他组织捐赠住房作为公租房，符合税收法律、法规规定的，捐赠支出在年度利润总额 12% 以内的部分，准予在计算应纳税所得额时扣除。个人捐赠住房作为公共租赁住房，符合税法规定的，对其公益性捐赠支出未超过其申报的应纳税所得额 30% 的部分，准予从其应纳税所得额中扣除。

（6）对符合地方政府规定条件的低收入住房保障家庭从地方政府领取的住房租赁补贴，免征个人所得税。

（7）对经营公租房所取得的租金收入，免征营业税、房产税。公租房租金收入与其他住房经营收入应单独核算，未单独核算的，不得享受免征营业税、房产税优惠政策。

五、本章小结

房地产行业在我国发展历史渊源悠久，逐渐形成了约定俗成的规定以及完善的房地产制度。这些制度随着社会与时代的发展而变迁。房地产市场化改革是为了解决我国传统的城镇住房制度以国家统包、无偿分配、低租金、无限期使用为特点的实物福利性住房制度所造成的效率低下的问题。而由于市场化的运作，房地产市场又造成了贫富差距过大的问题，保障性公共租赁住房的出现是为了解决房改制度以来的炒房泡沫的问题。因此，保障性公共租赁住房改革绝不能走过去我国传统的城镇住房制度国家统包的老路，应该积极发挥市场化和政府主导各自的优势，才能体现社会主义制度的优越性。

"以史为镜，可以知兴替；以人为镜，可以明得失。"了解房地产行业的变迁，特别是新中国成立以来房改制度实施后房地产的变迁，尤为重要。正是由于房地产行业制度的不断发展，保障性公租房制度才应运而生，从而有了它表演及展现的舞台和时代。

日落　（插图：高权）

第三章

保障性住房

一、住房保障的重要性

伴随着工业化及城市化的发展，居民收入结构失衡，城镇人口快速发展，中国的住房问题变得越来越突出。工业化和城市化提高了全社会资源的优化配置程度，同时社会结构也发生了深刻变化，社会贫富差距逐渐拉大。中国民政部数据显示，截至 2019 年 11 月底，全国保障城乡低保对象有 4333.5 万人①。另外，城市人口的快速上涨使得社会贫富差距拉大，住房问题更加突出。自 1978 年到 2015 年，城镇常住人口从 1.7 亿人增加到 7.7 亿人，城镇化率从 17.9% 提升到 55.1%，年均提高 1.03%。城镇化的快速推进，吸纳了大量农村劳动力转移到城市就业。

近 10 年来，我国城镇化率每年提高 1% 以上。随着这一指标的高速增长，未来会有越来越多农民变成市民。2020 年，我国的城镇化率高达 63.89%，比发达国家 80% 的平均水平低了 16.11%，与美国 82.7% 的城镇化水平还有 18.81% 的距离。预计到 2035 年，中国城镇化率将达 75% 至 80%，新增近 4 亿城镇居民，达到与发达国家同等水平（参见图 3－1）。

---

① 环球网：《民政部：2019 年全国保障城乡低保对象 4333.5 万人》，https://baijiahao.baidu.com/s?id = 1655211014336789842 & wfr = spider & for = pc。

城镇住房的重要性不言而喻。中国城市保障人口众多，并且不断扩大，中国住房问题将越来越突出。

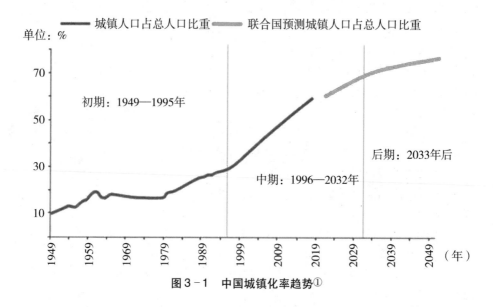

图3-1　中国城镇化率趋势①

为解决城市人口快速增长而导致的住房供需矛盾，我国大力发展保障性住房。保障性住房制度作为社会保障制度体系的一个重要组成部分，中央或地方政府根据法律法规或者政策规定，通过提供合适的政策性住房，使得住房困难户住有所居，从而满足其基本的住房需求。从国外历史经验可以看出，保障性住房建设对于社会住房公平起到了巨大的推动作用。

关于城市住房问题的根源，恩格斯早在19世纪就为我们写下了精彩的答案。恩格斯在《论住宅问题》中写道："当一个古老的文明国家这样从工场手工业和小生产向大工业过渡，并且这个过渡还由于情况极其顺利而加速的时期，多半也就是'住宅缺乏'的时期。一方面，大批农村工人突然被吸引到以发展为中心的大城市里来；另一方面，这些旧城市里的布局已经不适应新的大工业的条件和与此相适应的交通：街道在加宽，新的街道在开辟，铁路铺到市区。正当工人成群涌入城市的时候，工人住宅却在大批拆迁。于是就突然出现了工人以及以工人为主顾的小商人和小手工业者的住宅缺乏现象。"② 可见，住房保障这类社会保

　　①　新浪财经：《中国城镇化率高达63.89%！专家：2035年有望达到发达国家同等水平》，https：//baijiahao.baidu.com/s？id=1699551383447431874&wfr=spider&for=pc。

　　②　恩格斯：《论住宅问题》，载中共中央马克思恩格斯列宁斯大林著作编译局编《马克思恩格斯全集》（第18卷），人民出版社1995年版，第233-321页。

障体系不仅是经济问题，更是一个政治问题，与社会保险、八小时工作制等一样，都是无产阶级劳动人民的重要保障。住房保障制度可以有效缓解社会矛盾和贫富阶级对立。历史的实践证明，单纯以市场竞争的方式是无法从根本上解决住房短缺问题的，因为住房短缺问题本身就是由以市场为核心的城市化造成的，市场加剧了人与人的竞争与差异性。

"看不见的手"并不是无所不能、无所不知的，它还常常导致市场失灵的情况。西方发达国家逐渐意识到单纯通过市场方式无法解决住房问题，并逐渐发展形成资本主义的各种保障性住房体系。

随着城镇住房制度的全面实施和改革深化，近20年来中国商品房的价格飙升，使社会民众对房价高企颇多抱怨，因此，中国政府非常重视加强建设保障性住房体系来改善城市低收入居民住房条件。相关研究也表明，增大保障性住房建设规模会对中国商品房价格产生持续性向下冲击，对房地产供需矛盾起到一定的缓解作用。[①]

中国作为具有鲜明特色的社会主义国家，在以公共租赁住房、廉租住房、经济适用住房等保障性住房为主的制度框架基础上，积极推进以公共租赁住房为主的保障性租赁住房，积极改善住房困难群体的居住条件。

二、公共租赁住房

在2005年之前，保障性住房的主要构成包括经济适用房、廉租住房、棚区改造安置住房、限价商品房等。但是由于各层次保障性住房的准入条件没有覆盖全部有需求的人群，于是产生了很大部分的"夹心层"人群。

所谓"夹心层"人群，是指不满足现行的保障性住房准入条件，也无法在商品市场中实现住房需求的城市收入中等偏下的住房困难家庭。"夹心层"主要包括三类人群：一是当地中低收入困难家庭，他们的支付能力有限，只能租房，但同时收入又没有低到符合经济适用房和廉租房的准入条件；二是进城务工人员和其他外来人员，他们中的很多人受户籍制度所限，不能被纳入到城镇住房保障范围；三是新就业的企事业职工。

最低收入阶层的住房问题逐渐以廉租房的形式得以解决，中低收入阶层的住房问题逐渐被重视起来，因此针对中低收入阶层的公共租赁住房的重要性逐渐凸显。公共租赁住房在此背景下应运而生，而且逐渐被扩大应用，之后将与廉租住房并轨，作为保障性住房的主要方式和重点发展方向。因此本书也就以公共租赁

---

① 郑晓云，向良玉：《城市保障性住房建设规模与住宅价格的关系研究——基于VAR模型》，载《世界科技研究与发展》2015年第2期，第172—176页。

住房作为保障性租赁住房的代表进行研究。

例如在 2011 年提出的 1000 万套保障性安居工程计划中,公租房与廉租房之后合并为公租房,占保障性住房总数的 39.2%,新建公租房套数是 2010 年的 6 倍。从筹建住房类型上看,在 2011 年广州市计划建设 8.5 万套保障性住房中,公租房是广州保障性住房建设的重头戏,有 4.65 万套,占总量的 57%;另外,廉租房建设 0.65 万套、经适房 0.8 万套、限价房 0.23 万套、拆迁安置房 1.82 万套。2017 年 7 月,广州市建委公布的广州市 2017 年保障性住房基本建成项目清单(1—6 月)中,2017 年上半年广州共建成 5561 套保障性住房,这些单位均为公共租赁住房。[①]

根据《国务院关于坚决遏制部分城市房价过快上涨的通知》(国发〔2010〕10 号)和《国务院办公厅关于促进房地产市场平稳健康发展的通知》(国办发〔2010〕4 号)精神,国务院下达《关于加快发展公共租赁住房的指导意见》(建保〔2010〕87 号),提出了公租房的重要性问题:

近年来,随着廉租住房、经济适用住房建设和棚户区改造力度的逐步加大,城市低收入家庭的住房条件得到较大改善。但是,由于有的地区住房保障政策覆盖范围比较小,部分大中城市商品住房价格较高、上涨过快、可供出租的小户型住房供应不足等原因,一些中等偏下收入住房困难家庭无力通过市场租赁或购买住房的问题比较突出。同时,随着城镇化快速推进,新职工的阶段性住房支付能力不足矛盾日益显现,外来务工人员居住条件也亟须改善。大力发展公共租赁住房,是完善住房供应体系,培育住房租赁市场,满足城市中等偏下收入家庭基本住房需求的重要举措,是引导城镇居民合理住房消费,调整房地产市场供应结构的必然要求。各地区、各部门要统一思想,提高认识,精心组织,加大投入,积极稳妥地推进公共租赁住房建设。

北京市住保办审核配售处处长陈炜文表示,限价房、经济适用房因为成本等原因不宜大力发展,而是应该通过发展公租房为主进行住房保障,因为公租房具有发展的可持续性:

公租房这些完全等着配售型房源时间可能长一些,土地资源还有成本等等的限制,那么我们现在有公租房的时候可以通过公共租赁住房来解决,这个实际上是大力发展公共租赁住房一个比较重要的原因,可持续。[②]

---

① http://news.ycwb.com/2017-07/09/content_25199344.htm.
② 《市住保办谈"住房保障"》,https://www.beijing.gov.cn/shipin/fangtan/15220.html。

(一) 廉租房并入公租房

公租房由最初解决"夹心层"住房问题，慢慢扩大了保障的范围，逐渐成为保障性住房的主要方向。2013 年，有记者向时任住房和城乡建设部副部长齐骥提出如下问题："近些年，在保障性住房建设提速的同时，分配管理方面也出现了一些问题，例如申请难，退出难，房源与工作、就学地严重分离，等等。如何通过改革解决这些问题？"齐骥提出要用两房并轨的方式解决：

从方便群众、提高效率、促进不同收入人群混合居住等方面考虑，为进一步改进保障性住房供应、分配和管理模式，日前住房和城乡建设部会同财政部、国家发展改革委员会印发了通知，决定从 2014 年起对公共租赁住房和廉租住房实行并轨运行，统称为公租房。廉租住房和公共租赁住房并轨运行，顺应群众意愿，符合各地实际，并轨运行会给今后住房保障工作带来积极推动。①

(二) 销售型保障性住房被取消

从历史上看，保障性住房总共包括 5 种方式，分别是：廉租房、公租房、经适房、限价房、棚改房。廉租房和公租房只租不售，而经适房、限价房和棚改房是可以销售的保障性住房（参见表 3 - 1）。

表 3 - 1　各种保障性住房的对比

房屋性质	类型	产权方式	利润	资金周转	销售情况
廉租房	租赁	国家所有	租金很低	国家补贴	只租不售
公租房	租赁	兴建者所有	市价五折	回收期长	只租不售
经适房	销售	个体所有	不超3%	回收期短	无销售压力
棚改房	销售	房屋置换	5%～8%	较短	无销售压力
限价房	销售	个体所有	不超6%	回收期短	销售压力小

---

① 《住建部副部长齐骥：推进廉租房公租房并轨》，新浪网，http://finance.sina.com.cn/china/20131208/155817565995.shtml? ua = Mozilla% 2F5.0 + % 28Windows + NT + 10.0% 3B + WOW64% 29 + AppleWebKit% 2F537.36 + % 28KHTML% 2C + like + Gecko% 29 + Chrome% 2F86.0.4240.198 + Safari% 2F537.36。

2012 年 12 月，北京市政风行热线主持人采访时任北京市住保办副主任杨武平，问道："说到保障性住房建设原则和分配原则，这里再多谈一下，我们保障性住房未来的原则是什么？是以公租为主，是以两限为主，还是各占 50% 的比例？是一个什么样的原则、什么样统筹的方法？"杨武平主任鼓励中等收入人群购买限价商品房：

低端就是对低收入家庭无房户家庭通过廉租房、公租房来解决他们的需求，尤其对廉租房，我们要求做到应保尽保；中端有支持，就是我们想鼓励那些中等收入、中等收入以下的改善一些，通过限价商品房模式来解决这个；高端有市场，就是通过市场收入比较，中等以上的家庭我们希望通过商品房的方式来解决这个问题。我们住保办就是解决中等以及中等以下老百姓的住房需求。

但是经济适用房、限价房因为操作层面存在众多腐败及不合理的问题而渐渐退出了保障性住房体系。据《深圳晚报》2010 年 3 月 8 日报道：

近日，有读者给本报打来电话报料，称作为经济适用房的桃源村三期地下停车库里，停着相当一部分 20 万元以上的车辆，其中不乏宝马、奔驰、奥迪、富豪、凌志等名车……桃源村三期地下停车库过夜车辆中，20 万元以上的车辆竟然占了近两成。

据政府有关部门统计，2007 年深圳全市共有 8844 户提出申请租售保障性住房，结果有 2542 户申请者被查出不合格，不合格的主要原因是家庭拥有房产或家庭资产超出 28 万元。而按照规定，这些小区的出售对象是总资产不超过 28 万元人民币的低收入家庭。时任深圳综合开发研究院旅游与地产研究中心主任、研究员宋丁在接受记者采访时说，他对于把经济适用房纳入保障性住房系列里来一直持反对态度。呼吁尽快"叫停"当前弊端多多的经济适用房政策，多建廉租住房和公共租赁住房。他指出：

建设经济适用房是国家解决中低收入家庭的一项政策，但是，过去的福利房、微利房到现在的经济适用房，其分配始终解决不了其中存在的不公平、不公开、不公正的问题，那还不如取消它。深圳可以在全国率先探索出一条路子，想办法加大包括廉租房在内的公租房供应、退出机制，逐步地、有计划地、有制度地来收缩经济适用房的供给，直到完全取消它。①

可出售的保障性住房被淘汰的深层次原因在于：

第一，偏重出售性质的保障房模式虽然可以加快资金的回收，但是这种方式使得保障性住房的政府补贴固化到部分被保障人群手中，并且无法随着其生活的改善而退出，从而加重了政府未来建设新的保障性住房的负担。

第二，经济适用房的一次性产权购买的经济方式，要求更高的住房消费门槛以支付首付款，这将会把大量无法支付首付款的政策目标人群排除在该项福利政策之外。

结论：以经适房和限价房为主的保障性制度不具有可持续性，以公租房为主的保障性住房制度是未来的发展方向。解决公租房问题是解决保障性住房问题的真正重点。

三、公租房的资金缺口问题

（一）公租房融资现状介绍

1. 资金需求情况

从公租房资金的需求方面看，资金需求远远没有达到要求。全国人大常委会2009年发布的《全国人民代表大会常务委员专题调研组关于部分重大公共投资项目实施情况的调研报告》显示，2009年国家下达的保障租住房建设计划，全国共需投入1676亿元。由于地方配套资金不到位和征地、拆迁等前期工作准备不足，2009年建设计划最终并未按期完成。2012年、2013年中央两次调低年度建设计划，从"十二五"规划初期设立的2012年建成1000万套保障性住房的目标降至700万套，2013年降至630万套。②

然而，随着中国城镇化的发展，农村人口不断涌入城市，户籍制度逐渐取消。在这样的大背景下，按照城镇户口来计算公租房基数是不合理的。2016年，全国居住地和户口登记地不在同一个乡镇街道且离开户口登记地半年以上的人口（即人户分离人口）有2.98亿人，其中流动人口为2.53亿人。据统计，这2.53亿流动人口大多流向城市，属于"夹心层"人群，符合公租房的保障范围。如果加上这部分人群，则公租房还需建造8000万套（按平均一户3人），大约需要

---

① 《深圳经适房小区车库近两成车辆价格超20万》，新浪网，https://news.sina.com.cn/a/2010 – 03 – 08/050819812478. shtml.

② 《李克强：大规模实施保障性安居工程具有重大意义》，政府网，https://www.gov.cn/ldhd/2011 – 04/16/content_1845614. htm。

16万亿元公租房建设资金和划拨土地资金。由此看出，政策上选择性忽视以流动人口为主的"夹心层"，各地方政府通过户籍制度限制保障性住房需求，掩耳盗铃、自欺欺人，是目前中国社会住房保障体制的一个弊端。

2. 资金供给情况

公租房的准公共产品性及外部性等经济学属性，决定了其投入规模大，回报率低且政策风险较大的融资特征。

从目前公租房资金供给方面来看，按照相关的法律法规，主要来源于四个方面：第一，中央和地方的财政预算支出；第二，银行政策性长期信贷资金；第三，社会资金投资建设和运营；第四，公积金增值收益扣除风险准备金和管理费用后余额的10%。其中，第一个渠道占据主要地位，而且在实际操作层面上，这四个方面的资金投入都没有完全到位。

《住房城乡建设部　发展改革委　财政部关于印发2009—2011年廉租住房保障规划的通知》中明确："省级负总责，市、县抓落实。建立住房保障绩效评价和考核制度，实行目标责任制管理，省级人民政府对本地区廉租住房保障工作负总责，市、县人民政府具体负责廉租住房房源筹集、配租和租赁补贴发放工作。地方加大投入，中央加大支持。市、县人民政府要通过财政预算等方式，多渠道筹措廉租住房保障资金。省级人民政府要建立廉租住房专项补助资金制度。中央财政对财政困难地区加大资金支持力度。""中央加大对财政困难地区廉租住房保障补助力度。"

2012年，时任住房和城乡建设部住房保障司副司长张学勤曾接受中国建设报记者汪汀的采访[1]，记者问："土地、资金压力如何缓解？"张学勤回答道：

为了缓解资金压力，政府将继续加大投入。中央将继续加大资金补助力度，2012年中央补助资金不低于2011年1526亿元的标准。目前，国家发展改革委员会会同住房城乡建设部已经下达421亿元，其中255亿元补助新建廉租住房和国有工矿棚户区改造，166亿元补助配套基础设施建设，由地方统筹用于新建廉租住房，国有工矿、林、垦、煤棚户区改造5类项目的配套基础设施建设。同时，地方各级政府财政预算要优先安排，加大对保障性住房的财政性资金投入力度；加大省级政府统筹力度，确保项目资本金足额及时到位；市县财政也要积极落实各项资金来源渠道。[2]

---

① 中华人民共和国住房和城乡建设部：《关键之年　三问住房保障——访住房城乡建设部住房保障司相关负责人》，http：//www. mohurd. gov. cn/zxydt/201202/t20120223_208885. html。

② 《访住房城乡建设部负责人：关键之年三问住房保障》，http：//www. gov. cn/gzdt/2012－02/23/content_ 2074554. htm。

重庆市前市长黄奇帆说，按照每平方米需要 2000 多元人民币的建设成本来估算，未来 3 年中，为了在主城区建设 2000 万平方米公租房，重庆市政府需要筹集 500 多亿人民币的资金。凤凰卫视主持人吴小莉采访时问："这次做这么大片区的规划，有哪些资金进入？"黄奇帆回答说：

第一，重庆政府在重庆主城储备的土地要拿出 20 平方公里，3 万亩地，这是过去几年重庆地产集团在征地动迁的时候征下来的，这笔征地费就作为政府的资本投入了。第二笔钱呢，政府还会把每年土地批租收入的 5%，作为民生支出的需要，用于公租房的资本金。如果每年我们有 300 亿的土地批租，5% 就有 15 亿到 20 亿投入。第三，就是中央政府对公租房的补助。这三笔钱，都是政府投入。①

从以上访谈中可以发现，地方政府是直接面对保障性住房建设的主体责任人，承受巨大的资金压力。住建部表示，2011 年，中国要开工建设 1000 万套各类保障性住房。这千万套保障性住房的资金问题如何解决？中央财政恐难单独承受，地方各级财政在其中扮演重要角色。

为缓解保障性住房建设给财政造成的沉重负担，政府也在积极寻求社会资本的介入。《财政部 国土资源部 住房城乡建设部 中国人民银行 税务总局 银监会关于运用政府和社会资本合作模式推进公共租赁住房投资建设和运营管理的通知》②（财综〔2015〕15 号，以下简称《通知》）：

为贯彻落实党的十八届三中全会精神，提高公共租赁住房供给效率，通过运用政府和社会资本合作模式，发挥政府与社会资本各自优势，把政府的政策意图、住房保障目标和社会资本的运营效率结合起来，逐步建立"企业建房、居民租房、政府补贴、社会管理"的新型公共租赁住房投资建设和运营管理模式，有效提高公共租赁住房服务质量和管理效率。政府根据本地区公共租赁住房需求状况，制定公共租赁住房发展规划和年度计划，组织合适的公共租赁住房项目开展政府和社会资本合作试点，选择社会资本参与投资建设和运营管理公共租赁住房。

---

① 经济参考网，http：//www.jjckb.cn/opinion/2010-07/04/content_233194_3.htm。

② 《中华人民共和国住房和城乡建设部、财政部、国土资源部、住房城乡建设部、中国人民银行、国家税务总局、银监会关于运用政府和社会资本合作模式推进公共租赁住房投资建设和运营管理的通知》，http：//www.mohurd.gov.cn/wjfb/201506/t20150605_221098.html。

对于社会资本合作模式的重要性，《通知》给予了充分的认可：

政府和社会资本合作模式是政府与社会资本在公共服务领域建立的一种长期合作关系，通过这种合作和管理过程，可以更有效率地为社会提供公共服务。运用这种模式推进公共租赁住房投资建设和运营管理，有利于转变政府职能，提升保障性住房资源配置效率；有利于提升政府治理能力，改善住房保障服务。

然而，据统计，全国正在招标的 PPP（政府和社会资本合作）项目逾 8000 个，总金额超 9 万亿元，签约执行约 2 万亿元，占总仅约 20%。对于社会资本参与公租房建设问题，重庆市市长黄奇帆在接受凤凰卫视吴小莉的采访时表示：

香港和新加坡的公租房，都是政府主导，社会也能参与。但是社会参与，不是由一个一个的房产商建公租房，公租房的建设、主导、投资都是政府。社会参与就是社会的各种资金，包括债券、融资、保险基金，都可以进入公租房的投资基金当中，因为公租房是一个有现金流可以平衡的体系。[1]

因此，在中国融资体系还不完善的情况下，公租房项目融资、建设和管理的主体是地方政府，在融资工具上也主要表现政府内源性融资，融资渠道主要以财政拨款为主。在地方政府资金紧张，并以 GDP 作为各级政府主要考核的 KPI（key performance indicator，关键绩效指标）指标的情况下，公租房资金不到位的现象是必然的。

3. 土地供需情况

由于公租房的用地是划拨用地，其资金成本主要是拆迁、安置等土地收储费用。《关于加快发展公共租赁住房的指导意见》（建保〔2010〕87 号）要求大力发展公共租赁住房，其中关于土地供应制度有如下规定：

各地要把公共租赁住房建设用地纳入年度土地供应计划，予以重点保障。面向经济适用住房对象供应的公共租赁住房，建设用地实行划拨供应。其他方式投资的公共租赁住房，建设用地可以采用出让、租赁或作价入股等方式有偿使用，

---

[1]　凤凰网卫视频道：《重庆市市长黄奇帆：500 亿建公租房不是留给下任的欠帐》，http：//phtv. ifeng. com/program/wdsz/detail_ 2010_ 07/04/1715357_ 2. shtml.

并将所建公共租赁住房的租金水平、套型结构、建设标准和设施条件等作为土地供应的前置条件，所建住房只能租赁，不得出售。

在具体地方上，各地操作在遵守中央的规定下具有差别。广州市保障性住房在用地的获取方法，在《广州市公共租赁住房保障制度实施办法（试行)》中都有详细的说明：

用地获得上，社会力量可利用自有存量建设用地、农村集体建设用地和政府储备土地建设公租房。目前已有城中村正和相关单位洽谈建设公租房。而社会力量利用政府储备土地建设的公租房，其建设用地使用权可采取土地公开出让或出租方式取得，其中，出让年限按照30年确定，出租按年收取年租金。

使用分配上，优先提供给本单位符合住房保障条件的职工，只租不售。向本单位职工出租后的剩余房源，可以由住房保障部门回购后纳入统一管理，也可由该单位向全市其他符合住房保障条件的对象出租。

2002年，重庆建立了土地整治储备中心，对土地市场进行宏观调控。2003年2月，重庆又在土地储备中心的基础上成立了"重庆地产集团"，由市政府注资，建立了政府主导型的土地储备供应机制。目前在重庆主城用于城市建设的500平方公里用地中，有300多平方公里是政府储备的土地。对此，前市长黄奇帆的解释是为了调控房地产价格：

中国的土地管理，土地拍卖、挂牌、招标，都在市级政府的手中。但是，有这个拍、挂、招的权利不等于你拥有土地的权利，土地可能是区县下边的街道、社区，也可能是居民在使用。如果有开发商想圈这块地，他可能现在只开发200亩，但是可能拍卖购买了2000亩10年以后才会开发的地，土地就被开发商储备了。一个城市，除已建成的用地之外，待建设的用地如果三分之二都到了开发商手里，政府手中就只有很少的土地，然后每年拿出一些土地来拍卖，就被开发商抬到很高的价格。一个城市如果土地价格一高，那么整个房价都会高起来。我们把三年、五年、十年可能要使用的地，从规划、管理上，由市级政府的土地储备中心把它给储备了。如果政府手中有比较多的土地资源，如果房屋价格卖得很高，就再多供几块地，实际上就把价格给控制下来了。①

---

① 经济参考网，http：//www.jjckb.cn/opinion/2010－07/04/content_233194_2.htm。

2010年3月，根据中国指数研究院提供的数据，作为全国最大的直辖市，重庆的房屋成交均价为5011元/m²，比成都的均价低了1000元，也低于同样地处西部的西安、贵阳、昆明等城市。而2008年，中国国家发展改革委也曾经公布过一份全国36个大中城市的商品房成交均价排行，其中显示：重庆的房价仅高于呼和浩特和兰州，位列倒数第三。公租房模式起源于重庆，然而重庆的房价并不高。黄奇帆说：

用于公租房的土地，现在也可以划拨。这是城市的战略资源，不是为了炒地皮，不是说政府储备了地后，把地皮炒高了，政府就拿到更多的土地收入。如果规划得不好，土地控制得不好，在10年前就把地给了开发商，开发商拿了地也没有开发，或者开发了一些不必要的东西。现在政府要去造学校、医院了，要从开发商手里再去把地征回来，会付出极大的代价。如果没有土地资源，由着房产商和市场去炒作，政府就缺少调控手段。①

从访谈中可以看出，土地收储成为房价上涨、公租房供给不足的重要因素。如果地方政府高度垄断土地的一级市场，掌握了大量的土地资产，土地便能成为地方政府推动地方经济增长的重要筹码。地方政府的卖地收入可以更直接、更便捷、更快地拉动当地GDP的增长。土地收储费用也是政府投入公租房的一项重要的费用支出。同样，作为公租房不可或缺的资源之一，土地投入在目前的政府考核机制下，必然也是不足的。

所以，对于中国公租房制度的分析，不得不提及中国土地供应制度以及土地出让金收入（参考第二章关于建设用地使用权出让制度的介绍）。

（二）融资问题分析

现有的公租房制度缺乏盈利机制、投资退出机制。公租房（包括廉租房）一般采用"只租不售，超标退出，循环使用"的运行模式，公租房建设具有投资额大、周期长、租金受限、资金回报率微薄等特点，投入的建设资金回笼不可能在短期内"立竿见影"，投入产出难以平衡。因此，对于公租房，不但社会参建主体不感兴趣，甚至银行等金融机构也对其还款能力产生质疑，在投资决策上持有审慎态度。现有的公租房项目融资制度存在以下几方面的问题。

---

① 经济参考网，http：//www.jjckb.cn/opinion/2010－07/04/content_233194_2.htm。

1. 单一融资渠道

公租房首先遇到的问题是资金从哪里来。对此，某业内人士在 2011 年对保障性住房资金不足情况有一个大致的测算：

住房建设部只计算了 1000 万套保障性住房的建安（建设安装）支出约 1.3 万亿元，每套房平均 13 万元，按平均 75 平方米计算，每平方米 1733 元。约 5000 亿元要地方政府支出，如廉租房、公租房和棚户区中的困难户；央企补贴 1043 亿元；地方需要支付 4000 亿元。而当土地无法用市场的方式获取高价时，这 4000 亿元要从地方政府的牙缝中挤出来就十分困难了。

而地方政府的实际支出并非只有建安的成本，还有土地的开发成本，征地拆迁的成本，市政交通配套的成本，教育、医疗配套的成本，等等。细算个账，大约要翻一倍的支出。保障性住房土地可以不算钱，但政府的土地都不是天上掉下来的，是要花钱征用的，钱成了一个重要的限制性条件。[①]

"十二五"保障性住房建设规划中提出，2011—2015 年全国预计新建保障性住房 3600 万套。其中 2011 年是规划的第一年，也是压力最大的一年，2011 年新建保障性住房 1000 万套，其中公租房 220 万套，占新建保障性住房总量的 22%。不难看出，公租房建设在全国范围内成为保障性住房建设的重头戏。2011 年，全国完成 1000 万套保障性住房建设任务所需资金的总额为 1.492 万亿。虽然各类保障性住房建设资金的来源是多元化的，但还是主要依赖中央和地方政府通过三大融资渠道解决。公租房（包括廉租房）项目 3000 亿元、棚户改造项目 1600 亿元、土地供应（征用、平整）1920 亿元，中央和地方政府共计可提供约 6520 亿元；所有项目建设一共需要 14920 亿元，尚有 8400 亿元的资金缺口计划通过吸引社会资金的方式解决。具体情况见表 3-2。

表 3-2　2011 年保障性住房建设资金来源和运用分解

单位：亿元

项目	资金运用	资金渠道	
经适房和两限房	5000	社会筹资	5000
公租房（包括廉租房）	3000	中央和地方政府	3000

---

① 华财网、三言智创咨询网、《迈开市场和保障两条腿》，http://www.cnfina.com/renwu/20110706_23208.html。

续表

项目	资金运用	资金渠道	
棚户改造	5000	工矿企业和职工自筹	1800
		中央和地方政府	1600
		社会渠道筹集	1600
土地供应（征地、平整）	1920	地方政府	1920
合计	14920	合计	14920

（考虑土地成本）

资料来源：住建部、天晓宏观经济与产业研究所。

2011年，政府方面明确的资金来源主要包括中央财政补助1030亿元，土地出让金净收益约600亿元，公积金增值收益计提约100亿元。假设中央代发地方债的50%用于保障性住房建设，则可提供1000亿元建设资金。另外国家开发银行也已明确表示增发专项贷款，用于支持保障性住房建设。因此，目前政府比较明确的资金来源总额约为3730亿元。

2. 地方政府财政困难

（1）地方政府资金问题。中国在1994年实行的分税制改革，对中央政府和各级地方政府的财权事权进行了重新划分，按照税种划分各级政府的财政收入，分设中央、地方两套税务体系进行征管，并通过税收返还和转移支付手段调节中央政府和地方政府的财政关系。

2007年8月7日，国务院发布《国务院关于解决城市低收入家庭住房困难的若干意见》明确规定保障性住房由中央政府和省市各级政府部门共同负责。财政部和住建部在2011年联合下发的《关于多渠道筹措资金确保公共租赁住房项目资本金足额到位的通知》中有明确规定：由政府投资的公租房项目资本金，应按照"省级负总责，市县抓落实"原则，及时足额地发放到位。

《住房城乡建设部 发展改革委 财政部关于印发2009—2011年廉租住房保障规划的通知》中明确：省级负总责，市、县抓落实。建立住房保障绩效评价和考核制度，实行目标责任制管理，省级人民政府对本地区廉租住房保障工作负总责，市、县人民政府具体负责廉租住房房源筹集、配租和租赁补贴发放工作。地方加大投入，中央加大支持。市、县人民政府要通过财政预算等方式，多渠道筹措廉租住房保障资金。

但是在该文件中只是定性规定财政支出责任，缺乏安排与保障性住房责任相对应的量化的财政支出责任，致使中央政府在保障性住房财政支出责任方面没有硬性约束。在2011年的全国保障性安居工程工作会议上，住房和城乡建设部代表国务院保障性安居工程协调小组与各省、自治区、直辖市和新疆生产建设兵团签订了2011年的保障性安居工程建设目标责任书。所有分配完成的目标任务，必须在当年10月31日前全部开工，否则，主要领导将遭到从约谈到行政处分乃至降级、免职的严厉处罚。

在公租房领域，中央和地方政府职责划分上，地方政府承担了巨大的压力和责任。某业内专家杜女士在接受观点地产网访问时表示：

保障性住房建设资金来源比较复杂，很难明确说由哪些组成的，因为表面上跟实际的并不一样。比如说廉租房、公租房等，是由开发商购买的地中间配套的比例这部分开发的，这个钱是开发商出的还是政府补贴的？很难说。在保障性住房建设资金来源中，中央政府下拨部分所占的比例并不大，现在主要还是靠地方的配套。但地方也没有那么多钱。其实，中央的下拨更多的是一种引导性的，并不是一个主体，地方的配套以及民间资本才是主体。现在民间资本介入还不是很多，现在压力都在地方政府上。①

（2）土地出让金收益问题。公租房的资金来源之一是土地出让金的10%。土地出让金是指各级政府土地管理部门将土地使用权出让给土地使用者，按规定向受让人收取的土地出让的全部价款（指土地出让的交易总额），或土地使用期满，土地使用者需要续期而向土地管理部门缴纳的续期土地出让价款。

面对中央政府对地方政府的保障性住房考核指标，地方政府的税收收入分配到保障性住房建设中的资金不足，所以政策要求地方政府把土地出让净收益的10%用作保障性住房建设。但有数据显示，按保守的算法，2010年土地净收益的10%应该有1000亿元，但是实际上，用于保障性住房建设的资金只有100亿元左右。为什么这个10%的目标很难达到呢？因为土地出让金收入本身就波动剧烈，因而从中计提的用于保障性住房建设的资金不足且波动剧烈，详情见表3-3。

表3-3　2003年至2020年土地出让金情况

年份	土地出让金（亿元）	全国GDP（亿元）	占GDP比重	出让金增速
2003	5421.3	135822.8	3.99%	——
2004	5894	159878.3	3.69%	8.72%

---

① 《保障房资金之渴》，上海搜狐焦点网：http://news.focus.cn/sh/2011-04-19/1269259.html? cfrom=mobile.

续表

年份	土地出让金（亿元）	全国 GDP（亿元）	占 GDP 比重	出让金增速
2005	5505	183084.8	3.01%	−6.60%
2006	7677	211923.8	3.62%	39.46%
2007	12216	249530.6	4.90%	59.12%
2008	10259	300670	3.41%	−16.02%
2009	15910	340507	4.67%	55.08%
2010	27100	397980	6.81%	70.33%
2011	31500	471564	6.68%	16.24%
2012	26900	519322	5.18%	−14.60%
2013	39073	568845	6.87%	45.25%
2014	42600	636463	6.69%	9.03%
2015	32547	677000	4.81%	−23.60%
2016	35600	744127	4.78%	9.38%
2017	40123	827122	4.85%	12.71%
2018	65096	919281	7.08%	62.24%
2019	77914	986515	7.90%	19.69%
2020	84000	1015986	8.27%	7.81%

资料来源：本表由作者根据公开资料整理制作。

另外，土地出让金收益还存在如下问题：第一，土地出让金收益的计算是一个相当复杂的过程，土地出让金净收益等于土地出让收入减去土地出让成本（土地出让成本包括拆迁款、补偿款各项税费）。政府拿地需要支付开发、配套和市政建设成本等一系列费用，很难在短期内计算清楚。第二，土地出让金一次性消费掉了，而出让时间长达 40 年到 70 年，提前透支后代权益，不符合地方可持续发展原则。第三，廉租房建设会对商品房价格造成打压，间接减少土地出让金的收入。

对于土地出让金不足的问题，杜女士的解释是：

最主要的问题不是建设资金的问题，而是在于土地。因为加大保障性住房开发，势必需要地方政府拿出一定面积的土地来配合开发。相比较供应商品房建设用地获取的土地出让金，供应保障性住房建设用地，则不可能有那么大的收益。所以，在总体上，地方政府土地出让金就会减少。其实，对于地方政府来说，在保障性住房建设上出的钱不是很多，但是土地出让金的减少对于地方财政影响很大，有的地方，财政收入甚至可能会减少一半。①

（3）划拨土地资金问题。在土地划拨上，地方政府也是两头为难。对此，业内相关人士认为，中国住房保障建设存在的最大问题除了资金问题，现有的城市土地供给制度更将成为供应瓶颈：

土地是政府计划垄断的资源，保证土地供给就成了第一道瓶颈。无限地增加土地供给几乎是不可能的，但用保障性住房用地的增加挤压商品房住宅建设用地则是可能的。于是各地的供地计划中都大量增加了零和游戏，即总量不变中的保障性住房的比重加大，那么就必然挤压商品房的用地，那又如何保障商品房的供给和如何降低商品房房价呢？说增加土地的供给容易，做到就难了。商品房的供地可用价高者得的方式拍卖，由此可以在征用时给以较为合理的补偿、较为合理的市场投入，再用土地出让的高价来盈利或弥补支出。但保障性住房的土地却无法用拍卖或价高者得的方式收回投入的成本，于是就压低征地补偿的标准，降低开发的投入，减少财政的支出，于是征地就难了，拆迁中的矛盾就增加了，土地开发的能力就减弱了，土地提供的能力就捉襟见肘了。②

有的地方政府对于保障性住房的态度比较消极。官员的考核指标 GDP 的比重较大，因此对于保障性住房的建设，只是为了完成上级对下传达的任务，往往被动而为，不当成自己应尽的职责。因此，这些地方政府只是瞄准短期经济的发展，大搞公共基础设施建设和行政管理等项目。

保障性住房项目的建设，一方面投入巨大，地方政府财政吃紧；另一方面，保障性住房的售价、租金都必须远远低于市场价，不能很好地产生经济效益，而且容易引起商品房价格下降，影响了地方政府出让土地所获得的收益。因此，有的地方政府在有意无意地避免保障性住房的大规模建设。

目前，重庆的保障性住房建设免去了土地出让金，有的城市采取的是配建方式。杜女士分析对比了上述两种土地划拨建设方式，认为土地出让是保障性住房不可避免的成本，上述两种划拨方式的区别在于谁来买单：

---

① 上海搜狐焦点网房产新闻：《保障房资金之渴》，http：//news. focus. cn/sh/2011 - 04 - 19/1269259. html? cfrom = mobile。

② 华财网、三言智创咨询网：《迈开市场和保障两条腿》，http：//www. cnfina. com/renwu/20110706 _ 23208. html。

重庆是政府直接免土地出让金，等于是政府出了这笔钱。但是，这个模式有一个问题：因为现在全国各地方政府土地财政收益都是很高的，如果让地方政府拿出大块的土地，不在这些土地上赚钱的话，可能会出现财政资金的缺口。尤其是一些经济不是很发达的地区，本身的所得税、增值税各方面的税收都很少，只靠土地赚钱，如果拿出大量的土地不收钱，政府财政就可能出问题。

重庆模式的好处是，房市还很火爆的情况下，会扩张得很快。因为在政府没钱的情况下，再怎么要求建保障性住房他也建不起来，这种方式解决了保障性住房资金来源的问题，所以它可能会拓展，就使保障性住房能够比较快地建起来。但它的弊端也是很明显的，会进一步推高商品房的价格。①

采取配建方式的城市，则意味着保障性住房的建设由购买商品房的人支付了部分成本。这意味着地方政府在保障性住房建设方面和地方经济发展方面处于权衡利弊的困境之中。如果某些城市的经济发展得比较好，它就可以多一点发展重庆的模式，即政府直接免掉土地成本。如果某些城市的经济不怎么好，就可以多一些发展配建的方式，政府少一点投入。土地供给成为地方政府左右为难的问题之一。

（4）公积金制度问题。公租房在保障性住房建设中占主流，资金来源除财政资金，包括中央财政的补贴、地方财政支出（含土地净收益的10%）和银行贷款，地方建立融资平台通过贷款方式为保障性住房建设提供资金支持外，住房公积金作为公租房项目融资的三大主要渠道之一，在公租房项目融资中发挥着重要的作用。

但是这一做法无疑与现有的《住房公积金管理条例》中所规定的公积金使用范围相矛盾，涉及住房公积金直投的合法性和规范性。首先，从住房公积金的本质属性分析。住房公积金的本质是职工劳动报酬或工资的一部分，是强制储蓄，是专项用于解决职工住房问题的保障性资金。从住房公积金目前规定用途来分析，《住房公积金管理条例》规定："住房公积金应当用于职工购买、建造、翻建、大修自住住房，任何单位和个人不得挪作他用。住房公积金管理中心不得向他人提供担保。住房公积金管理中心在保证住房公积金提取和贷款的前提下，经住房公积金管理委员会批准，也可将部分住房公积金用于购买国债。住房公积金的增值收益则可用于建设城市廉租住房的补充资金"。由上看出，在目前法规条件下，仅允许把公积金增值部分用于廉租住房建设，若挪用公积金本金，则已越过法规红线。正如业内专家杜女士所述：

---

① 上海搜狐焦点网：房产新闻：《保障房资金之渴》，http：//news. focus. cn/sh/2011 - 04 - 19/1269259. html？cfrom = mobile。

用公积金建设保障性住房现在还存在争议。很多交公积金的人不一定愿意，因为这个钱名义上说是购买商品房和经济适用房的人都需要交的，购买商品房的人不一定愿意自己交的钱用于保障性住房的建设。

因此，从2016年开始，地方政府的保障性安居工程，将不能再得到住房公积金贷款的支持。住房和城乡建设部（下称"住建部"）已经确定，不再新增住房公积金贷款支持保障性安居工程的试点城市，也不再向地方政府发放新的用于支持保障性安居工程的住房公积金贷款。"住房公积金贷款支持保障性安居工程建设"试点工作从2009年开始，到2016年不再接受新增试点申请，中间总共经历6年时间。住建部、人民银行总行的统计数据显示，截至2015年底，全国试点为保障性住房建设发放的住房公积金贷款已经超过1000亿元，达到1107.53亿元的规模。

根据住建部、人民银行总行的统计数据，2015年全年，试点项目贷款逾期额2.38亿元，逾期率0.77%。全年未使用项目贷款风险准备金核销呆坏账。年末项目贷款风险准备金余额19.37亿元，占试点项目贷款余额的6.24%。项目贷款逾期额与项目贷款风险准备金余额的比例为12.29%。相关内部人员表示："总体来说，质量还是非常好的，没有造成潜在的风险。"[1]

3. 成绩显著，但仍有问题亟待解决

虽然中国公租房项目取得了令人瞩目的巨大成就，然而依然存在一些问题亟待解决。这些问题主要体现在四个方面。

（1）资金挪用闲置。中央政府财政拨款是保障性住房建设资金最重要也是最稳定的来源，但是划拨程序非常缓慢，从中央政府划拨到省级政府的时间通常非常快，但是从省政府拨付到市县的时间非常慢，最慢的可能需要等一年，还存在层层截流。[2]

《国务院关于2016年度中央预算执行和其他财政收支的审计工作报告》显示，至2016年底，有10.31亿元安居工程资金被违规用于商品房开发、弥补办公经费、出借等；有4.21亿元安居工程资金被通过提供虚假资料、重复申报等方式套取骗取或侵占；有13.67亿元住房公积金增值收益余额未按规定用于安居工程。2016年保障性住房建设资金闲置超过一年和违规使用分别达到532.3亿元和28.2亿元，而且，2016年闲置或违规资金（560.5亿元）相当于当年保障性

---

[1] 腾讯网：《住房公积金将不再支持保障性住房建设》，http://xiangyang.house.qq.com/a/20160727/022540.htm。

[2] 李曼曼：《中国保障性住房融资体系研究》，郑州：河南大学博士学位论文，2013。

住房建设筹集资金（7549.8亿元）的7%，而其中的321.5亿元（占闲置或违规使用资金的57%）是通过贷款和债券等渠道筹集的。① 这意味着，不仅很多地方当年保障性住房建设计划无法完成，而且出现资金巨大浪费的现象。

（2）审核分配不严格。审计公告显示，部分地区存在住房保障分配审核不严格的问题。2.06万户不符合保障条件的家庭以不实材料申请并通过审批，违规享受保障性住房配租（售）1.02万套、住房租赁补贴等货币补贴2191万元，还有5895套保障性住房被违规用于转借出租、办公经营或对外销售。

据政府有关部门统计，2007年深圳全市共有8844户提出申请租售保障性住房，结果有2542户申请者被查出不合格，不合格的主要原因是家庭拥有房产或家庭资产超出28万元。② 2014—2016年，违规享受保障性住房的套数逐年上升，三年审计结果分别为2.55万套、3.77万套和4.2万套，意味着寻租保障性住房的陋习有扩张之势。《2015年保障性安居工程跟踪审计结果》显示，2014年有5.89万户家庭隐瞒收入、住房等信息通过了审核，或应退出而未退出。

（3）应付要求，政策难落地。有些地方所建保障性住房位置偏僻、缺乏配套，不适宜居住，只是为应付要求而增加数量。审计署发布2016年保障性安居工程跟踪审计结果公告，显示2016年有超过40万套的保障性住房无法正常交付给住房困难群体使用，接近近年来年度保障性住房竣工套数的10%。超过40万套保障性住房闲置，这不仅是资金和土地等资源的巨大浪费，而且使这项民生政策难以"落地"。③

具体到各地的案例不在少数：④ 青岛白沙湾片区保障性住房包含公共租赁房3797套，限价商品房6253套，因为位置偏僻、缺乏配套设施而遇冷，全国最大保障性住房社区成了一座空城。以陕西省为例，该省制定的建设210万套保障性安居工程计划中，目前（2015年）已竣工91万套，分配入住80.47万套，入住率为88.43%，空置总数达到10万套。河南省审计厅数据也显示，由于生活服务设施配套不完善等原因，河南已建成保障性住房2.66万套空置超过一年。2914套保障性住房被管理部门或保障对象挪用于商业经营、办公、拆迁周转、职工宿

---

① 《治理保障房乱象 审计不能代替制度革新》，中国网：http://house. china. com. cn/945012. htm。

② 《深圳经适房小区车库近两成车辆价格超20万》，新浪网，https://news. sina. com. cn/a/2010 - 03 - 08/050819812478. shtml.

③ 《审计署：去年超40万套保障房被闲置 违规分配屡犯》，人民政协网，http://www. rmzxb. com. cn/c/2017 - 06 - 26/1616259. shtml。

④ 《保障房基础设施不完善 全国最大保障房社区变空城》，人民网，http://house. people. com. cn/n/2015/0122/c164220 - 26430449. html。

舍等其他用途。①

（4）挖坑待建，应付差事。2011 年，时任住建部副部长齐骥在接受央视网采访时承认，全年已经开工的 1000 万套保障性住房中，约三分之一存在"挖坑待建"情况。② 所谓"挖坑待建"，就是只打个底子、画个地盘、铺个摊子，或者说做个样子、摆个架势。

四、公租房 REITs 融资模式成共识

目前的保障性住房建设体制下，政府统包统管，不仅负责土地的征收、土地划拨，建设招标、建设监理，还要负责存量房的管理及维护，被保障人群的筛选和监督，收租和清退等工作。政府大一统的管理模式有其独特优势，但不可避免会出现一些管理问题。对此，杜丽虹女士总结道：

政府主导的保障性住房容易出现供应不足、效率低的问题。供应不足现在已经是明摆着的，政府主导的保障性住房跟规划需要建设的总是有缺口的；效率低一方面是现在开发建设的进程跟不上，另一方面在保障性住房的分配方面，现在已经出现了很多的不公平的问题。③

接着，对于上面的问题，当记者问到有没有一些好的解决方案时，杜女士表示保障性住房体系需要更多地从市场角度考虑：

保障性住房领域，如果政府涉足得过多，就会面临刚才说到的问题。所以，需要把这个机制扭转过来，用一种市场化的方式。要吸引民间资本进来，就要给其一个市场化的回报。政府肯定要投入补贴的，但是投入的资金要高效地使用。有效引入的关键是政府投资方式的转变，可能需要从一种全部投资或者是大包大揽的模式转变成一种补贴的方式。无论是采取收益补贴还是税收补贴的方式，使民间资本在投资保障性住房的时候可以获得相对合理的回报率，民间资本才会

① 中金在线：《很多保障性住房只是应付政府差事：选址偏僻成空城》，参见 http：//news. cnfol. com/guoneicaijing/20150121/19969799. shtml。

② 云南房用：《住建部：已开工 1000 万套保障房中 1/3 仅挖坑待建》，https//www. ynhouse. com/news/view－75173. html。

③ 《保障房资金之渴》，上海搜狐焦点网：http：//news. focus. cn/sh/2011－04－19/1269259. html? cfrom = mobile。

进来。①

某业内人士在回答《中国投资》应如何发展社会租赁性住房的问题时，直接提出应该发展 REITs，即房地产投资信托基金：

我们现在提出 REITs 与长期信贷，就是要解决长期性的社会租赁性住房问题。社会租赁性住房不一定非得完全由政府承担，而应让社会各方共同来参与。但如果政府不开辟这些资金市场的话，开发商是做不到的。没有一个投资者有这么多钱来做社会租赁性住房。我们 2004 年就向政府提出用 REITs 来解决社会租赁性住房问题。央行于 2006 年与我们开始讨论此事，一直讨论到 2008 年。当年政府工作报告中提出了要建立房地产基金，就是指 REITs，可是直到现在，这种方式只在天津实现了第一单，上海准备实现第二单。天津的第一单最终只是在银行间发行，而不是我们预先设计的针对全社会公开发行。换句话说，老百姓还是不能参与保障性住房建设。②

目前，政府也充分认识到运用政府和社会资本合作模式推进公共租赁住房投资建设和运营管理的重要意义。财政部等六部委于 2015 年下发《关于运用政府和社会资本合作模式推进公共租赁住房投资建设和运营管理的通知》，明确表示鼓励运用政府和社会资本合作模式（public-private partnership，PPP）推进公共租赁住房投资建设和运营管理，并特别提到：支持以未来收益覆盖融资本息的公共租赁住房资产发行 REITs，探索建立以市场机制为基础、可持续的公共租赁住房投融资工具。

解决公租房项目融资难的困境在于引入社会资本，而 REITs 融资工具以市场机制为基础。是否可以健康持续地推动公租房的发展？在公租房领域，房地产投资信托基金（REITs）是否能够解决公租房的融资问题呢？

五、本章小结

本章详细介绍了中国保障性公租房的行业背景。公租房本质上是民生工程，是服务于中低收入群体的保障性措施。面对这部分群体，低成本的管理模式是成

---

① 《迈开市场和保障两条腿》，华财网、三言智创咨询网：http://www.cnfina.com/renwu/20110706_23208.html。

② 《迈开市场和保障两条腿》，华财网、三言智创咨询网：http://www.cnfina.com/renwu/20110706_23208.html。

功的关键。旧有的管理模式以政府的统包统揽为主导，这种公租房建设已经持续十多年了。即使政府单一的投资资金供给不足，土地供给也地处偏远，公租房存量依然也已经达到了一定规模。正所谓"缝三年，补三年，缝缝补补又三年"，地方政府在财政收入紧张的情况下，既要面对地方经济发展的挑战，还要面对保障性住房建设等一系列民生问题，真是困难重重、左右为难。

"现代管理学之父"彼得·德鲁克曾经说过，管理只不过是让人们处于在可接受的工作环境中，管理最终是枯燥乏味的。面对如此巨大的公租房资产存量以及公租房管理效率提高的迫切需求，目前公租房 REITs 管理模式已成为政府及行业专家普遍认为解决该问题的最好方案。如何通过 REITs 模式引入社会资本以解决公租房建设资金不足的问题，将是下一章讨论的内容。

黄鹤楼 （插图：高权）

第四章

REITs 的 特 征

公租房 REITs 模式已成为政府及行业专家普遍认同的解决公租房融资问题的最好方案。那么，REITs 到底是什么模式呢? REITs (real estate investment trusts[①]) 即房地产投资信托基金，主要从事与房地产相关业务，并将大部分收益分红给投资者以获得企业层面免税。REITs 起源于美国，因此其背景还需要从美国 REITs 说起。

一、REITs 背景

（一）美国 REITs 发展历史

REITs 本质上是一种信托制度。信托制度最早起源于英国，中世纪英国基督教会宣扬：信徒若把财产赠予教会可赎生前罪孽，死后可上天堂。因此基督教教徒为了死后灵魂得以上天堂，会把自己的土地捐献给教会，这使得教会的土地不

---

① REITs 在英语中有单复数之分，一般在指代 REITs 概念时使用单数，如日本的 J-REIT，新加坡的 S-REIT ; 而在指代 REITs 产品时使用复数。本文除了专有的基金名称，一律使用 REITs 来代表 REITs 的概念和实际产品。在国务院的相关文件中的用词是"房地产投资信托基金"，从相关论述及业界的讨论中，可以看出其所指的正是学界所称的"REITs"。由于中国尚未有 REITs 的相关立法，因此在名词的使用上仍较为混乱。

断增多，国家税收逐渐减少，这无疑影响到了国王和封建贵族的利益。于是，13世纪初英王亨利三世颁布了《没收条例》，规定禁止宗教徒把土地赠予教会团体。作为对这个新规定的回应，教徒对他们的捐献行为进行了变通。他们在遗嘱中把土地赠予非教会团体的第三者，但同时规定教会拥有土地的实际使用权和收益权，这就是最初的信托雏形。

信托制度在19世纪初传入美国，其后得到快速发展。美国是目前信托制度最为健全、信托产品最为丰富、信托产品发展总量最大的国家。其中，REITs是美国首创并不断发展完善的房地产金融产品。

REITs在美国有上百年的历史，最早REITs的概念出现在美国19世纪末的波士顿。美国东岸的一些富人想集资来投资商业地产，同时还想获得有限责任（limited liability）的保护。但是在当时的法律框架下，公司制（corporation）可以提供有限责任保护，公司却不能持有投资性的商业地产；而普通合伙人制（general partnership）可以持有投资性商业地产但不能受到有限责任的保护。美国商人在各种形式的探索后，最终确立了马萨诸塞商业信托MBT模式（Massachusetts business trust），这种模式可以同时满足两个条件。

马萨诸塞商业信托即是REITs的前身，但REITs这种组织形式直至1960年才正式被立法确认。1960年，美国国会通过REITs征税豁免修订案，并提出防止豁免被滥用的系列措施（资产/收入/分红/股权测试），确保REITs作为投资管道而被税务豁免只适用于被动收入，而不适用于主动收入或者交易房产所得收入。另外，REITs征税豁免修订案拓宽了房地产合规收入的定义，将抵押贷款利息收益也包括在内。

该豁免法案获得批准得益于当时的政治环境：1956年艾森豪威尔总统推出跨州高速公路建设法案，该法案对公共财政造成沉重的财政负担。因此对地产类项目，政府迫切希望私人资本进入。在此背景下，REITs征税豁免修订案顺利获得总统批准。正如当时国会过案陈词所说，该法案达到了两个双赢互补的目的：一是老百姓可以投资商业地产，二是地产业不能仅依靠公共财政，地产业迫切需要打开和拓宽私人投资渠道。[①]

1960年《REITs法案》的颁布，标志着现代REITs的诞生。从1960年至今，其发展经历了起步阶段、成长期、成熟期、高速扩张期以及全球拓展期等5个阶段。

1. 起步阶段（1960—1967年）

自从1960年美国国会颁布了《REITs法案》（*Real Estate Investment Trust Act*

---

① 巴曙松教授主持、朱江博士主讲：《美国REITs历史演化和投资分析框架》，http://www.gold678.com/dy/A/1315725。

of 1960)，REITs 正式被美国国会授权并且纳入法律管辖范围。中小投资者通过参与 REITs 投资于大型商业房地产，获得与直接投资房地产类似的投资收益。

万事开头难。当时整个行业持有的物业资产规模只有 2 亿美元，而且此时的法案禁止 REITs 直接经营或管理房地产，大多数 REITs 由外部顾问管理。这种模式的管理成本高且效果差，所以早期的 REITs 发展比较缓慢。到 1967 年为止，美国只有 38 家权益型 REITs。同时，许多经营组织例如 C 类公司、合伙企业等形式与 REITs 模式相竞争，REITs 的外部竞争比较激烈。而且由于 REITs 是许多管理公司发起的联合机构，因此产生了许多重大的利益冲突，内部问题也开始不断出现。图 4-1 是美国 REITs 的传统结构：

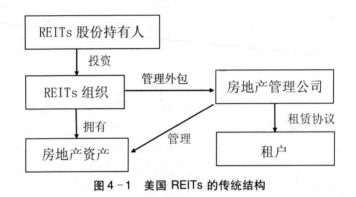

图 4-1　美国 REITs 的传统结构

传统结构的 REITs 具有非常明显的税收优惠驱动意图，特别是在 REITs 需要支付大量现金作为股利分红时，REITs 可以在公司层面上免除公司所得税。据统计，这一结构可以将 REITs 行业的收益提高 4 个百分点。同时由于采用 REITs，投资者不必投入费用高昂的避税政策研究费用（在这些政策研究上所能节省的费用大约是 REITs 行业市值的 1%～4%），因此 REITs 在税收方面所获得的超额利益合计起来大约为 REITs 行业市值的 5%～8%。虽然 REITs 丧失了财务与经营策略的灵活性，而且被要求分配绝大部分的应纳税收入，但是 REITs 只需要专注于投融资与资本管理，因此 REITs 还是广受投资者追捧。REITs 不断地把绝大部分利润分红出去，所以它只能一次次寻找外部资金支持，免税的诱惑难以阻挡。

2. 成长期（1968—1974 年）

REITs 走过了缓慢发展的幼儿期，在即将走进 20 世纪 70 年代时，REITs 迎来了快速的发展。但是"青少年时期"的 REITs 似乎把商业想得太简单了。1967 年，美国法律开始允许设立抵押型 REITs，于是在 1968—1974 年间，在银行利率管制时期，低利息推动 REITs 业迅速发展，REITs 发展达到阶段性顶点。

在此阶段，REITs 充满了盲目和疯狂，REITs 行业总体资产增长近 20 倍，市值扩大到原来的 3 倍，其中，主要从事房地产开发和建设的抵押型 REITs 的资产市值超过权益型 REITs。

但是市场在疯狂后迅速进入迷惘期。进入 20 世纪 70 年代，受国际石油输出国组织（OPEC）石油价格暴涨的冲击，美国经济形势急转直下，抵押型 REITs 由于高额债务杠杆导致了严重的财务危机而大量倒闭。不过 REITs 在这段时期被投资大众所熟知，REITs 所经历的不成熟和疯狂投机行为是大部分行业的必经阶段。

这个时期出现了合订和双股结构。在合订和双股的 REITs 结构中，股东持有 REITs 和运营管理公司（通常为 C 类公司）两个实体，也就是说，这两个公司的股份被合订或者配对在一块，以一个单位进行交易，因此被称为"合订"或者双股结构，两者在本质上没有差别，只是在两个实体之间的联系程度上有所差别。

合订结构和双股结构的 REITs 可以依托上市公司和运营公司两个实体（参见图 4－2），既可以充分享受 REITs 的税收优惠政策，又可以灵活运用，这两个实体可以同时从事 REITs 和房地产运营公司所允许的任何房地产业务。而其他结构的 REITs 由于组织结构的束缚，根据法律规定不能直接经营那些不以租金而依靠业务销售收入作为主营业务收入的房地产业务，比如酒店、度假村、高尔夫球场和赌场的经营。所以，和其他机构发起的投资信托基金相比，"合订"结构和"双股"结构占有十分明显的优势。细分起来，可以把这些优势归为四点：

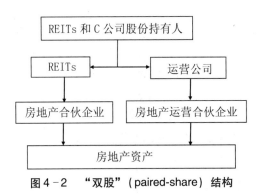

图 4－2　"双股"（paired-share）结构

（1）可以享受税收优惠。"合订"结构和"双股"结构的 REITs 仍可以凭借其 REITs 的地位，享有美国《国内税收法》（IRC）规定，避免双重征税。

（2）经营优势。普通的 REITs 的经营范围受到一定的限制，比如根据美国法律规定，它们不能直接经营酒店、度假村、高尔夫球场和赌场，因为这些类型房地产主营业务收入属于其他类型销售收入，而非租金收入。但合订结构和双股结构的 REITs 能够通过经营管理公司经营此类地产。这样 REITs 绕开了法律的限制，将自己的经营范围合法扩展，开展其他 REITs 不能经营的业务，赢得市场经营优势。

（3）股东的收益优势。在其他 REITs 中，负责房地产运营的公司是外包的第三方管理公司，REITs 以它作为管理物业的主要负责机构，在扣除租赁费用和运营管理费用后，属于自己的利润自然比较少。而对于合订和双股结构的 REITs，由于股东同时拥有 REITs 和运营管理公司两个实体，除了获得一般 REITs 的股东收益，还可以经营其他 REITs 不能经营的物业范围。运营公司作为租户，此时在支付所有运营管理费用之后，其获得的经营利润依然属于股东方，这可以有效地防止 REITs 的利润"漏出"。

（4）管理上能够有效避免利益冲突。在合订结构和双股结构的 REITs 中，REITs 公司股东同时持有运营公司的股份，二者的股东和经营目标相同，有效地消除了财产所有人与管理人之间的利益冲突。

20 世纪 70 年代，合订结构和双股结构在美国 REITs 市场上大量涌现，其中具有代表性的有 Hotel Investor Trust、Santa Anita Realty、Hollywood Park 等 REITs。1998 年，美国修改了相关的税收法律，对合订机构和双股结构进一步采取限制措施，迫使这种类型的 REITs 开始结构创新，进而出现了纸夹结构。

3. 成熟期（1975—1986 年）

到了 20 世纪 70 年代中叶，由于银行信贷利率不断攀升、房地产过度开发、美国经济持续下滑，REITs 行业面临巨大的危机。时任美国总统福特签署《REITs 简化修正案》，允许 REITs 在原有商业信托的基础上以公司的形式成立并上市。这时的 REITs 既具有信托的专业理财特征，又有上市公司的流动性优势，还有有限合伙制的税收优势，这个修正法案给予了 REITs 很大的推动。

1981 年，美国不堪经济下行的压力，通过了《经济复苏法案》，授权房地产业主利用其房地产折旧作为合法避税手段，并放宽了对 REITs 组织形式的限制，取消了 REITs 必须是非法人组织或社团组织的要求，为房地产业主创造了一种非常具有吸引力的合法避税工具，从而使 REITs 市场活力慢慢恢复。

1986 年，时任总统里根签署了《税制改革法案》，允许 REITs 自行选择内部管理，不必聘请外部第三者管理资产。许多 REITs 强调了投资策略和管理理念，强调用权益资产代替抵押贷款资产，降低负债比率，从而加强 REITs 的稳定性。REITs 在这个阶段发展成熟，逐步形成了主要的公司框架，为后来的快速发展奠定了基础。

在合订和双股结构遭到税收立法限制后，纸夹结构的 REITs 被衍生创造出来。纸夹结构与合订和双股结构的逻辑是类似的，都是同时控制 REITs 和管理公司，只是为了规避立法限制，纸夹 REITs 一般由股东先成立一家 C 类房地产管理运营公司，并由这家公司从 REITs 中租借房地产物业去经营（如图 4-3 所示）。REITs 所收取的租金是免税的，该部分收入会全部回到 REITs 股东账户，如果租赁合同签的租金很高时，股东的所有收入都会变成 REITs 的收入而获得免税。此时，REITs 和房地产运营公司是相互独立的两个实体，通过协议合同进行交易，例如著名的沃尔玛公司就是采用这种形式进行避税。

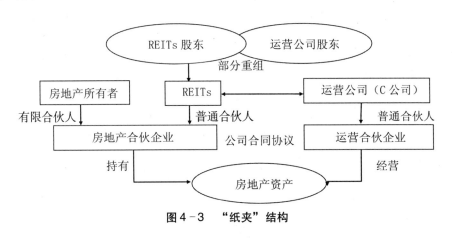

图 4-3 "纸夹"结构

双方的股东不相同，也没有被捆绑在一起以一个共同主体单位进行交易，这种松散的结构内在联系又很紧密，因为双方部分董事会成员和高级管理人员相同，这样就确保了双方在股东利益与公司的经营管理和发展方面是一致的。而且地产运营管理公司的董事会中的独立董事占据大部分席位，其与 REITs 并无利益关联，这样可以降低 REITs 系统内的利益冲突。两个实体通过公司之间的协议合同发生业务关系，即所谓的"纸夹"相连，来保证双方利益的一致性，这就是"纸夹"结构的 REITs。

"纸夹"结构的 REITs 延续了合订和双股结构所具有的经营优势，它可以收购税法规定对 REITs 禁止收购的地产，而且比合订和双股结构更加灵活。投资者可以根据自己的目标对两个实体分别投资。两个实体的经济利益仍可都保留在结构之内。管理运营公司的投资目标是实现增长，而基金实体的投资目标是寻找有稳定收益的房地产资产，二者能够时而进行联合，时而相互分开，实现增长和稳定的共同目标。它甚至还可以将有限合伙制权益作为期权，收购对税法比较敏感的房地产资产。

4. 高速扩张期 (1986—2000年)

20世纪90年代是REITs高速扩张的阶段。REITs在此阶段插上了资本市场的翅膀而一飞冲天。1991年，美林公司（Merrill Lynch）为美国购物中心开发商金科房地产公司（Kimco Realty）承销首发新股，共募集资金1.35亿美元，这标志着"现代REITs时代"的真正到来。

1992年，作为在纽约证券交易所上市的公司，购物中心开发商美国陶布曼中心（Taubman Centers）首次公开发行了一种新型结构的REITs——"伞形合伙式"REITs（Umbrella Partnership REITs）（其结构如图4-4所示），一经推出便迅速成为上市REITs设立的主流形式。

1993—1994年的高潮阶段主要表现为"首次公开上市热潮"。REITs股票的高收益与银行低利率形成对比，吸引大量的共同基金加入，从而REITs的规模开始扩大。REITs的IPO爆发带给公众的不是一些投机性概念的小公司，而是一些受人尊敬的房地产公司，他们能带给公众投资者实实在在的股利分红，如杜克物业、西蒙物业集团、DDR、金科地产集团等。

伞形合伙式结构的REITs能够使新建立的REITs迅速达到公开上市融资的规模，而且可以绕开当时法律的约束，从而使REITs产生起IPO热潮。

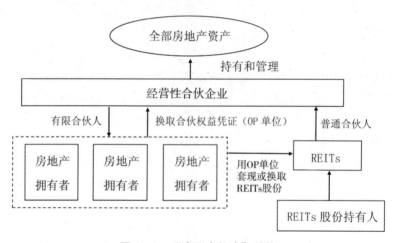

图4-4 "伞形合伙式"结构

伞形合伙式结构的出现，促使REITs股权结构从私人所有转变为公众所有。这一阶段出现的伞形合伙式结构的REITs也被称为"Baby REITs"。如图4-4所示，伞形合伙式结构REITs的设立大致需要经过以下三个步骤：

第一步，REITs作为普通合伙人，房地产业主作为有限合伙人，共同组建经营性合伙企业（operating partnership，OP），房地产拥有者将物业转换成OP单位，经营性合伙企业负责运营这些房地产。

第二步，在该经营性合伙企业成立后，REITs 在资本市场上开始发行 REITs 股票，公开募集资金。REITs 作为该企业的普通合伙人，向该经营合伙企业出资。合伙企业获得 REITs 后可以用来扩大业务，也可以用来减少债务。

第三步，伞形合伙式结构 REITs 成立。在满一个纳税年度后，有限合伙人如果希望房产变现或者增加流动性，或者觉得资本市场价格合适，可以将 OP 单位转换成 REITs 股票或者直接兑换现金，进而变现房产。而此时房地产拥有者才需要交纳个人所得税。

这种结构的 REITs 通过伞形结构中的运营合伙企业，来间接拥有与经营房地产，而其自身不直接拥有房地产，如此可以保持税收优惠地位，这也是"伞形合伙式"REITs 诞生的原动力。因为人们在向"伞形合伙式"结构转让财产的过程中会碰到一个传统的问题，那就是如何避免转让中应税收入的认定问题。由于相关证券法的适用，出资者收到的股票不能立即出手，这会产生令人不快的结果。而伞形合伙式结构的 REITs 恰好可以克服这一障碍，因为房地产拥有者可以很快地将 OP 单位转换成 REITs 股票或者直接兑换成现金，进而变现房产。因此，这类结构的 REITs 设计就是为了规避评估财产出资的资本利得税。

其后由于发行这种形式的 REITs 拥有很强的扩张能力，能够容纳很多物业，美国终于爆发了房地产投资信托基金公司 IPO 热潮。伞形合伙式结构的 REITs 自 1992 年创设以来，已经成为 REITs 最为流行的结构，占到美国所有新设立 REITs 的近三分之二，在权益型 REITs 中一半以上采用这种结构。相比其他的 REITs 形式，伞形合伙式结构的 REITs 的优点可以总结为如下五个方面。

（1）可获得延迟纳税的税收优惠。在伞形合伙式结构中，投资者可以用房地产出资来换取合伙权益凭证（下文简称为"OP 单位"）。此时投资者变成了 REITs 的有限合伙人。投资者在没有把所持有的 OP 单位转换成基金股票或现金之前，并不需要为出资换取 OP 单位的交易行为纳税，这样就可以获得延迟纳税的税收优惠。

（2）在物业购置方面具备优势。通常情况下，REITs 需要将其应税收入的绝大部分作为红利进行支付，但伞形合伙式结构的 REITs 却能用现金或者股票的形式，借助 OP 单位来间接收购房地产，可见和传统的 REITs 相比，伞形合伙式 REITs 在物业购置方面更具有优势。

（3）可以使 REITs 迅速达到上市融资的规模。伞形合伙式结构的 REITs 由于采用合伙制，当它需要上市时，能够很容易地通过增加它的合伙人的数量，短时间内快速膨胀，满足上市所要求的资产规模条件，所以在 20 世纪 90 年代出现了 IPO 热潮。

（4）规避"5－50原则"。为了保证REITs具有社会公众性，美国税法不允许"封闭持有"REITs被少数股东所控制，为此税法专门制定了"5－50原则"，规定5人或5人以下人数持有的基金股份不能超过基金总股份的50%。然而，REITs发起人和投资者可以通过伞形合伙式REITs结构绕过这一要求。这样，只要发起人出资给伞形合伙式REITs而不是普通的REITs，伞形合伙式REITs就可以不违反"5－50原则"。

（5）便于在资本市场融资。传统的REITs根据法律规定必须保持高比例股利分配，从而造成截留利润较低、资本扩张能力不足，而这种结构的REITs通过合伙结构能够进行有效弥补，因为有限合伙人的OP单位可以不分配股利，只有转换为REITs股票才需要将大部分收益派发出去。

然而，上述REITs结构的一个负面因素是它有可能产生利益冲突。管理团队可能持有REITs的合伙人权益单位而不是REITs份额，而其OP单位的代价成本较低。由于出售物业将引发REITs权益单位的持有人而不是REITs份额持有人的应税收入，管理团队将可能不情愿出售物业或是REITs本身，即使是在物业表现不佳或第三方愿意提供高溢价的时候。

"下式"结构的REITs（DOWN REITs）最早产生于1994年，主要由美国1992年以前设立的传统结构的REITs演变而来。为了也能享受到伞形合伙式结构REITs在税收方面的待遇，扩大成长空间和发展规模，传统结构的REITs采用分立下属经营合伙人企业的方式，直接收购并持有新的房地产资产，如此一来，就演变成下式结构的REITs。下式REITs相比于伞形合伙式REITs而言，类似于加盟连营连锁与直营直管的区别。

伞形合伙式结构重心在于它的经营性合伙企业层面，经营合伙企业可以对物业实施有效的控制。而下式结构则与之不同，它主要集中于它的REITs层面。下式结构对专门的运营合伙中心并没有特别要求，而是每次形成一个新合伙企业去完成每一宗感兴趣的交易。REITs充当普通合伙人，而每次交易的新合伙人一般作为有限合伙人，也可以和REITs一道作为普通合伙人。

如图4－5所示，下式结构的REITs投资者以自己拥有的房地产资产向一组经营性合伙企业出资，并获得代表有限合伙权益凭证的"OP单位"，成为有限责任合伙人。在下式结构中，REITs可以成为这些合伙企业的普通合伙人，投资者也可用房地产资产或OP单位转换REITs股份或者现金，成为REITs的股东。下式结构的REITs中的大部分房地产资产由这些有限合伙运营企业来直接拥有和经营。相比其他的REITs，下式结构的REITs主要有以下三个优点。

（1）具有更大的灵活性。与伞形合伙式结构的房地产投资信托基金相比，下式结构的REITs能够以多重合伙关系出现，能够就每一次交易成立形成一个新

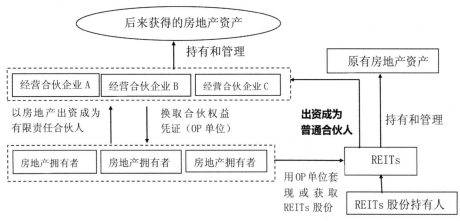

图 4-5　"下式"REITs

的合伙关系，甚至可以有数量众多的普通合伙人和有限合伙人，经营则更加灵活。

（2）在物业购置方面具备优势。和传统的 REITs 相比，下式结构的 REITs 在物业购置方面具备的优势与伞形合伙式REITs 结构相类似，能用现金或者股票的形式，借助 OP 单位来间接收购房地产。

（3）具有较小利益冲突。由于下式结构的 REITs 在每一次交易中都可以形成一个新的合伙关系，因此它的房地产拥有者与 REITs 的关系比较松散。与典型的伞形合伙式结构的 REITs 相比，REITs 无暇对许多有限合伙企业的管理面面俱到，对控制权要求并不强烈，控制权更加下沉到运营合伙企业，REITs 主要负责融资业务，因而利益冲突较小。

如表4-1 所示，和伞形合伙式 REITs 结构相比，下式 REITs 结构具有三个方面的缺陷。

表4-1　两种 REITs 结构比较

	下式 REITs	伞形合伙式 REITs
主要结构优势	延迟纳税优惠，扩大规模，上市融资	延迟纳税优惠，扩大规模，上市融资
有限合伙人的收益率	收益率一般与原来房地产所有者的收益率相同，或者与 REITs 股东的收益率接近	与 REITs 的股东收益相同

续表

	下式 REITs	伞形合伙式 REITs
看涨期权	交换比例由双方商定	OP 单位与 REITs 股票按 1：1 的比例进行交易
资产多样化	单一资产；或者资产池较小，缺乏多样性	资产池较大，更为多样化
资产的持有和管理	由经营性合伙企业和 REITs 各负责一部分	由经营性合伙企业负责

第一，交易成本较高。面对松散关系的众多投资者和合伙人，下式结构 REITs 无法要求协议与谈判均按统一标准，这种冲突使得它的协调成本和交易成本比较高，大大高于伞形合伙式结构。

第二，保持纳税记录的成本较大。通过发行 OP 单位来收购房地产物业时，或者当一家下式结构 REITs 有多家经营合伙公司时，下式结构 REITs 要保持纳税记录的成本会相当大。

第三，由于下式结构 REITs 的财务状况不太容易分析和预测，因而资本市场更容易偏爱伞形合伙式 REITs，对下式 REITs 的估值相对比较低。

当大潮退去之时，才知道谁在"裸泳"。在 1998—1999 年，亚洲金融危机爆发，REITs 行业再次遭受严重打击。受金融危机的拖累、美国国内单位投资信托①的竞争、短期投资者的退出，以及其他一些不利因素的影响，各种类型的 REITs 几乎都出现了负收益率。与此同时，房地产价格也在不断上升，优质房地产收购机会逐渐减少，许多投资者认为 REITs 的分红收益率会因此下降，于是纷纷退出 REITs 市场。

REITs 通过公开发行股票进行融资的渠道断裂，不得不在私人资本市场寻求资金支持，通过和私募基金建立合资企业的方式解决资金短缺的问题。REITs 筹集的资金总额依然在逐步攀升。

5. 全球拓展期（2000 年以后）

权益型 REITs 在半个世纪的竞争中获胜，在 2010 年末，有 83 家 REITs 的市值超过了 10 亿美元，其中有 20 家权益型 REITs 市值超过了 50 亿美元。西蒙物

---

① 单位投资信托是指投资于在基金生命期内固定的资产组合的资金集合形式。为了形成这样一种单位投资信托，基金发起人（sponsor，通常是某家经纪公司）购买那些已存入信托的证券组合，然后把它卖给公众基金股份，或称为"基金单位"。在信托投资中，称为"可赎回信托凭证"。如果该信托投资于短期证券，比如货币市场工具，那么该基金的期限可以是只有几个月。如果该信托投资公司投资于长期证券，如固定收益证券，则该基金的期限又可以长达几年。

业是当时最大的 REITs，市值在 2019 年超过 700 亿美元，被纳入标准普尔指数之中。而在 1994 年年末，只有几家 REITs 的市值超过 10 亿美元。

REITs 近期趋势是与机构投资者或个人组建联合企业（joint ventures，JVs）来开发、收购、持有投资级商业地产。这些 JVs 充当 REITs 的先锋部队，JVs 先把待开发的物业、不成熟的或者近期开发的物业转移到 JVs，这样，REITs 能够将其娴熟的管理和开发方面的专业技能，以联合企业的形式与有投资意愿的投资机构或者合格投资者合作，自身作为管理人不承担主要的出资责任，却可以获得大比例的收益分成和管理费。

近年来，欧洲、亚洲、大洋洲都在美洲 REITs 发展成熟后制定了专门的立法，推动房地产投资信托基金的发展。目前已经有 30 多个国家和地区设立了房地产投资信托基金。这些国家或多或少地借鉴了美国 REITs 的做法，同时融入了本国的经济、政治、文化、制度等因素。

在欧洲市场，欧洲各国直到 20 世纪 90 年代才相继颁布相关的 REITs 法律法规。法国在 2003 年吸引社会资金进入房地产，颁布《金融法案》（Finance Act），搭建了具有法国本土特色的 REITs（sociétés d'investissements immobiliers cotées，简称 SIICs）。在同一年，英国也开始引入与房地产投资信托基金非常相似的 PFI（private finance initiative），旨在消除房地产泡沫。

澳大利亚目前是全球第二大的房地产投资信托基金市场。自 1971 年至 1990 年，澳大利亚推出房地产投资信托基金产品，但以未上市为主。20 世纪 90 年代初，政府允许房地产投资信托基金在二级市场上交易。到 2006 年，澳大利亚共有 58 家上市地产基金（Australian Listed Propery Trust，ALPT），管理的总资产大约为 1041 亿澳元。[①]

2014 年 8 月 10 日，印度政府批准在印度国内建立 REITs 制度。经过一年的筹划，2015 年 7 月，时任财政部长贾特里宣布对这一投资工具实施税收优惠政策，从而为 REITs 制度扫清了障碍。首先，印度 REITs 的大部分收入（90% 以上）通过股息的方式分给投资者，而不用缴纳任何联邦税收。其次，所有的 REITs 都必须在证券交易所上市交易。其资产包必须大于 50 亿卢比，必须将它们中的 90% 以上可支配现金流分配给投资者，而且最少 6 个月分配一次。最后，REITs 至少 80% 的资产必须是建成并能够产生收入的物业，但可以将 10% 的资金投资于在建物业，还可以将小部分资金投资于其他证券，比如住房抵押贷款支持证券和货币市场基金。REITs 的推出为印度资本市场拓宽了资本退出的方式，同时基础设施建设板块的融资也在进行类似的尝试，而且"影子银行"也在进行

---

① 苏建、黄志刚：《房地产投资信托基金税制研究》，中国经济出版社 2014 年版。

改革。如此大的机构投资者可以绕过银行系统，直接给公司提供融资。

REITs 在世界各国发展迅猛。根据全球行业分类系统（GICS）数据，按照股票市值来计算，REITs 占全球股票市值的 3.5%，已成为全球第八大行业部门（参见表 4-2）。GICS 还宣布将 REITs 单独列为一个产业，显示出 REITs 日益重要的地位。

表 4-2　全球行业市值排名

排名	行业	股票市值占比（%）
1	银行	6.0
2	制药	5.2
3	油气能源	5.0
4	软件	4.5
5	互联网	4.0
6	技术服务	3.7
7	硬件制造	3.6
8	房地产投资信托	3.5
9	生物技术	3.4
10	媒体	2.9
总共	所有 66 个行业	100

数据来源：S & P Dow Jones Indices，MSCI，Fact Set，截止时间：2015 年 12 月 31 日。

REITs 在中国起步较晚。2005 年 11 月 25 日，领汇房地产投资信托基金（Link REITs）在香港上市，成为了香港的第一只 REITs 基金。同年 12 月 21 日，越秀房地产信托基金在香港上市，成为第一只以中国内地资产为交易对象的 REITs。

（二）美国 REITs 特殊的法律规定

在美国，REITs 上市发行证券适用于三个法律文件：《1996 年全国证券市场促进法》、北美证券管理者协会（North American Securities Administrators Association，NASAA）的《有关 REITs 政策声明》（Statement of Policy Regarding Real Estate Investment Trust）（简称《NASAA 声明》）、《加州 REITs 指引》。适用的顺序如下：如果不属于《1996 年全国证券市场促进法》定义的"被涵盖证券"（covered securities），则必须适用《NASAA 声明》或者《加州 REITs 指引》。①

根据《NASAA 声明》，REITs 制度的法律定义为：主要从事或兼营房地产权益投资（包括物业绝对所有权和租赁受益权）、房地产抵押贷款投资和混合型房地产投资的公司、信托、协会或者其他法人（房地产辛迪加②除外），汇集诸多投资者的资金，持有并经营公益事业、购物中心、写字楼和仓库等收益性不动产，由专门投资机构进行投资经营管理，并将投资综合收益按比例分配给投资者的一种信托制度。

为保护 REITs 中小投资者的利益，美国监管部门及相关法律法规对 REITs 进行了严格的限制。例如，REITs 的收益所有人必须达到 100 名以上，美国各州证券发行监管法律（或称"蓝天法"，*Blue Sky Laws*）和《NASAA 声明》制定了"五名以内"规则是为了防止大股东侵害小股东的利益；REITs 必须将大部分收益分配出去，是为了防止管理层对股东利益的侵害；REITs 的资产结构特征和收入特征，是因为 REITs 的免税权利而需要 REITs 的大部分收入形成"被动收入"，以防止纳税人的利益受到侵害……

1. 组织要求

REITs 需要通过一系列测试和审查，总的来说，REITs 在组织结构上有以下六点特征。

（1）REITs 不能是银行、合作银行、互助储蓄银行、美国国内建筑贷款协会，以及根据美国联邦和州法律而组建的储贷协会或类似协会。

（2）REITs 必须有一名受托人或者董事进行管理。依据《NASAA 声明》，其中对受托人或董事的要求的详细解释是：美国州"蓝天法"和《NASAA 声明》要求 REITs 至少有受托人或者董事。受托人是指对 REITs 的资产管理与处置具有排他性权利的人。如果 REITs 组建为商业信托的形式，受托人还合法拥有排他性REITs 资产的产权，受托人代表 REITs，可以独立决策而不需要其他成员批准。

（3）REITs 的收益凭证必须是可转让股票或者受益基金单位。

（4）REITs 的收益所有人必须达到 100 名以上。

（5）在 REITs 纳税的首个税务年以后，所有年度都不存在"股权集中持有"的情形。禁止集中持股的要求是 REITs 的基本规则。这是为了防止 REITs 集中持股，导致大股东侵占小股东的利益。美国州"蓝天法"和《NASAA 声明》制定了"五名以内"规则，即在 REITs 税务年度的下半年，由持有股份最大的 5 名股东持有的 REITs 的股票价值总和，不能超过该 REITs 的流通股总值的 50%。

----

① 参见邢建东、陶然：《美国房地产投资信托基金制度与运用》，中国法制出版社 2008 年版。

② 法语 syndicat 的音译，原意是"组合"。资本主义垄断组织的重要形式之一。由同一生产部门的少数资本主义大企业，通过签订统一销售商品和采购原料的协定以获取垄断利润而建立的垄断组织。

如果 REITs 违背了这个规则，则 REITs 不能享受免企业所得税的优惠。[①]

（6）如无法律特别规定，REITs 在征税时一律被视为国内公司。

2. 收入要求

在 REITs 的每一个税务年度，REITs 必须满足两项收入测试，方能保住自身的免税地位。75%的收入测试与房地产结合紧密，而90%的收入测试则适度放宽了要求。

第一，REITs 每个年度的总收入中，必须至少有75%的收入是来源于与房地产活动紧密相关的交易而得到的被动收入，这些收入包括：

（1）房地产租金。

（2）房地产抵押债务或房地产权益抵押债务的利息。房地产权益包括：①土地和地上改良的绝对所有权和共有权；②土地和土地上改良物的租赁权；③土地和土地上改良物的购买选择权、租赁选择权；④合作建房公司的股票；⑤代表房地产部分不可分割的绝对产权或租赁权益的分时权益。

（3）出售或以其他方式处置房地产的收益，"房地产"在此包括房地产权益和房地产抵押权，只要不是交易商资产即可。

（4）其他 REITs 的股票派发的股息和其他分配款项，出售或以其他方式处置其他 REITs 股票的收入。

（5）房地产相关税种的减退款。

（6）被取消赎回权的房地产带来的收入与收益。

（7）以房地产或房地产权益作为抵押的贷款。

（8）REITs 用新资本投资于股票或债务证券而赚取的合格临时投资收入。

第二，在REITs 的年度总收入中，95%的收入测试的前提要求是符合75%的收入测试，而且95%的收入测试源于被动收入，但是该收入没有75%测试所要求的与房地产活动的联系那么紧密。REITs 的收益的95%必须是从75%收入上加上股息、利息及证券出售的利得中获得的。

3. 资产结构要求

美国税法赋予 REITs 有利待遇，本意是为了促使普通大众投资者持有房地产资产，所以 REITs 有比较详细的资产限制，以确保对 REITs 投资是对房地产或者间接对房地产相关资产的投资。为此，美国税法要求 REITs 满足两项资产测试：

---

① 为了防止 REITs 在无意间违背了"五名以内"规则而失去免税的优惠，大多数 REITs 都会采取"额外股份"条款。该条款规定，如果违规转让 REITs 股票而触犯了"五名以内"规则的，则视为将转让的股票转让给 REITs。额外股份被 REITs 持有后，不再具有投票权，也无权收取任何股息。如此，在测试"五名以内"规则时，额外股份不会被视为 REITs 股票，也不会被视为流通股，所以在计算 REITs 是否集中持股时会忽略不计。

75% 资产测试和 25% 资产测试。满足这些测试，才能确保 REITs 的资产主要由房地产构成，其余资产可以高度分散。

75% 资产测试：在 REITs 的税务年度每个季度的最后一天，REITs 的资产总值必须至少有 75% 的资产是"房地产资产"、现金和现金等价物（包括应收款）以及政府债券。"房地产资产"指房地产，包括房地产权益和房地产抵押权、其他 REITs 的股票、REMIC① 权益份额和归属于新资本临时投资的非房地产资产。75% 资产测试是季度测试，以公认的会计准则为准。在季度内收购资产的 REITs，必须在季末重新计算资产价值；如果没有收购任何资产，则不必重新计算资产价值。而持有未全额担保抵押权的 REITs，必须进行价值分摊，以确保 REITs 所持抵押权益的价值。

25% 资产测试：在税务年度的季度之末，REITs 所持证券的价值占 REITs 资产总值的比例不得超过 25%，这些证券不包括政府证券、合格 REITs 子公司的股票、属于房地产资产的其他证券。此外，为确保风险的分散，REITs 持单个发行人证券的价值不得超过 REITs 资产总值的 20%。

4. 分红要求

REITs 之所以情愿将大部分应税收入分配出去，是因为作为股息分配出去的数额不必缴纳公司层面的税收，这是维持 REITs 地位最大的益处。REITs 必须用当期收益或者盈利发放股息，之后需要将累计收益全部分配出去。在任何税务年度，REITs 未达到 90% 分配要求的，将导致 REITs 当年作为 C 类公司被征税。

在实体尚未变成 REITs 时，其年度收入和盈利，必须除去非 REITs 所得，方可以取得 REITs 的资格。如果实体是 C 类公司②，为了获取 REITs 资格，实体可以通过分配自身股票的方式，冲销非 REITs 所得。个人股东获得此类股票或者股息，适用 2003 年《公司法》确定的 15% 的税率。如果 REITs 与非 REITs 实体发生并购而取得利得，则必须在并购发生的税务年度分配出去，才能保持 REITs 的免税地位。

---

① REMIC，英文全称为"real estate mortgage investment conduit"，直译过来是"不动产按揭贷款投资通道"，是在美国所得税法框架下专门针对房地产抵押贷款证券化设置的免税载体。

② 美国的股份公司又分为以下 4 种类型：C 型公司、S 型公司、闭锁公司和专业服务公司。C 型公司（C-corporation）是指：商业实体与其所有者独立分开，在股东任命的董事会指导下经营。公司具有独立性和延续性，它最明显的特点是双重纳税。不仅公司要对分配的利润交税，而且股东个人也要交纳个人红利的税款，但公司的亏损不能让股东个人作抵减。不过，C 型公司可将利润不分配，再投入到公司中去，让资本留在公司，股东就不必对未分配的利润交纳个人税，并且留在公司的净利润部分，股东也不用交自营职业税（self-employment tax）。

（三）总结

REITs 结构具有财产隔离、规避政策障碍及合理避税三大核心功能。REITs 组织模式的制定，要求 REITs 具有前瞻性和应变性。实际上，从 20 世纪 60 年代中期开始，美国的 REITs 就开始着手调整经营业务战略，积极调整资产结构，注重经营组织结构，逐步地适应市场变化。

REITs 与银行业的赢利模式不同，它是股权类融资而不是债权类融资，所以增强专业投资与管理能力是 REITs 赖以生存之道。REITs 必须熟悉房地产的各个环节，掌握项目管理技能，同时加强风险管理能力，改进房地产投资管理的操作模式，打造极致的产品，以产品带动价值链体系，达到一个投资者认可的产业投资盈利水平。在制订 REITs 组织模式时，应该重点考虑以下四个方面。

第一，社会、政治、管理和利益集团因素。REITs 称得上是众多利益关联方交织汇集的聚焦点，因此，在制订组织模式的过程中，必须知道哪些事合规合法、是否符合政府的金融政策和监管条例，以及大众投资者对 REITs 的认可程度等。不仅如此，还需要前瞻性地认识到政府对 REITs 的未来规划。

第二，REITs 模式应当很好地与房地产业环境有效协调起来。行业的环境决定 REITs 模式选择，在房地产环境发生重大变化的情况下，REITs 应当时刻保持在经营过程中的战略主动性，密切跟踪竞争对手的动向或趋向，了解房地产投资者和消费者的需求，并根据具体情况提前制定相应的对策，直至修改或重新制定发展模式。在美国发展了半个多世纪后，REITs 组织模式不断变迁，就是根据当时的市场环境而不断变化组织结构以适应时代的发展。

第三，REITs 的管理者应当抓住最佳的市场增长机会，以资源优势和核心能力为基础，使得竞争对手难以赶超甚至模仿，有效规避对公司经营业绩的外部威胁。早期成立的 REITs 充分利用了当时有利的市场机遇，利用美国国内税法给予的免税措施，最大限度地获取利润。REITs 行业应当充分认识现代金融市场潜在的巨大威胁。例如，现有金融法律法规对 REITs 的业务范围作出的界定等，都是 REITs 经营管理者必须慎重考虑的问题。

第四，管理者风格是制定合适的组织模式的灵魂所在。"治大国如烹小鲜"，在市场经济社会，任何公司的成长与壮大都与其管理者的个人抱负、格局大小、经营哲学和道德准则有直接的关系。REITs 是一个复杂的企业组织，REITs 的管理者不仅要拥有统揽全局、运筹帷幄、决胜千里的战略综合能力，而且还要具备细腻周密的组织、协调和管理能力。有的管理者信守"大就是美"的信条，不断收购、兼并或增设分支机构，不断扩大经营的地理区域和业务空间。而一些管理者则秉持"不求最大，但求最好"的理念，他们对进入新的不熟悉的地区和业务领域保持非常谨慎的态度，追求较高的投入产出效果，不轻易购并其他机构。在与客户和合作者的关系上，有的企业家希望与客户和合作者建立长期、稳定的合作关系，有的企业家则完全按照交易优先的原则，只要客户和合作者提供的价格、承诺等方面能够满足自己的要求就可以合作，并不刻意追求长期稳定的客户与合作者关系。

企业的价值增值过程是一个面向市场环境不断辨别机会、把握机会、利用机会的动态过程，企业必须根据市场环境的变化及时调整自己有限资源的分配战略，有时可能坚持开发经营模式；有时则以开发经营为主，租赁经营为辅；有时再以租赁经营为主，开发经营为辅；有时则可能实行租赁经营，通过专门化的增值服务获取高附加值收益。

随着产业的重组、专业化分工，以及专业化战略定位的深入，REITs 也由单一的开发经营模式开始向多种经营模式探索、发展和演变。市场竞争的加剧使企业高度重视差异化的市场定位，以打造自己的竞争优势。在未来的市场竞争中将产生各种组织经营模式，形成各得其所的格局。

二、REITs 特征分析

从 REITs 的定义可以看出，REITs 包含两个方面的性质特征：一方面是金融投资机构性质。REITs 是政府批准成立的，以某种形式募集社会大众的资金，按规定比例将资金投资于特定产业，所获得的收益按某种规定分配给投资者。另一方面是房地产管理机构性质。REITs 是依照专门的法律程序从事房地产物业运作的机构，其房地产资产配置比例、收入比例等都具有很强的房地产属性。具体从REITs 的设立要求看，组织要求和分配要求是 REITs 的金融特征，而收入要求和资产结构要求属于 REITs 的房地产特征。

（一）REITs的金融特征

上文讲到 REITs 的金融特征，从 REITs 设立的要求来看，其组织要求和分配要求是 REITs 的金融特征。所有的 REITs 作为资本市场的融资工具，还具有资产证券化的三个特征：资产配置、风险隔离和信用增级。

从理论上看，这是因为 REITs 金融市场估值的核心是房地产资产的现金流分析。REITs 是以可预期的现金流为支持而发行证券进行融资的。任何影响现金流的收益性和波动性的因素都会影响 REITs 的价值。REITs 基础资产的现金流分析主要有三个问题：资产的估价、资产的风险与收益分析、资产的现金流结构。为了对房地产基础资产现金流的进一步分析，REITs 还要进行资产组合配置、风险隔离和信用增级，详情如下。

（1）资产组合配置。REITs 的资产一般都会进行行业或者地域的分布配置，对资产的重新组合实现资产收益的重新分割和重组，以产生稳定的、可预测的现金流收入。

（2）风险隔离。风险分割着重从资产风险的角度来进一步分析现金流，一般方式为设立特殊目的机构（special purpose vehicle，SPV）后，原始权益人把房地产资产出售给 SPV。这种出售必须是"真实出售"，即资产在出售以后，原始权益人即使被破产清算，已出售资产也不会被列入清算资产的范围。通过这种安排，基础资产与原始权益人之间就实现了破产隔离，REITs 可以下设 SPV 以吸收资产。

（3）信用增级。信用增级是从信用的角度来考察现金流，即通过各种信用增级方式来保证和提高整个 REITs 资产的信用级别。通过信用增级，可以缩小发行人限制与投资者需求之间的差异，使得证券的信用质量和现金流的时间性与确定性能更好地满足投资者的需要，同时满足发行人在会计、监管和融资目标方面的需求。从直观上看，信用增级会增强 REITs 资产组合的市场价值，成为 REITs 这个"点金术"的关键所在。信用增级的手段有很多种，主要可以分为内部增级和外部增级。外部增级的方式主要包括专业保险公司提供的保险、企业担保、信用证和现金抵押账户。内部增级是由基础资产中所产生的部分现金流提供的。内部信用增级的方式有建立次级档、超额抵押以及利差账户。

从历史上看，REITs 的证券市场的表现为：收益率和风险波动性均介于股票和债券之间。

（二）REITs 的地产特征

上文讲到，收入要求和资产结构要求属于 REITs 的地产行业特征。总的来说，REITs 要求其收入和资产都应该以房地产为主，而不应该将资金随意投资到别的行业。而资产证券化的资产类型多种多样，这是证券化资产与 REITs 在基础资产方面的区别。美国 REITs 协会（Nareit）根据具体的房地产类型，把权益类 REITs 进一步细分为以下九大类型：工业/办公类、零售类、住宅类、多样类、住宿/度假类、医疗保健类、自用仓储类、林场类和基础设施类（见表 4-3）。

表4-3　2014年美国 REITs 分类情况

REITs 类型	数量（支）	占比
Equity（权益类）	248	–
1 – Diversified（多样类）	57	23%
2 – Industrial/office（工业/办公类）	53	21%
3 – Retail（零售类）	48	19%
4 – Residential（住宅类）	36	15%
5 – Lodging/resorts（住宿/度假类）	23	9%
6 – Health care（医疗保健类）	17	7%
7 – Self storage（自用仓储类）	5	2%
8 – Timber（林场类）	5	2%
9 – Infrastructure（基础设施类）	4	2%
Mortgage（抵押类）	30	–
合计	278	–

资料来源：易居研究院：《美国住房租赁制度研究：承租人与租赁企业并重，促进租金现金流的平稳》，https：//mp. weixin. qq. com/s/c2DWq_QSZHcu40DUNk0I_A。

虽然 REITs 的业务比较单一，但是个人投资者仍可购买若干对应于不同的房地产类型或不同的房地产地理位置的 REITs 来使投资组合多样化，以减少风险。英特泰克市场研究部门（Intertec Marketing Research Department）通过85家 REITs 样本得到的调查结果，总结了关于多样化和集中化投资策略的正面和反面的观点。从调查中发现，REITs 的地理范围、房地产所处的区位和房地产的类型确实对 REITs 的投资战略选择有影响。

在美国，商业房地产的总市值大约为4.3万亿美元。[1] 据《美国房地产投资信托业行情简报》估计，约6000亿美元的商业房地产为公开交易的 REITs 持有，这相当于机构持有的商业房地产总价值的10%～15%。[2] 据德意志银行亚历克斯·布朗投资银行（Deutsche Bank Alex Brown）估算，2002年的商业房地产市值可以按照物业类型的不同划分如下：酒店占10%，写字楼占25%，公寓占30%，工业物业占10%，零售物业占25%。2014年，美国住宅类的 REITs 有36

---

[1]　Lehman Brothers Global Equity Rearch，REIT – Investor Briefing Package（May，2008）at 13.

[2]　REIT Industy Fact Sheet，http: www. REIT . com \ Industydataperformance \ u. s \ reitindustyfactsheet \ tabid 84 \ Default. aspx.

支，占比权益类 REITs 的支数比例为 15%（详见表 4-3）。

三、中国 REITs

（一）公募 REITs 的推出

一直以来，中国证券市场通过发行商业地产资产支持专项计划进行融资，资产类型涉及写字楼、商场、门店、酒店和物流地产。这些商业地产资产支持专项计划被称为"类 REITs"，因为这些融资工具具备部分 REITs 的房地产特征，但不具备标准 REITs 的公开性和流动性等金融特征。2014 年发行的鹏华前海万科 REITs 基金是公开募集基金，具有 REITs 的流动性和公开性的金融特征，但其投资标的一半是租金收益权，另一半是证券债券等，而非房地产物业，也并非和海外成熟 REITs 的特征一致，缺少房地产行业特征。

2020 年 4 月 30 日，中国证监会与国家发展改革委联合发布了《中国证监会　国家发展改革委关于推进基础设施领域不动产投资信托基金（REITs）试点相关工作的通知》（见本章阅读材料，以下简称《通知》）。该《通知》和相关文件在中国 REITs 发展历史上具有重要的标志性意义，创造性地设计出了中国版的公募 REITs。试点仅限于以底层资产为基础设施项目的 REITs，而以房地产项目为底层资产的 REITs 不在此次试点范围之内。

从全球情况来看，绝大部分 REITs 都是以房地产项目为底层资产（70% 左右），但由于中国房地产市场的租金回报率过低、税收体制较难改动，以及社会敏感性较高等多种原因，选择基础设施项目作为底层资产，是为了"深化投融资体制改革、积极稳妥降低企业杠杆率、保持基础设施补短板力度"，可以在短期内解决基础设施的融资难题，为"六稳""六保"提供强有力的融资解决方案。另外，"REITs 作为中等收益、中等风险的金融工具，具有流动性高、收益稳定、安全性强等特点，有利于丰富资本市场投资品种"，给广大投资者（尤其是中小投资者）提供难得的参与优质基础设施项目运营、分享其长期收益权的投资机会。可见这一试点方案在减少改革阻力、增大社会认同度与市场接受度等方面都已经过深思熟虑。

（二）公募 REITs 的分析

试点方案明确 REITs 以获取基础设施项目租金、收费等稳定现金流为主要目的，采取封闭式运作，要求收益分配比例不低于基金年度可供分配利润的 90%。这些要求确保中国版 REITs 试点方案保留了国际版 REITs 的精髓。

试点中的中国版 REITs 采用的不是公司制，而是采用"公募基金＋单一基础设施资产支持证券（ABS）"模式。这种安排完全是为了符合当前中国法律法规的要求（主要涉及《公司法》《证券法》《基金法》等），在不改动当前法律法规的前提下，尽早推出具有 REITs 内在精髓的中国版 REITs。此次试点推出的"公募基金＋ABS"模式虽然不见得是一个最有效率的模式，但是毕竟迈出了重要一步，为打破怪圈创造了条件，意义深远。

试点的"公募基金＋ABS"模式不是债权型 REITs，而是股权型 REITs。试点方案明确要求，"80% 以上基金资产持有单一基础设施资产支持证券全部份额，基础设施资产支持证券持有基础设施项目公司全部股权"。如果不是股权型的 REITs，投资者的回报单纯来自项目的分红或利息，考虑到基础设施项目的公益性特征，其收费回报率或租金回报率不可能很高，因此其市场吸引力和接受度很可能较低，试点就很容易以失败告终。但是作为股权型的 REITs，即便租金回报率不高，但是由于基础设施项目的收费标准将随通货膨胀而调整，长期来讲是抗通胀的有力工具，因此其股权具有长期升值潜力，这对社保基金、退休金基金、保险公司等中长期机构投资者而言是理想的投资标的。

试点方案高度强调 REITs 底层资产的质量、基金管理运营的规范、基金管理人的受托责任等，其目的是充分保护投资者利益，令中国版 REITs 在成立之初就走上一条健康的、市场化的、可持续发展之路。比如，试点方案要求，每个REIT 只能有单一的基础设施项目作为底层资产，确保底层资产具有高度的透明度；基金管理人和托管人必须满足一系列严格的专业胜任要求；底层基础设施项目的产权清晰无瑕疵，"现金流持续、稳定，投资回报良好，现金流由市场化运营产生，不依赖第三方非经常性收入"；"原始权益人必须参与战略配售，比例不少于基金份额发售总量的 20%，且持有期不少于 5 年"；等等。这些都是为了防止 REITs 退化为各级政府退出基础设施项目、获取融资的工具，保护投资者利益，避免重蹈中国股市在 1990 年代成立之初所走过的弯路。

四、本章小结

根据上述 REITs 的定义和设立要求，本章分析了 REITs 的两个特征属性，分别是金融特征和地产特征。组织要求和分配要求是 REITs 的金融特征；除此之外，REITs 作为资产证券化在房地产行业的具体融资工具，还具有资产证券化的三个特征：资产配置、风险隔离和信用增级。而收入要求和资产结构要求属于REITs 的地产行业特征。从 REITs 特征来看，试点的基础设施领域不动产投资信托基金（REITs）属于真正意义上的中国版 REITs。因此本研究作出如下定义：

第一，REITs 的金融特征是指 REITs 的组织要求和分配要求和资产证券化的三个特征：资产配置、风险隔离和信用增级。

第二，REITs 的地产特征是指 REITs 的收入要求和资产结构要求。

第三，基于 REITs 特征的融资工具是指基于 REITs 金融特征或地产特征而发行的融资工具。

五、阅读材料

中国证监会 国家发展改革委
关于推进基础设施领域不动产
投资信托基金（REITs）试点相关工作的通知

证监发〔2020〕40 号

中国证监会各派出机构，上海证券交易所、深圳证券交易所，中国证券业协会，中国证券投资基金业协会，各省、自治区、直辖市、计划单列市发展改革委，新疆生产建设兵团发展改革委：

为贯彻落实党中央、国务院关于防风险、去杠杆、稳投资、补短板的决策部署，积极支持国家重大战略实施，深化金融供给侧结构性改革，强化资本市场服务实体经济能力，进一步创新投融资机制，有效盘活存量资产，促进基础设施高质量发展，现就推进基础设施领域不动产投资信托基金（以下简称基础设施 REITs）试点工作通知如下：

一、充分认识推进基础设施 REITs 试点的重要意义

基础设施 REITs 是国际通行的配置资产，具有流动性较高、收益相对稳定、安全性较强等特点，能有效盘活存量资产，填补当前金融产品空白，拓宽社会资本投资渠道，提升直接融资比重，增强资本市场服务实体经济质效。短期看有利于广泛筹集项目资本金，降低债务风险，是稳投资、补短板的有效政策工具；长期看有利于完善储蓄转化投资机制，降低实体经济杠杆，推动基础设施投融资市场化、规范化健康发展。

各相关单位应充分认识推进基础设施 REITs 试点的重要意义，加强合作，推动基础设施 REITs 在证券交易所公开发行交易，盘活存量资产、形成投资良性循环，吸引更专业的市场机构参与运营管理，提高投资建设和运营管理效率，提升投资收益水平。

二、推进基础设施 REITs 试点的基本原则

（一）符合国家政策，聚焦优质资产。推动国家重大战略实施，服务实体经济，支持重点领域符合国家政策导向、社会效益良好、投资收益率稳定且运营管理水平较好的项目开展基础设施 REITs 试点。

（二）遵循市场原则，坚持权益导向。结合投融资双方需求，按照市场化原则推进基础设施 REITs，依托基础设施项目持续、稳定的收益，通过 REITs 实现权益份额公开上市交易。

（三）创新规范并举，提升运营能力。加强对基础设施资产持续运营能力、管理水平的考核、监督，充分发挥管理人的专业管理职能，确保基础设施项目持续健康运营，努力提升运营效率和服务质量，推动基础设施投融资机制和运营管理模式创新。

（四）规则先行，稳妥开展试点。借鉴成熟国际经验，在现行法律法规框架下，在重点领域以个案方式先行开展基础设施 REITs 试点，稳妥起步，及时总结试点经验，优化工作流程，适时稳步推广。

（五）强化机构主体责任，推动归位尽责。明确管理人、托管人及相关中介机构的职责边界，加强监督管理，严格落实诚实守信、勤勉尽责义务，推动相关参与主体归位尽责。

（六）完善相关政策，有效防控风险。健全法律制度保障与相关配套政策，把握好基础资产质量，夯实业务基础，有效防范市场风险。借鉴境外成熟市场标准，系统构建基础设施 REITs 审核、监督、管理制度，推动制度化、规范化发展。

三、基础设施 REITs 试点项目要求

（一）聚焦重点区域。优先支持京津冀、长江经济带、雄安新区、粤港澳大湾区、海南、长江三角洲等重点区域，支持国家级新区、有条件的国家级经济技术开发区开展试点。

（二）聚焦重点行业。优先支持基础设施补短板行业，包括仓储物流、收费公路等交通设施，水电气热等市政工程，城镇污水垃圾处理、固废危废处理等污染治理项目。鼓励信息网络等新型基础设施，以及国家战略性新兴产业集群、高科技产业园区、特色产业园区等开展试点。

（三）聚焦优质项目。基础设施 REITs 试点项目应符合以下条件：

1. 项目权属清晰，已按规定履行项目投资管理，以及规划、环评和用地等相关手续，已通过竣工验收。PPP 项目应依法依规履行政府和社会资本管理相关规定，收入来源以使用者付费为主，未出现重大问题和合同纠纷。

2. 具有成熟的经营模式及市场化运营能力，已产生持续、稳定的收益及现金流，投资回报良好，并具有持续经营能力、较好的增长潜力。

3. 发起人（原始权益人）及基础设施运营企业信用稳健、内部控制制度健全，具有持续经营能力，最近 3 年无重大违法违规行为。基础设施运营企业还应当具有丰富的运营管理能力。

（四）加强融资用途管理。发起人（原始权益人）通过转让基础设施取得资金的用途应符合国家产业政策，鼓励将回收资金用于新的基础设施和公用事业建设，重点支持补短板项目，形成投资良性循环。

四、基础设施 REITs 试点工作安排

（一）试点初期，由符合条件的取得公募基金管理资格的证券公司或基金管理公司，依法依规设立公开募集基础设施证券投资基金，经中国证监会注册后，公开发售基金份额募集资金，通过购买同一实际控制人所属的管理人设立发行的基础设施资产支持证券，完成对标的基础设施的收购，开展基础设施 REITs 业务。公开募集基础设施证券投资基金符合《证券法》《证券投资基金法》规定的，可以申请在证券交易所上市交易。

（二）各省级发展改革委主要从项目是否符合国家重大战略、宏观调控政策、产业政策、固定资产投资管理法规制度，以及鼓励回收资金用于基础设施补短板领域等方面出具专项意见。各省级发展改革委要加强指导，推动盘活存量资产，促进回收资金用于基础设施补短板项目建设，形成投资良性循环。在省级发展改革委出具专项意见基础上，国家发展改革委将符合条件的项目推荐至中国证监会，由中国证监会、沪深证券交易所依法依规，并遵循市场化原则，独立履行注册、审查程序，自主决策。中国证监会各派出机构、沪深证券交易所与省级发展改革委加强协作，做好项目遴选与推荐工作。

（三）中国证监会制定公开募集基础设施证券投资基金相关规则，对基金管理人等参与主体履职要求、产品注册、份额发售、投资运作、信息披露等进行规范。沪深证券交易所比照公开发行证券相关要求建立基础设施资产支持证券发行审查制度。中国证监会各派出机构、沪深证券交易所、中国证券业协会、中国证券投资基金业协会等有关单位要抓紧建立基础设施资产支持证券受理、审核、备案、信息披露和持续监管的工作机制，做好投资者教育和市场培育，参照公开发行证券相关要求强化对基础设施资产支持证券发行等环节相关参与主体的监督管理，压实中介机构责任，落实各项监管要求。

中国证监会指导各派出机构、沪深证券交易所、中国证券业协会与中国证券投资基金业协会制定完善试点项目遴选相关配套措施，加强基础设施 REITs 的业务过程监管，并结合实践情况，适时完善法律制度保障。

（四）中国证监会、国家发展改革委密切沟通协作、加强信息共享，协调解决基础设施 REITs 试点过程中存在的问题与困难，并依据职责分工，不断优化流程、提高效率，推动基础设施 REITs 试点工作顺利开展，并支持探索开展基础设施 REITs 试点的其他可行模式。

有关单位应按照本《通知》要求，做好项目储备等前期工作，待相关配套规则明确后，按规定报送相关材料。

中国证监会

国家发展改革委员会

2020 年 4 月 24 日

补丁 （插图：高权）

第五章

公租房 REITs 研究综述

　　欧美发达国家由于其 REITs 发展规模较大以及发展时间较长，积累了丰富的研究数据和实践经验，因此相关研究也处于领先的地位。国外学者对 REITs 的研究主要针对 REITs 的组织机构特征、REITs 股票绩效、委托代理问题、REITs 资产的多样化、REITs 分红政策等几个方面。其中，美国很多学者对 REITs 进行了定性定量研究，通过收集数据、建立数学模型，研究 REITs 分红的收益率、盈利能力同宏观经济数据的相关性等问题。而国内的学者主要还是集中在对 REITs 在中国实施的可行性、双重纳税的障碍、解决融资问题的设想等问题进行分析。

一、关于 REITs 的文献综述

（一）国外关于 REITs 的研究

1. 关于 REITs 分红行为的研究

　　王珂、约翰·埃里克森和高（Wang, Erickson and Gao, 1993）特别考察了 REITs 的分红数额和代理成本的关系。其结论是，如果管理者得到的报酬和公司规模相关，则其会有投资于没有盈利或者极小盈利能力项目的动机，以追求公司规模化而不是盈利能力。如果迫使管理者支付更多的红利，比如 90% 的分红比例，这将会对 REITs 的股东有好处，也可减少管理层的代理成本。

2. 关于 REITs 财务杠杆的研究

贾菲（Jaffe，1991）指出，REITs（和合伙公司）喜欢采用财务杠杆的原因是杠杆效应。REITs 采用更高的财务杠杆，可以增加 REITs 的价值，因此，REITs 负债是件好事，负债在公司层次上可以抵税，也可以督促管理层努力工作，减少破产风险。

3. 关于 REITs 董事会的研究

Friday 和 Sirmans（1999）研究了 REITs 公司董事会的构成与公司价值之间的相互关系。他们发现，增加董事会中没有利益关联的董事的数量，在一定程度上可以改善 REITs 经营业绩，但外部独立董事增加到一定的数量（50%）之后，又会出现两者的负相关关系，也就是说，董事会有太多的外部董事，对 REITs 决策和监督就会产生很大的负面效果。从某种程度上讲，REITs 通过改善公司董事会的结构，可以减少代理成本，改善 REITs 公司业绩。

Campbell，Chinmoy 和 Sirmans（2001）研究了美国 1994—1998 年 85 家公开交易的 REITs 并购，其中没有一例属于"敌意并购"①，这说明和银行等金融机构所存在的诸多并购行为一样，REITs 资本并购市场对代理人的监督是缺乏效率、缺乏压力的，董事会往往追求大而美的目标，希望公司的规模尽量扩大，而不顾公司是否在并购中获利。

4. 关于 REITs 的业绩激励研究

Anita 和 Roger（2002）运用 1993—1999 年的 REITs 数据做了 EPS（每股收益）、投资规模的大小、投资回报、CEO 的年龄大小、FFO 的变化幅度等 5 个变量与所属的 CEO 薪酬大小的相关性研究，发现 1997 年、1998 年、1999 年 CEO 薪酬和投资规模正相关，1998 年、1999 年 CEO 薪酬和 CEO 年龄大小负相关，而 EPS 和 CEO 的激励相关性较弱。目前的研究表明，对于不同性格、不同背景的 CEO，需要采取不同的激励方法以确保 CEO 尽职尽责。适用的指标依次为投资规模、资本市场表现和总收入。

Capozza 和 Seguin（2000）对美国市场公开交易的 REITs 的研究结果表明，采用内部管理结构的 REITs 的业绩普遍好于外部管理结构的 REITs。一般而言，外部管理（externally advised）REITs 公司中 CEO 的薪酬会与 REITs 的资产规模或者当年实现的收入挂钩。内部管理（internally advised）REITs 公司中的 CEO 则是固定的管理费用加上收益分红。

5. 关于 REITs 管理模式的研究

Ambrose 和 Linneman（2001）通过对 1990—1996 年在美国上市交易的 139

---

① 敌意并购亦称恶意并购，通常是指并购方不顾目标公司管理层的意愿而采取非协商购买的手段，强行并购目标公司或者突然直接向目标公司股东开出价格或收购要约。

只 REITs 业绩及财务指标的研究证实，内部管理类型的 REITs 在市场中的表现更具竞争力，虽然差距在不断缩小，但相对于外部管理的 REITs，内部管理的 REITs 保持着较少的管理费用比例和更高的收益率。

Dennis，Capozza 和 Seguin（2000）的研究表明，REITs 的管理模式与公司的经营业绩有很高的相关度。Cannon 和 Vogt（1995）的研究发现，比较 1987—1992 年美国不同管理模式的 REITs 业绩、薪酬结构等，内部管理的 REITs 远好于外部管理的 REITs。REITs 所有权结构对公司经营业绩并没有影响，但对管理层进行激励、如何设计公司的管理运作模式和公司的业绩息息相关，而公司的所有权结构如果对管理层薪酬产生影响，那么所有权结构同样会对所有类型的 REITs 经营业绩产生影响。

6. 关于 REITs 资产配置的研究

Kapoza 和 SaiJi（1999）发现，REITs 提高其投资的房地产类型和区域分布的集中程度的结果是，相对于同时采取多样化战略的 REITs，集中化战略的 REITs 的股票价值升高了。

7. 关于 REITs 上市融资的研究

陈淑贤（1992）从各式各样的出版物中收集了 1970 年至 2000 年间所有权益类 REITs 的 IPO 情况。结果发现在 1971—1988 年间，REITs 的平均首发日回报是负值，同时存在很大的差异性。她发现这种差异性与规模没有关联，但是与承销模式、股票挂牌上市的交易所、承销商的信誉、投资者类型、资产的类型和公司的持续期有关。

REITs 的独特性质在 SEO（search engine optimization，搜索引擎优化）时影响了股票市场的反应吗？Ghosh 等（1999）发现，当 REITs IPO 的数量较大时，以及大型 REITs 或归为较多内部/管理层持股的 REITs 进行 SEO 时，投资者的反应更为消极。

（二）国内关于 REITs 的研究

早期研究中，毛志荣（2004）对世界上最具有代表性的美国 REITs 的运行模式、公司结构、监管体系进行了研究，并分析了其优劣之处，最后研究了中国发展 REITs 所面临的问题。

刘洪玉（2004）介绍了美国发展 REITs 的历史，总结了三大经验：REITs 适应市场的不断改革创新、大量机构投资者的参与和美国法律环境的不断完善。由此他提出中国发展 REITs 应该解决的问题。

张冬娅（2009）采用了案例分析研究了美国等国家发展 REITs 的经验与教训，并提出了符合中国国情的 REITs 的产品设计，考虑了法律、市场和投资者偏好等因素。

彭敏瑜（2013）采用定量研究的方法，对美国和日本的上市 REITs 的风险传染效应、关联结构进行了实证研究，最后得出中国发展 REITs 对风险管理的建议。

此外还有不少学者从法律法规对 REITs 设立的限制、税法对 REITs 的重复缴税，以及 REITs 在保障性住房的可行性应用等方面进行了分析。由于中国未实施 REITs 融资工具，所以这些研究还停留在假设和理论上，未进行实证研究。

二、公租房融资的文献综述

（一）国外公租房融资文献综述

1. 对美国公租房的研究

McFarland（1962）在马里兰州巴尔的摩市召开的有关公租房项目融资减少问题的会议中提出引入保险资金等。

Arias（1997）研究了收入税、财产税、住房补贴的作用，创建了"典型芝加哥住房市场模型"。在该模型之下，我们可以看出较为真实的项目生命周期和住房市场的运行机理。

Narron（2004）的研究表明，美国低收入住房税收优惠政策（low income housing tax credit，LIHTC）和 Hope IV 方案等通过税率、利率等金融工具鼓励社会资金参与公租房发展，并通过住房代金券给予租户补贴。

Davidson 和 Malloy（2008）认为，截至 2005 年，美国经济适用房缺口达 600 万套，昂贵的地价、地方上对于在某些社区建设经济适用房的严重反对态度和当前的政治优先顺序都严重阻碍着新的经济适用房的建设。"公私合营"体制有更大的发展机遇：①改变公众对经济适用房的观念；②扩大经济适用房开发模式的适用范围；③增加对低收入人群的补贴；④在立法和政策讨论中重新定位经济适用房。这些原因成功地揭示了联邦低收入户住房税收抵免计划的持续繁荣发展。

Edward 和 Joseph（2008）同时认为 LIHTC 项目虽然是通过补贴建造商来增加供给，但是事实上除了为开发商和投资者带来利益，该项目在其他主要方面都没有发挥预期作用，由于该项目要求在全国统一实施，大量资源将浪费在补贴供给充足的市场上。因此从本质上看，补贴挤出了项目之外的私人部门可能提供的住房。分析显示，LIHTC 项目对贫困人群的房租成本影响甚微，主要受益者为税收获得减免的居民，而不是贫困户。

Brueggeman 和 Fisher（2003）等美国学者以美国公租房项目融资为研究对象，从与融资相关的法律因素、房地产业的资本市场与证券市场等方面介绍了房地产行业中投资与融资的关系，对如何处理房地产行业的风险和回报之间的相关性进行了详细分析。

Stieglitz 在其 2005 年的著作《公共部门经济学》（*Economics of the Public Sector*）中提出，公租房的建设应该采取货币补贴的形式，相对于其他形式来说，货币补贴的形式更加直观。

杨绍媛（2008）对美国住房保障的税收政策作了分析，指出美国税收补贴的主要特点是：减免税和补贴结合使用、补贴由供给方向需求方转变。住房补贴政策的对象目标明确，侧重于所得税收优惠，对自有和自住房税收优惠较多，高收入者享受更多的优惠等。

McClure（2006）针对美国已实行了 20 年的 LIHTC 计划进行实证分析，研究发现，随着税收减免额度上升，开发商更愿意开发，其产生的政策效果甚至超过了住房优惠券。

2. 对新加坡公租房的研究

刘志峰、侯浙珉（2009）对新加坡的公共组屋与中央公积金制度作了介绍，介绍了公共组屋的资金运转方式和中央公积金制度的运作方式。

郑智东（2009）对新加坡公共住房的发展史和当前的公共住房金融体系及"居者有其屋"住房政策作了详细的介绍，并对中央公积金制度的基本情况作了介绍，包括公积金的管理和运营机构、法律保障、公积金的缴存和支取政策、公积金的运作和投资等，还介绍了中央公积金制度的住房融资工具，包括住房建设融资和住房消费融资。

姚运德、蒋后仁（2009）也是针对新加坡的中央公积金和公屋制度来作介绍。杨秋明（2011）指出，强制性的公积金制度在新加坡这样的城市国家获得了成功，但在非城邦国家则处于辅助地位，原因在于公积金所采取的契约式储蓄和封闭性运营，导致交易成本和运作成本都比较高。

Yuan（2007）指出，从 20 世纪下半叶新加坡政府实行住房分类供应机制至今，每年建设的小户型、低造价的"政府组屋"占总建房量的 80% 左右，目前新加坡 87% 的居民住在"政府组屋"。

3. 对欧洲各国的公租房研究

Mark（1996）认为，在 20 世纪 80 年代德国推动"住房私有化"改革，其显著的特色是推出了共有产权的补贴方式，该策略降低了中低收入阶层住房融资的代价。

姚玲珍、张小勇（2009）将德国公共租赁房划分为五类——市政住宅协会、住房合作社、公共住房协会、教堂等慈善机构和其他非盈利组织提供的公共租赁住房，并对公共租赁住房的融资渠道进行了归纳：政府缴税式财政支出、租户缴费式、租户租金、经营机构合作社合作集资、PPP 模式。

杨秋明（2011）对德国的住房金融制度结构作了分析，指出德国的住房金融机构几乎涵盖了所有的类型，包括储蓄机构、抵押机构、商业银行和其他一般的金融机构等；德国的住房金融的专业化程度很高，专业住房金融机构在房贷市场的占有率超过一半。

（二）国内公租房项目融资文献综述

1. 政府的职能研究

贾康等（2008）认为政府应该优化和完善自己的职能，对已经存在和即将建设的公租房进行层次上的划分，确保社会上的弱势群体能够享受公租房，提高弱势群体的生活质量，保证公租房分配的全面性和公平性。

郑思齐（2009）认为应该提高公租房政策的执行效率来达到一个更好的执行效果。中央财政对公租房建设的专项财政补贴应该和地方财政用于公租房建设的态度以及策略的选择过程一致。他根据实际情况提出了相关意见和建议，通过博弈模型提出，在公租房建设上，中央财政补贴应该和地方财政资金相衔接，使财政成本维持在一个合理的水平上。

蔡冰菲（2009）通过"智猪"博弈模型分析了中央政府和地方政府两个非对等主体在公租房建设方面的态度以及策略的选择过程，并根据实际情况提出相关意见和建议，形象地解释了中央政府在公租房建设中的角色扮演，有利于各级政府的角色定位。

杨赞、沈彦皓（2010）认为中国的政府部门在公租房建设上应转变自身的职能，政府更应该充当公租房项目融资的引导者、合作者和监督者，而并非直接的投资者和管理者，这样更能够提高公租房建设的效率和公平。

刘秉军（2010）认为，政府在公租房建设上是一个主体，应该充分发挥主体的作用，引导公租房建设得到合理而全面的融资。

张达、李稻葵（2011）认为，为了给公租房中长期建设提供制度上的保障和支持，各级政府应改革地方政府的公共财政结构，建立公租房建设资金来源的融资制度，更好地促进公租房的建设和发展。

2. 公租房资金来源问题

张都兴（2011）研究指出，和销售类的保障房相比，公共租赁房筹集资金要更加困难。为了拓宽公共租赁房的融资渠道，可以建立专门的融资平台和提高贷款证券的收益率。

施昌奎（2011）认为，阻碍私人资本和社会资本进入公租房建设的主要原因有以下方面：利润低，政策不健全和准入、退出机制不确定。

纪崴（2011）认为，为了提高社会资金参与公租房建设的积极性，增加建设资金来源和融资渠道，相关部门应该提高社会资本投入公租房建设的利润率，政府部门应该在土地、财政、金融和税收等方面给予公租房建设一定的支持，降低社会资本参与公租房建设的成本。

高伟（2011）认为，由于目前公租房建设的主要资金来源于各级财政补贴和专项资金，为了减少资金缺口，相关部门还应加大财政投入力度，尤其是对缺口比较大的地区，应逐步增加预算资金，确保各项补助资金能全面投入到公租房的建设。

刘群（2012）以四川省乐山市为例，分析了当前中国国有土地出让金收支管理方面可能存在的问题，包括用于公租房建设的资金问题。

邱峰（2012）把抑制中国公租房项目融资的主要因素归纳为利润空间小、回款周期长、监管不严、质量问题加大回款风险、产权归属不明晰、缺少有效的退出机制等几个方面。

3. 公租房项目融资创新

刘东（2005）结合中国的具体国情，提出了与实际相联系的 REITs 融资的运作模式、相关的组织架构，以及发展策略，这一研究加快了中国在公租房项目融资方面的步伐。

于树彬、武庄（2011）对中国目前公租房项目融资的现状进行了分析，指出中国公租房的融资存在融资难的问题，提出可以通过建立专门的投融资公司、建立多样化融资工具以及利用 REITs 的方式来解决融资问题。这一研究给中国的公租房项目融资提出了具体的融资工具和操作建议。

巴曙松（2006）认为，只依靠政府投资来建设公租房存在很大的难度，相关部门应该用 BOT（build-operate-transfer，建设—经营—转让）、ABS（asset-backed securities，资产支持证券）等融资工具来聚集民间的资本，拓宽公租房建设的资金来源渠道。

谢书倩、杜静（2009）将 BOT 模式作为 PPP 模式的一个特例，并为改进后的 BOT 模式的应用范围进行了界定，详细分析了中国公租房建设在运用 PPP 模式时需要注意的关键性因素，这是公租房建设融资方面的又一创新。在该篇论文中，作者列出了如何行使政府职能，如何合理地分担风险和利益，使 PPP 模式在实际操作中有了参考。

李德正（2010）在其论文中探索了 BOT 模式的优点，同时还探索了公共租赁住房的运作思路和模式。陈灵（2010）提出了具有中国特色、符合中国国情的 REITs 在具体运作方面存在的风险，并对存在的各种风险提出了相关的应对措施。

金秋萍（2008）在研究公租房建设融资的基础上，提出将 BOT 模式运用到公租房的建设中，结合城市运营的理念，将公租房建设资金的来源进行了详细的划分。

孙娜、董晶（2011）等主要探讨了 BOT 模式与公租房建设的整合。他们认为，单独依靠政府支持公租房建设压力过大，建议运用市场资源配置的职能，例如规划城市的建设用地、合理使用广告设置权，将一些相关的特许经营权整合出售以获取收益，并将获得收益用于公租房的建设和维护，降低融资成本。

李德正（2010）、刘方强（2011）等运用定性分析与定量分析相结合的办法，根据中国基本国情和相关政策，提出了在建设公共租赁房时融入 BOT 模式来进行融资的可能性。

陈德强（2011）从公租房运用 PPP 融资工具融资成功的经验出发，寻求在公共租赁房的建设中运用 PPP 融资工具来融资的可行性，提出了该模式下公共租赁房建设的定价机制和相关的保障措施。

张都新（2011）提出了百花齐放、理财资金、按揭贷款和证券化四种融资工具。

在对地方公租房项目融资工具的研究中，李炳恒、叶堃晖、孙来梅（2011）运用事件研究等方法，论述了目前中国公租房建设的资金来源问题，同时以重庆市为例，结合重庆市公共租赁房独有的"1＋3"筹资模式，创造出中国公租房建设的金融支持系统。

姚金楼等（2011）对泰州市和常州市的公租房项目融资工具进行研究，运用示例等方法提出应成立相关的担保和保险公司，对政策性住房的建设提供担保，抵御风险，并使公租房的供应对象以中低收入的人群为主。

郭丽（2012）以广州市为例分析了公租房债券融资的背景和意义，在债券融资特点和优势的基础上，从制度约束、资金引入、保证投资者权益以及债券定价等几个方面，着重分析了公租房的债券融资可能面临的问题，并提出相应措施建议。

三、公租房 REITs 的文献综述

(一) 国外公租房 REITs 文献综述

20 世纪 70 年代，美国兴起金融创新热潮，其中就有 REITs 的公租房项目融资体系，包括公私合作关系（PPP）、股权融资、各种金融机构贷款、资产证券化（ABS）、可转换债券、房地产投资信托基金（REITs）以及融资租赁等，同时也出现了大量相关研究。

对于低收入家庭的租赁性住房的融资研究，主要是针对税收抵免的效果、成本以及美国政府的 LIHTC 计划等方面进行分析。

(二) 国内公租房 REITs 文献综述

针对公租房 REITs 的研究，国内方兴未艾，情况如下：

刘方强、李世蓉（2010）在《REITs 在我国公共租赁房建设中的应用》中认为信托计划模式在中国公共租赁住房建设中更为合适。同时他们也提出了收购改造住房 REITs 的融资工具和新建住房的 REITs 融资工具。

张巍、杨莹（2010）分析了在中国城镇公租房建设中的 REITs 运营需要的条件，包括法律条件、信息透明化、监管制度、专业机构等。

祁继华（2010）在《REITs 与公租房"联姻"的前景分析》中从公租房的角度研究了 REITs 的运作与管理。他认为在中国公租房市场中，由于信息不对称和信息沟通不充分，REITs 可以介入公租房的租让市场，以使市场效率更加有效。

巴曙松（2021）认为目前最有意义的是结合本国国情发展本土 REITs，但目前存在税收、监管和人才三方面的瓶颈。

司军辉（2010）研究了基于 REITs 的经济适用房模式，提出了经济适用房 REITs 的运作思路，并建议采用契约型 REITs 组织，包括混合型 REITs 和半封闭型 REITs，同时他还分析了经济适用房 REITs 的盈利模式。

李静静、杜静（2011）在《REITs 在保障性住房融资的运用》中认为，为了解决公租房项目融资问题，运用 REITs 模式进行融资在国外市场上处于主导地位，亦是国内可行的改进方向。

赵以邗（2010）从中国目前政策法律环境、金融市场以及公共租赁住房盈利能力出发，认为中国大中城市试点公共租赁住房 REITs 已经具备可行性，关键在政府政策支持到位。

周毅、李梦玄（2011）认为，中国公共租赁住房制度和 REITs 的实施尚在起步阶段，应关注风险问题，所以比较适宜契约型组织形式，条件成熟后再推行公司型组织形式。同时还强调政府政策引导，认为税收优惠等配套措施对 REITs 的成功与否有重要关系。

郭建鸾、侯斯文（2008）提出，REITs 可以改变房地产企业的公司治理结构、投资和经营方式，从而提高公租房资金的使用效率。但是他们同时认为目前在中国发展 REITs 存在法律法规不健全、相关的财税优惠政策缺失以及专业管理人才缺乏等多方面的困难。

侯丽薇、陈晓静、葛新元（2006）从 REITs 的概念和主要特点入手，对国内当前发展 REITs 的主要障碍以及国内发展 REITs 的可行性进行分析，介绍了 REITs 的结构框架和运行模式，讨论了目前国内推出 REITs 的可行性。

王涛（2006）、贺文萍（2005）、朱青（2006）等分析了 REITs 在中国实施的必要性和可行性。

赖迪辉、李娜（2016）基于 SWOT 方法分析天津市公租房推行 REITs 融资工具的优势、劣势以及面临的机遇和挑战，证明 REITs 融资工具将对目前房价居高不下、资金短缺等问题起到一定的缓解作用。该研究为确保公租房 REITs 融资工具在天津市的可持续营运提出对策建议。

王小雪（2009）分析了 REITs 参与廉租房的可行性研究。周姣（2014）就公租房 REITs 的市场环境、法律基础、收益率三个层面进行了分析，认为中国发展公租房 REITs 的市场环境基本成熟，法律基础尚且不足；但是，因为某些情况下其收益率已满足投资者所要求的最低收益率，因而中国公租房 REITs 基本可行。

何杰锋、潘洋（2013）利用广州公租房的数据，分析了广州公租房建设利用 REITs 融资的必要性和可行性，认为广州已基本具备推出公租房 REITs 的条件，政府应该从完善法律法规、加大扶持力度、完善二级市场、注重人才培养等方面着手，积极探索在公租房建设中利用 REITs 进行融资。

杨泓谕（2013）建立模型定量分析项目是否能够被 REITs 融资工具改造，但是其模型有很多方面没有考虑到，而且数据也有主观臆造的成分。

四、本章小结

阅读相关研究文献可知，对于在中国公租房实施 REITs 融资工具的相关研究比较缺乏，即使有研究也是泛泛而谈，并没有深入分析。比如有关租金数据，大部分是主观臆想，而不是从实际中收集的真实数据。对于影响可行性的因素，目前没有用深入访谈和问卷调查的方式进行分析的；对于案例分析，也少有相关专家的意见和案例的细节。REITs 对公租房的融资效果也没有实证研究，而这对在中国公租房实行 REITs 是必要条件。

目前中国公租房尚未实行 REITs 融资工具，REITs 对中国公租房项目的可行性及融资效果需要作实证研究。中国目前没有正在实施的 REITs，实施的仅是一些基于 REITs 特征的融资工具，但这些融资工具可以作为中国现实版 REITs 的暂时代表进行研究。

岳阳楼　（插图：高权）

第六章

域外公租房 REITs 实践

　　中国公租房因融资和管理问题而发展缓慢。事实上这些问题超越国家地域和意识形态，普遍存在于各个国家和地区的各个发展阶段。域外公租房项目融资和管理的成功经验对我国具有很好的借鉴意义。在人类的历史发展过程中，各国遇到的问题大抵相似，因而应对的方法也具有高度的普适性。虚心借鉴域外经验有助于我们更加快速有效地解决公租房问题，而盲目排外、过于强调中国国情只会让我们徘徊不前。

　　根据恩格斯关于住宅问题的经典论述，世界各国尤其是发达资本主义国家在由手工业到机器化大工业的过渡时期，住宅匮乏都是一个非常重要、非常普遍、不可避免的社会经济问题。如果住房问题不能得到妥善解决，将影响社会稳定发展，从这个角度说，它也是一个政治问题。

　　因此，世界各地无论发达国家还是发展中国家都高度重视住房问题。各地政府为此而作出的努力和探索，可以给我们提供某种程度上的借鉴。本章中收集整理了美国（金融支持型）、中国香港（政府主导型）、英国（公私合作型）等经济发达、社会保障较为成熟的国家和地区为分析范本，梳理具有 REITs 特征的公租房融资制度的历史脉络和现有体系，以期对中国公租房问题有所启示。

一、美国公租房①项目融资工具分析

多年来，作为世界超级大国的美国，尽管也会遭受周期性经济危机的影响，但始终能够平稳过渡、安然无恙，这与其成熟发达的社会资本体制是分不开的。就公共租赁住房制度而言，美国也是世界上比较完备有效的国家之一。1965—2016 年的 50 年间，美国居民住房拥有率一直维持在 60%～70% 的水平②。

金融危机爆发后，美国居民住房拥有率每年降低 1%，大概有 120 万人进入租房市场，其中增加的部分主要是低收入的黑人群体。2014 年，租赁住房在全部住宅存量中占比为 31.2%，在全部在用住宅中占比为 35.6%（见表 6-1）。③

表 6-1   2014 年美国在用住宅存量占有结构

类别		数量（套）	占比/%（住宅总数）	占比/%（在用住宅基数）
在用住宅	自住	74787460	56.34	64.4
	承租	41423632	31.2	35.6
	小计	116211092	87.5	100
空置住宅		16529941	12.5	—
住宅总和		132741033	100%	—

美国住房租赁市场的市场化水平非常高，88.1% 的租赁住宅单元未享受政府租赁补助，而占总量 11.9% 的享受政府租赁补贴的租赁住宅单元中，还有许多是由私人持有并经营的市场化租赁住宅，其租赁补贴方式采取承租人享受住房券、房东享受各类税费减免等形式④。

2013 年相关调查显示，美国 54.5% 的租赁住房月租金处于 400～999 美元之间，租赁住房租金水平差异较大。2014 年美国社区调查显示⑤，全美中等支付困难的承租户为 985.4 万户，严重支付困难的承租户 1141.8 万户，分别占承租户

---

① 美国公租房，英语为 "affordable rental house"（可支付租赁住宅），中西方定义和范围稍有不同。
② 龚蕾：《从住房拥有率看美国楼市变化》 （搜狐博客），http：//gongleimm. blog. sohu. com/322471058. html。
③ 《美国住房租赁市场调查》，https：//mp. weixin. qq. com/s/RAMy3 rfN3 KeDrsJWF - zhAA。
④ 《美国住房租赁市场调查》，https：//mp. weixin. qq. com/s/RAMy3 rfN3 KeDrsJWF - zhAA。
⑤ 易居研究院：《美国住房租赁市场调查及住房租赁制度研究（2017 年 3 月 9 日）》（新浪博客），http：//blog. sina. com. cn/s/blog_67c6a6350102wjwb. html。

总数的 22.8% 和 26.4% 。可见，全美住房承租户中约有一半处于房租支付困难的状态，其中严重支付困难者接近 30% 。

美国住房和城市发展部（HUD）通过美国家庭投资合伙人计划（home investment partnership program）向以各形式兴建公共租赁住房的私人开发商或社会非盈利群体提供支持。其支持形式是以家庭基金（home funding）的形式，向其合伙人提供直接贷款、贷款担保或直接向低收入群体提供租金补贴。另外，房地产投资信托制度保证了住房租赁及其他各类房地产租赁经营企业得以在资本市场上获得长期投资资金①。

（一）美国公租房发展历史

美国是典型的资本自由主义经济国家，住房供求向来由市场自发调节，国家基本不予干预，这种状况一直持续到 1929 年经济危机爆发。经济危机爆发之前，大量居民涌入城市，已经造成了一定程度的住房短缺问题。1929 年经济危机爆发，美国住房问题急剧凸显，中等收入群体因不能偿还房产抵押贷款而失去住所，更多中低收入群体更是无力购房。为了解决住房问题和刺激经济发展，政府开始介入住房市场②：

1937 年颁布《住宅法》（United State Housing Act of 1937），由联邦政府资助公共租赁住房，并设立了负责住房保障的部门——美国住房和城市发展部。联邦政府资助地方政府为低收入者建造合适的公共租赁住房，入住者只需向地方公共住房管理机构支付较低的房租即可，因此大大缓解了低收入群体的住房问题。

1949 年，杜鲁门政府修订《住房法》并颁布《住房法案》，在其序言里提出"向全体美国人提供体面、安全和整洁的居住环境"的住房目标，把城市更新、城市再开发计划和针对特殊需要的抵押贷款担保计划、公共住房计划相结合，制定了住房发展六年计划，开始涉足公共住房领域。

1954 年，艾森豪威尔政府颁布新的《住房法案》，规定州政府在制定出处理贫民窟和社区发展的可行性计划之后可获得联邦政府对兴建公租房的资助，并以津贴补助和降低房地产税收的方式鼓励投资者与开发商参与城市更新计划。

这些政府措施在一定程度上缓解了住房问题，但由于政府基本上负担了全部公共住房供应费用，因此财政压力较大，开始寻求社会的力量介入公租房的

---

① 凤凰房产：《欧美市场成熟租赁制度给中国市场怎样的启示》，http：//house.ifeng.com/detail/2017_03_14/51028232_0.shtml。

② 谢义维：《主要发达国家住房保障制度及中国的实践研究》，吉林大学 2014 年博士学位论文。

建设。

1961 年，肯尼迪政府通过《国民住宅法案》，对非营利民间组织提供极低息贷款以鼓励他们大规模兴建和维修适合低收入家庭的住房。

1965 年，约翰逊政府通过了一个针对低收入阶层的小规模房租援助计划，通过补贴公共住房管理部门以鼓励其出租存量私有住房，为政府公租房的建设缓解压力。

1968 年，约翰逊政府颁布《住宅和城市发展法》，规定为中低收入群体提供低息贷款以鼓励他们购房，并为开发商提供低息贷款使其为中低收入者提供公租房。

1971 年颁布《布鲁克修正案》，修正案规定公共住房的租户支付的房租以家庭收入的 25% 为上限，国家向地方政府住房机构提供住房管理和维修补贴，用直接支出计划参与公租房的建设。

1974 年颁布《住房和社区发展法》，其中包含著名的"租金援助计划第 8 条款"。该计划包含三个独立的部分：新建住房部分、修复住房部分和存量住房部分。承担新建和修复工作的发展商可以获得金融支持，金融机构与发展商签订 20～30 年的长期合同，由金融机构向发展商发放房租补贴，用于支付市场租金和租户应付租金之间的差额；存量住房计划是面向租赁方的补贴计划，符合条件的承租人可以从地方住房管理机构获得房租证明，到市场上去租住符合质量等级和租金限额以内规定的住房。

由于石油危机使美国经济遭受摧残，联邦政府财政压力巨大，被迫减少在公租房方面的支出。20 世纪 80 年代以后，美国政府减少向住房困难户提供租金补贴，鼓励他们自己租赁市场房屋，导致美国低收入家庭住房问题恶化。

1983 年，颁布《住房与城乡复兴法》。1987 年，颁布《无家可归者资助法》，建立基金支持建造面向无家可归者或者特殊群体要求的房屋。

1990 年颁布《全国可承受住宅法》，减少联邦政府住房预算，采用税收支持、私营部门参与等配套制度来解决可承受住宅问题。

1998 年颁布《多家庭资助性住房改革及承受能力法案》，增加用于支持公共住房建设的资金，采用税收减免辅助计划来解决住房困难问题。

近年来，美国政府由补贴建房转为租金优惠券计划，即当住房支出超过家庭收入的一定比例时，由政府发放住房优惠券的形式承担市场租金与家庭收入特定比例之间的差额。家庭收入为居住地的中等收入以下者均可申请，房租超过家庭税前收入以上的部分由政府提供租房券的方式补贴。目前，租房券制度已经成为美国政府为低收入者提供住房保障的最主要的形式。

公共租赁住房的建设是一项耗用资金较多、风险较大的投资，而政府的财政收入是一定的，且不能全部投入公共租赁住房的建设，故公租房的融资对于政府以及被保障人群而言就显得十分重要。合理有效的融资渠道是美国房地产市场得以健康发展的重要手段。美国有许多金融机构负责个人或者企业贷款，还采用REITs 进行保障性住房的融资。在 1986 年至 1995 年这 10 年间，美国建设了大量的公共租赁住房，其中大部分是采用 REITs 进行融资获得建设资金的。

美国的公共住房 REITs 最初出现于 20 世纪 60 年代。由于投资公共住房利润不高，整体市场风险较大，因此未能形成很好的市场投资氛围。直到 1986 年，LIHTC 政策出台，彻底改变了这一局面，掀起了一股公共住房 REITs 的投资热潮。税收优惠是 REITs 得以发展的主要驱动力。

在美国各类租赁住房的供给主体中，专业化的公寓出租企业是最重要的主体，按行业营业收入占比计，公寓出租业占住房出租业总体的 90% 以上。在公寓出租业中，美国最大的公寓租赁投资经营企业是一家 REITs ——EQR（Equity Residential）[①]。目前公寓类 REITs 是美国权益类 REITs 的重要组成部分。

（二）LIHTC 政策及 REITs 模式

美国公租房 REITs 的兴起得益于 LIHTC 政策。LIHTC 政策通过税收激励，引导私人投资者和私人企业等社会资金投资适宜低收入人群居住的住宅，以增加低收入人群住宅的供应。LIHTC 政策和 REITs 等金融工具结合起来，为美国公共租赁住房建设提供了资金。

美国政府对公租房进行扶持的逻辑在于通过政府补贴使得承租人、租赁企业在现金流方面形成良好的闭环，从而一方面避免类似次债危机的风险，另一方面真正改善低收入群体居住环境，促进社会的和谐发展。围绕现金流的稳定，在承租人权益的保障、租金的补贴、相关资格的认定及租赁企业的税收减免等方面，美国建立了非常完备的政策和制度体系。

据美国财经杂志 *Barron's* 的统计，享受了 LIHTC 政策优惠之后，公共租赁住房 REITs 的收益率能达到 7.5%～8%。虽然这不是最高的 REITs 收益率，但由于公租房风险小，收益相对稳定，因此吸引了许多对资金安全性要求较高的投资

---

① EQR（Equity Residential）成立于 1969 年，是一家总部位于美国芝加哥、专注于经营和管理公寓的运营企业。其在 1993 年正式上市，成为美国第一家上市的公寓型 REITs，并于 2001 年纳入标普 500 指数成分股。

者。这项方案消除了投资者对于开发和投资公租房利润低的顾虑，大大激发了 REITs 投资于廉租房。

1986 年至 1995 年，美国共有 80 万套符合建设标准的中低档住房投放于市场，其中很大一部分是以公共租赁住房为投资目标的 REITs 开发的项目。根据美国统计局的数据，从 1995 年开始，美国市场上对公租房的需求一直比较稳定，保持在每年 10 万套左右。这对公租房 REITs 而言无疑又是一针强心剂。

美国东海岸社区 Avalon Bay Communities REITs，就是从 LIHTC 政策中获益的 REITs 的典型代表。如今，Avalon Bay Communities REITs 的业务领域覆盖了美国东北部，大西洋中部、中西部以及太平洋西北部和南加州区域。美国排名第三的公寓金科（Apartment Investment & Management Company，Aimco）REITs 的资产组合中，也有不少公共租赁住房。金科 REITs 报告期拥有 353 处资产，112 项是公租房。其中 2001 年的年报显示，公租房为金科 REITs 创造了 5% 的回报率。

1. LIHTC 政策概况

LIHTC 政策使得 REITs 资产组合中所持有的公共住房资产"风险低，具有稳定性，能提供源源不断的收入"。LIHTC 政策即住房返税政策，是美国政府在 1986 年的税制改革中推出的一项旨在促进中低收入家庭住房建设的方案。该方案规定：任何公司或者 REITs，如果投资于符合一定建设标准的住房，政府将在 10 年内返还整个工程造价 4% 的税费，减免额在 10 年内分期返还；政府的建设要求包括所建设住宅能被 60% 以上的当地平均收入家庭所接受，此外，这种购买力要持续 10 年。

开发商可以用地方政府分配的返税额度来冲减自己的应纳税个人所得税额，也可以将其股份出售给其他投资者。通常情况下，由于开发商面临资金短缺问题，他们会优先选择将部分股权在资本市场融资，或者寻求贷款的支持，以确保项目能够顺利地运转下去。

2. 返税额度的计算方法

计算税收抵免金额，可分如下三步。

第一，确定适用基值。适用基值包含几乎所有的建设成本，而不包括项目本身的融资费用、土地购置费用以及项目后期的运营管理支出等。

第二，确定资格基值。资格基值等于适用基值乘以适用系数。适用系数取以下两个比值的较小者：公租房套数占项目房屋总套数的比值；公租房建筑面积占项目总建筑面积的比值。

第三，确定年税收抵免金额。年税收抵免金额等于资格基值乘以调整系数，还要参照该项目所能提供的项目服务比例最终确定，可分如下两种比例。

（1）9% 的公租房返还计划。该计划是指政府每年需要支付给开发商的税收返还额是对其应抵免建造成本的9%，持续返还期限为10年。9%的税收返还也可以理解为中央政府将在10年的时间内总计需要返还给开发商建造成本90%的项目资金。将资金的时间价值考虑在内，以国债的平均收益率（约为3%）进行折现，这就意味着中央政府给其补贴了占据项目建造成本70%的资金。

（2）4%的公租房返还计划。该计划规定，若所开发的公租房开发成本不大于3000美元/m²，或者该项目获得其他形式的政府资助（比如享受免税债券等），则该类项目可申请的资金补贴为每年税收返还4%。经计算，持续返还10年的返税额大概占据该项目建造成本30%的资金。

3. LIHTC政策后续的发展

2005年，自布什政府开始新一轮联邦税改以来，公租房的市场环境开始恶化。有消息称，促进中低收入家庭住房建设的税收优惠可能会被取消，这从根本上打击了专注于公共租赁住房投资，尤其是开发业务的REITs。此外，不断紧缩的货币政策也让公共租赁住房投资者叫苦不迭。不仅如此，REITs的市场竞争还在明显加剧，因为好的投资机会越来越少。统计数据显示，2005年以来，没有新的投资者进入保障性住房市场，反倒有不少投资者退出。

但是也有一些REITs另辟蹊径，找到了保持盈利的新办法。例如联合地产及家庭资产REITs采用提高管理费和租金的办法，保持其资产继续盈利。从1995年到1998年，家庭资产REITs的收入增长了52%，其中42%的增长得益于管理费的增长。

家庭资产REITs公租房投资模式的核心在于对项目的改良。他们把公租房和普通市价住房混合开发，从而提高公租房的质量，增加其吸引力。混合开发模式让家庭资产REITs的股价（从1992年至今）上涨了50%。

而社区发展信托（Community Development Trust，CDT）则采取了反潮流操作和改变投资组合的方法。CDT是美国目前唯一一家专门投资于公租房资产的非上市REITs。当别的REITs出售公租房资产时，CDT却在不断买进。CDT致力于将公租房的发展建立在更强大的资本融资能力上，其主要投资方式是购买抵押资产，希望通过这一投资模式在二级市场有利可图。CDT在1999年第四季度第一次按照这一策略进行收购，此后进展一直比较顺利。CDT有其独特的资金来源渠道，例如国有住房机构（State Housing Agencies）等，这些融资渠道不向公众REITs开放。此外CDT还得到了银行和保险公司的支持。另外，虽然不是上市的REITs，但CDT为投资者提供了便捷的退出机制，因此吸引了很多机构投资者。

（三）美国公租房项目融资工具的突出特点

美国保障性住房制度的最大特点在于金融市场的发达，其参与者包括借款人、贷款机构、中介结构、政府机构等，各司其职，共同维系着住房保障体系。政府对公共住房金融的发展起到重要作用，低收入住房返税政策使得公租房 REITs 的收益率满足了社会资本的要求，吸引了社会个人投资者的广泛参与。同时，利用美国发达的金融市场解决中低收入阶层的住房问题，形成了公租房项目融资的资金循环。美国公共住房金融体系涵盖了一级市场和二级市场，健康的公共住房金融使得公租房 REITs 得到了迅速、稳定的发展，并且有较强的创新性。

美国公租房项目融资工具 REITs 既满足了住房困难家庭的居住需求，又增加了银行和其他金融机构的收入，是一种多赢局面。但是金融市场的内在趋利性、资信评估的商业腐败，催生了金融泡沫，为金融危机埋下伏笔。因此，在借鉴美国的经验时，也要注意防范金融风险。

二、香港公租房项目融资分析

中国香港地区是世界上人口最为稠密的地区之一。香港政府经过多年的努力，逐步建立起完善的保障性住房制度。与美国、日本等住房高度自有化率不同，香港目前有 46% 左右的人口居住在保障性住房里①，其住房保障模式和成就获得了世界公认。

香港的住房保障政策由公屋政策和居屋政策构成。香港为低收入家庭提供一种租赁性质的"政府公屋"。公屋实行极其低廉的租金政策，公屋租金仅为市场租金的三分之一，切实地解决了低收入家庭的居住问题。经过 20 多年的发展，香港的公屋建成数量达到较高规模，很大程度上解决了中低收入家庭住房困难的问题。

1976 年，香港开始推行以扣除地价并低于市值的价格将公营房屋出售给低收入居民的计划，该计划被称为"居者有其屋计划"，这类住房在香港被称为"居屋"，类似于内地的经适房或限价房。2002 年，特区政府曾宣布无限期停止建造和销售居屋。

香港地区的住房保障模式为政府主导型。因此，无论是基于地缘优势还是环境因素，香港地区的经验都更可能为内地所借鉴。

（一）历史脉络与现状

相关公屋的发展，离不开政府各方面的支持，包括在融资方面的支持。

---

① 根据香港 2013 年年报，香港约有 29% 的人口住在公屋，这类住房类似于内地的廉租房。约有 17% 的香港居民住在居屋类住宅，类似于内地的经适房或限价房。具体详见环球网：《香港近三成人口居住在出租公屋》，http：//china. huanqiu. com/hot/2015 – 01/5411676. html。

在公屋发展的第一阶段（1951—1973 年），"徙置大厦"和"公租屋"由政府拨款出资兴建的，经常性收入来源还包括租金收入。由于香港政府迫切需要解决大量灾民的安身立命问题，所以采取了低廉的租金政策，因而这一时期的公屋以赤字运行。

1973 年开始，公屋发展进入第二阶段。香港政府开始了大规模的公屋建设，并在资金投入方面加大力度。1973 年香港房屋委员会（下文简称"房委会"）成立，政府与之是借贷关系，即由政府发展贷款基金进行支持，但贷款需要在 40 年内分期偿还。

1988 年，房委会改组为自负盈亏、财政独立的机构，同时政府与其达成新的财政安排，主要内容有：其一，政府把"居者有其屋计划基金"与发展贷款基金作为改组后的房委会的永久资本，政府于 1988 年至 1993 年期间向房委会注入 100 亿港元，这些永久资本以 5% 年息计息；其二，屋苑和公屋非住宅部分的土地价值作为政府对房委会非住宅楼宇的股本投资，经营公屋及屋苑内的商业设施所获得的净营运盈余作为对政府该项投资的回报。这一财政安排显示政府改变了对公屋的资金支持方法，政府从贷款人的角色转变为投资人的角色。

房委会成为自负盈亏的独立机构，政府仍履行对公屋的财政保障，免费拨地及提供资金优惠条件。政府投入房委会建设公屋及附属设施的投资数额非常庞大，据保守估计，至 1994 年，这一数字已超过 2000 亿港元；房委会则积累了庞大的资产和资金，至 1994 年 3 月底，现金结余约 180 亿港元。

鉴于房委会强健的财务表现，政府于 1994 年进一步与其达成补充协议，把房委会尚未偿还的 135 亿港元计息资本转为无息永久资本，由前"居者有其屋计划基金"转拨的 28 亿港元现金结余，以及政府于 1988 年至 1993 年期间注资的 100 亿港元，转为有息借贷资本，房委会须分 14 年以 5% 年息逐季向政府偿还上述借贷资本。通过补充协议安排，政府作为投资人的地位加强，并进一步将公屋的财政责任转移给了房委会。同时，此安排使房委会拥有大量的资本，为其长远财务安排和大规模上市融资提供了基础。

2003 年 7 月特别会议决定，房委会分拆出售下辖的零售及停车场设施的经营权及合法业权给一间新成立的公司，该公司将以 REITs 的形式成立并会在香港联合交易所进行首次公开发售。房委会希望借此集中资源于公屋方面的核心业务，而基金上市所得收益有助于缓解房委会短期财政困难，有充裕资金为有需要人士兴建公屋；此外，这些设施转为私营机构拥有和管理，将会更具效率性和效益性，对香港整体经济发展也会带来正面影响。

房委会在 2004 至 2005 年度选出 180 个零售店铺和停车场设施作分拆出售用途，原拟定于 2004 年 12 月将"领汇房地产投资信托基金"（下文简称"领汇基金")在香港联交所上市，但在发售期完结前一天，有公屋租户入禀法院，就房委会分拆出售零售和停车场设施的合法性提出司法复核。虽然原诉法庭和上诉法庭均裁定房委会有分拆出售权利，但因为未能在原定上市最后期限前最终解决有关法律挑战，导致领汇基金只能在房委会完成所有法律程序后才会重新公开招股上市。

2005 年 7 月，终审法院裁定房委会出售下辖零售和停车场设施给领汇基金属房委会权限范围。11 月，领汇基金重新进行首次公开招股，并于同月 25 日在香港联交所上市，香港上市编号为 823，为香港首个房地产投资信托基金。此后，房委会不持有领汇基金股本权益，也不会持有为管理该基金而成立的领汇管理有限公司的股本权益，两者均完全独立于房委会。

显然，领汇房地产投资信托基金的设立，是领汇管理有限公司为众多想投资于房地产领域的投资者提供的一种集合投融资制度；而房委会将下辖的公屋附属商业设施售予领汇房地产投资信托基金，则是作为超级开发商的房委会，将其拥有的房地产资产以证券的形式向投资者出售以套现的一种融资行为，属于房地产资产证券化。

（二）香港公屋融资工具

香港公共住房的建设资金主要由三种方式筹集：一是来自政府资助（包括资金支持和土地支持）；二是来自租售物业收入（出售居屋，出租公屋以及出租附属商业楼宇）；三是来自物业出售资金，出售 180 项零售及停车场设施所得资金（售给领汇房地产投资信托基金，获得 320 亿港币）。

第一，从香港的公共住房融资工具来看，房委会处于核心地位，不但负责公共住房的供应、分配和管理，还负责公共住房建设资金的筹集，并承担着公屋和居屋家庭的金融服务。但只对公共住房消费环节进行补贴，采取直接提供免息的置业贷款或提供贷款担保，并对经济困难的公屋租赁家庭减免部分租金。

第二，相关公屋制度的成功离不开政府土地政策的支持。香港政府对公屋建设最大的资助是免费拨地给房委会。政府定期及准确评估房屋需求，供应足够建屋土地并提供配套的基础设施。据统计，至 2003 年 3 月底，政府免费拨给房委会用以兴建公屋的土地，其价值已高达 1582 亿港元。

第三，政府对香港公屋实行绝对的低租金政策。房委会确定公屋租金的依据除家庭收入这个主要因素之外，还包括房屋的对比价值、营运成本、差饷和房委会财政状况等。目前公屋租金为每平方米每月 47 港元，相当于私营住房每月租金的四分之一。房委会提供的数据表明，大约 61% 的公屋租户每月租金不到 1500 港元，这保证了低收入家庭有房可住，也不会沦为"房奴"。

第四，房委会有效地进行日常资金运作。房委会的日常财务收支包括经常性收入主要来自出售房屋收入、公屋租金收入、公屋附属商业设施（包括商场、停车场、社区福利设施）租金收入等，经常性支出主要是工资、地租及差饷、维修及改善工程以及其他经常性开支。房委会通过有效的日常资金运作，实现财务盈利，为公屋制度的持续有效运转提供保障。

房委会不但全面负责了香港公共住房发展的各个方面，还得平衡好公共住房项目上的亏损和总体上的收支平衡。房委会被允许出售部分居屋，从而获得大量的资金，而且向领汇基金出售 180 项物业而获得了一笔金额高达 320 亿的巨资收入。但这两类出售收入都属于一次性收入，况且商用价值较高的物业被出售给领汇基金，房委会手中的剩余物业的租赁收入必然会大幅度下降，这势必会对房委会未来的"造血"功能发出挑战。

（三）香港 REITs 的突出特点

香港公共住房金融体系拥有独特的公屋建设资金融资工具，发挥专业公共住房机构——房委会自身的融资能力，政府财政不再继续对其投入后期的资金。自从房委会转成自负盈亏的机构，香港的公屋发展就完全依靠自身的造血能力。因此，领汇基金需要不断提高租金以满足资本市场的要求。然而领汇基金并不由香港政府或者房委会控制，也并没有相应的政府补贴，所以势必导致公租房租金过高而失去了公屋的属性。

领汇基金上市后过于追求盈利，影响了民生。领汇基金为获得最大化盈利以回报投资者，改建或装修了旗下的部分商场，使其硬件水平大幅度提升，但同时商场的租金也水涨船高，天价租金赶跑了部分小业主，许多历史悠久、颇受公屋居民喜爱的商铺和酒楼也关门停业。领汇基金的"倒行逆施"非常不得民心，民众怨声载道，甚至有市民游行到领汇基金办公地点及立法会前抗议。领汇基金正常的商业行为无可厚非，但是其用高租金和短租约赶跑了现有商户，引进一些高档品牌或国际连锁食品店进驻，使公屋居民无法享受到原来物美价廉的服务，甚至连选择的余地都没有，这也违背了领汇基金上市前对公众许下的会改善服务、方便公屋居民生活等承诺。

领汇基金已注意到这种情况，表示会倾听民众的心声，检讨租金等政策，为公屋居民提供尽可能高素质的服务。但是资本有追逐利润的天性，尤其是领汇的大股东有国际知名的对冲基金，他们"唯利是图"的本性很难令领汇主动放弃部分收益，采取让利于民的行为。房委会在上市之初就承诺不会持有领汇基金股份或其管理公司的股本，这就引起另一个问题，公租屋的社会福利性质与资本市场的逐利本性是否不可调和？房委会如何驾驭资本市场？或许英国公租房的公私合作模式会给予我们一些启发。

即使香港模式通过政府补贴、基金上市等手段解决了资金问题，但是由于香港政府背后地产财团的压力，公屋的土地供给受到严重的限制。入住公屋的香港居民需要漫长的等待，而这期间"棺材房"的居住环境为人所诟病。地少人多的香港如何更好地解决居住问题，目前看并不比内地乐观。

三、英国公租房项目融资分析

（一）历史脉络与现状

英国是资本主义国家中最早发展福利制度的国家之一，长期以来，英国政府逐渐形成了较为完备的相关福利保障的法律制度。在英国的保障性住房制度建设中，最早的是社会住房，现在更强调的是住房者的支付能力，所以也被称为"可支付的住房"（affordable housing）。根据英国住房管理部门的统计，大约有450万人居住在这种支付得起的住房中。英国的公共住房制度经历了复杂的演变过程，可以分四个时期来考察。

第一个时期：政府介入住房市场时期（1920—1936 年）。产业革命后，伴随着英国资本主义的发展，大量农民涌入城市，工人阶级遇到了严重的住房问题。据统计，1890 年到1914 年，英国城市住房的出租率高达90%。当时，住房需求完全由市场自由调节，广大租房者难以承受出租者的高租剥削，怨声载道，政府受到了巨大的压力。

英国引以为傲的市场经济已经不能解决大量住房弱势者的居住问题，在此背景下，英国政府开始介入住房市场。1919 年，英国出台《住宅法》，确定了以公营住宅为核心的住房政策，即由政府投资建造公共住房，然后以低租金（约为市场租金的60%）出租给居民。

政策目标随时间有所变化。在20 世纪20 年代普遍以工人阶级为目标，30 年代则以城市贫困阶层为主，社会普遍性的住房需求转向由私营机构供应。同时，对私房出租价格实行政府限制政策，将其限制在出租者只能获得微利的幅度之内。中央政府主要通过补贴政策直接干预地方政府的住房政策，但在住房分配、管理和租金政策等方面仍以地方政府为主。至1939 年，地方政府建造了100 万套出租房，约占住房存量的10%。

第二个时期：公共住房政策调整时期（1937—1979 年）。"二战"后英国出现严重的住房短缺。一方面是因为战争的影响，如"二战"中大量民房被毁，复员军人激增；另一方面是人口增长高峰期到来，人口急剧增加，使得英国政府不得不调整1946 年以前以限制租金为重心的住房政策，将政策核心转变为增加公租房供给。工党执政时坚持把建造和出租公有住房为主要政策措施，这一时期，地方政府投资兴建的住房占新增住房总量的80%。至五六十年代保守党执政期间，中央政府和地方政府的职能发生变化。中央政府每年投资兴建30万套公共住房，并鼓励个人买房、建房；而地方政府则主要解决贫民窟问题。这一时期，英国的公共住房占全部住房的30%。

但是，由于政府直接兴建大量廉租房，其弊端日益显露。例如，贫民大量集中，造成廉租房品质和社区质量降低；公共支出大幅度上升，政府财政不堪重负；住房市场运作的效率低；等等。随着英国经济日益繁荣，老百姓富裕程度不断提高，消费者住房需求日益多样化，这时，住房的主要矛盾变成了住房供求结构矛盾，即住房总量虽然达到基本要求，但面对人们日益多样化的需求，公租房品质和种类无法满足消费者需求。在这种情况下，政府开始考虑让市场更积极地配置资源，实现保障性住房的商品化。英国政府从1946年到1969年开始逐年缩小公租房的建设比例，并对公租房实施小规模商品化，其间共建成住房384万套，其中由私人企业承建的住房达300万套。

第三个时期：公共住房政策变革时期（1980—1997年）。这一时期，英国的住房政策发生重大转折，政府持续支持住房私有化。1980年的《住房法》导入了"购买权利"（right to buy），鼓励公租房承租户购买所居住的住房，同时实施新的住房补贴办法，为建设住房提供财政补贴。英国政府推行"分享式产权计划"，授予租户对公租房的购买权，规定只要租住公租房满三年且有购房要求，政府不得拒绝租户购房，同时还规定了30%～70%的购房折扣。

第四个时期：1997年至今，强调以可接受的价格提升居住水平，为公民提供体面的住房。这一阶段，住房供应的主体由政府逐步转向企业，并由住房协会等社会组织负责向低收入家庭提供低价格或低租金的住房。英国充分应用了PPP合作模式，地方政府只对公共住房的供给和管理进行总体规划和统筹，公共住房管理的具体建设环节由地方住房协会代表政府进行实施。另外，通过大规模自愿转移，将公租房的管理权从地方政府移交给注册社会业主，由注册社会业主提供投资增值、维修和资产管理服务。这种管理方式更为自由，既可增加投资，又可以减少政府资金压力。

目前英国公共住房建设资金来源中，政府的直接财政投入比例占40%，其余资金来源主要是靠政府出售公房和出租公房所得。英国政府在保障性住房融资实践中引入私人主动（private finance initiative，以下简称"PFI"）的融资工具，即地方住房协会与私人开发商签订一份长期合作合同，将原本由住房协会承担的住房建成后的维修工作，转移给私人开发商承接此项工作，以充分发挥社会主体的资金和技术优势，同时缓解政府的财政压力，使政府将工作重心放在公共住房的总体规划上，以向市场提供更多、更好的公共住房。

（二）英国公屋融资工具

英国对公共住房进行了大规模的建设，是典型的福利型国家。起初政府建设对解决住房短缺问题起到了关键作用。随着战后人口不断增长和经济逐渐衰退，过度福利化难以延续，英国财力很难维持庞大的公共住房开支。

1979 年，撒切尔政府开始了私有化进程。私人提供的公共租赁住房占所有租赁住房的三分之一，政府资助的建房活动仍然是英国住房保障的重要形式，但公共住房的建设已不是完全由政府财政支持，而是转变为由政府主导，多方融资、承担和参与。

住房协会（Housing Association）从 20 世纪 80 年代末开始成为新建公共住房的主要力量，作为非营利组织参与到公共住房建设中，一部分政府所有的存量房也转给了住房协会管理和运作。住房协会的资金来源包括政府部门的公共资金资助、地方政府补贴、公共存量住房的运营收入，以及金融机构、私人投资部门提供贷款，等等。

英国的公共住房融资工具逐步形成了以中央政府政策和投资支持、区域上平衡财政补贴流向、地方政府监督和指导、住房协会管理和建设、私人部门和金融机构多方参与的 PPP 模式（如图 6-1 所示）。这种模式对中国公共租赁住房建设 REITs 融资工具的发展有着宝贵的借鉴意义。

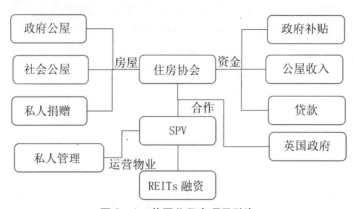

图 6-1 英国公租房项目融资

英国是最先在保障性住房中应用 PPP 模式的国家之一。在英国的 PPP 保障性住房项目中，住房协会作为一个非营利性组织，与公共部门签订时长一般为 25～30 年的长期合同，共同组成以某个项目为特殊目的的公司（special purpose vehicle，SPV）以使资产证券化。在这一期限内，特殊目的公司负责管理、建造和运营公共住房。整个项目的资金来源包括政府的资金补贴、贷款、公共住房的收入等。

英国政府一方面鼓励私人在自愿的基础上将所拥有的公房移交给住房协会等非营利机构，另一方面向住房协会提供各项优惠政策，鼓励这些非营利机构购买公房。现在，英国已有1700多家住房协会参与保障性住房的供给，其保障性住房在融资中已经形成了多方参与的立体化格局。具体融资运营方式趋向REITs的融资工具，具体运作流程如图6-1所示。

英国早在1992年就将PPP模式投入到实际应用中，当时在部分市政工程中做了试验，结果是大多数工程都能够按期完工，而且工程的预算都在最初设计的范围内。目前，英国大多数公共设施都采用PPP模式。这种模式很好地将市场化的公司在建设、设计和管理方面的优势转化到公共设施建设当中，而且也减少了政府在公共设施中的投入，缓解了财政的压力。在住房领域，在英国保障性住房项目应用PPP模式后，大批属于地方政府的保障性住房房源都移交给了私人机构，由私人机构负责保障性住房的经营、管理，比政府的统一管理更高效科学。

这种PPP模式泛指公共机构和私人机构之间的合作关系。其具体运作模式主要由公共机构对公共产品进行分析定位，然后再进行公开招投标。在此过程中，与适合这一产品的私人机构确定合作。合作之后，项目一般由私人机构负责，政府对项目进行监督并可能给予政策或者税收方面的优惠。REITs是PPP模式在公共租赁住房领域的具体实现模式之一。

（三）融资工具的突出特点

英国的公共住房政策受执政党执政理念影响很大，曾因执政党变化而多次进行调整，大致趋势是由政府建设公房到私有化。在相当长的一段时期内，政府是住房保障的主导，英国住房制度带有明显的福利色彩。

英国公租房的第一个突出特点是政府始终是构建公租房体系的主体。英国政府在住房保障体系中始终承担主体地位，英国政府从改造贫民窟开始介入到公共住房建设后，开始逐步推行有计划的公租房建设财政支持政策，把公共住房建设补贴和租房补贴列入财政预算中。

第二个特点是，英国政府根据不同发展阶段，对保障性住房的建设和管理方式不一。住房保障需要覆盖的范围和所要采取的政策措施随着国内经济发展水平、城镇化发展水平、住房供需情况的变化而变化。

（1）在经济快速发展、城镇化迅速推进期，大量人口进入城镇，此时，英国政府直接参与保障性住房建设，加快扩大供给，从对住房保障需求最为迫切的人开始，逐步扩大保障范围。

（2）随着"二战"后英国经济发展到一定程度，人们的收入水平有较大提高，公共住房存量发展到一定数量后，住房供需矛盾缓和，英国政府发挥市场作用，也减轻政府的资金压力。

（3）随着经济水平的进一步提高，人们对居住的要求也相应提高，英国政府首先提出 PPP 合作模式，使得公租房市场化和个性化进一步发展。

英国随后将房地产投资信托基金引入，加快了政府和市场的衔接速度，为保障性住房的持续、协调发展推波助澜。将 PPP 模式具体落实到向 REITs 融资工具方向发展，退出渠道更加便利。第一，REITs 可以使投资者通过上市将项目股份卖出获利；第二，资金成本不高，REITs 上市对项目的盈利能力需要 6%～8% 左右的收益率；第三，REITs 有非常成熟的经验和法律制度，专业性和规范性都大大优于诸如 BOT 等方式。

但是，政府与私人企业这种合作关系对政府的执政能力是很大考验。第一，对于保障性住房这类金额巨大、期限较长的项目，需要长期稳定的资金做保证，方可确保项目顺利实施和达到预期的实施效果。由于英国的政治体制是工党和保守党两党轮流执政，不同的执政党的住房政策理念不尽相同，因此英国住房政策的连贯性和持续性受到影响，用于公共住房的财政资金稳定性差。这类社会保障性质的项目受到选举时和选举后政党的道德风险的影响，而且政治献金导致政府不情愿去解决低收入人群的住宅问题，而是迫于选举压力而进行承诺。第二，PPP 模式会根据每个项目的特点制定不同的操作方式，这给政府监管能力带来不小的考验，腐败现象难以避免。由于政府在住房市场化过程中掌握着许多涉及企业利益的权利，房地产开发商为了获得足够的利润空间，会千方百计地向政府寻租，而政府及其官员受到眼前利益的驱使，可能会向企业收租。

四、本章小结

通过对金融支持型的美国、政府主导型的中国香港地区、政府与市场配合型的英国等三种保障性住房制度经验的考察，我们发现，在保障性住房制度上，大多数国家与地区都经历了政府与市场磨合的过程，并逐渐探索出政府与市场各司其职、相互配合的方式。政府不断摸索自身的定位，并随着时间的推移而扮演不同的角色。一般来说，在初级阶段，住房由政府安排；当政府财政困难时，开始进行住房制度改革，住房问题更多地依靠市场解决，政府只负担部分义务。

上述国家和地区的保障性住房制度之所以如此成熟完备，一个重要的共同之处在于起步较早，均经过大约半个世纪的努力探索才有了今天的成就。而中国的保障性住房制度伴随着 20 世纪 80 年代的住房制度改革而起步，比上述国家和地区晚了 30～50 年。从另一个角度来看，我们应感到庆幸，因为作为一个后发国家，我们可以整合上述不同类型和路径国家和地区的住房保障经验，全面为我所用。这些经验包括：

第一，政府必须介入居民的住房问题，并作为公共住房的责任主体。住房问题不仅关系到人的生存和居住权，也是社会稳定和人类文明及社会经济发展的保证。因此无论什么制度的政府，都要关注公共住房问题。上述国家和地区的住房政策的实施也充分说明公共住房保障对促进经济发展、维护社会稳定起到至关重要的作用。具体到公租房项目融资体系中，基于 REITs 特征的融资工具需要政府这一强有力的融资主体作为责任主体，这有利于基于 REITs 特征的融资工具的信用增级，并对投资者产生吸引力。

第二，充分将私人资本用于公共住房的建设。上述各国和地区在保障性住房制度的实施过程中，发达的民间私人资本的参与也发挥了重要作用。提高私人资本的参与意愿，需要政府对公共住房的补贴支持。美国 LIHTC 计划将美国保障性住房 REITs 的回报率从 4% 提高到 8% 左右，香港公租房制度则通过降低公租房项目融资估值进行信用增级。另外，通过利用传统金融机构的资本建设公租房，他们可以提供大额无息贷款，从而提高回报率。例如美国大力发展补贴贷款银行，设立房地美、吉利美、房利美等为低收入人群购买住房进行贷款担保。

第三，建立政府与私人资本关系的动态调整机制。动态调整可以从宏观和微观两个方面来把握。

从宏观方面看，政府在保障性住房制度的制定和实施过程中，要注意因时制宜。一般而言，在公租房制度实施的初期阶段，政府要进行力度较大的国家干预，通过各种合法方式介入市场；当住房问题得到大幅度缓解时，政府应当退居幕后，由市场自发调节私人资本的参与，自己仅负责低收入者或者有特殊需要的公民的住房问题。英国从一开始即展开了政府与私人资本分分合合的合作关系。

从微观上看，政府通常释放一些激励信号，私人企业则相应地作出反应。英国逐步形成了公私合营模式，即政府和私人企业联合参与开发公共住房，对资源进行了有效配置，规避了风险，提高了收益。通过控制私人资本，英国公共住房减少了中国香港领汇基金所发生的太过于追求回报率而忽视公租房社会福利性质的情况。

树林 （插图：高权）

第七章

可行性分析之专家访谈

目前，公租房领域有不少成功的 REITs 模式，美国、中国香港、新加坡和英国等国家和地区的成功实践经验，使大家对在中国内地公租房领域实行 REITs 模式有不小的期待。如前所述，在中国公租房领域实行 REITs 具有很大的必要性，REITs 作为行之有效的金融产品，可以活跃和刺激金融市场的发展和公租房管理，这对于中国保障性住房事业乃至整个社会经济都具有非常积极的意义。

中国政府已经充分认识到实行 REITs 制度的必要性。财政部、国土资源部、住房城乡建设部、中国人民银行、国家税务总局、银监会《关于运用政府和社会资本合作模式推进公共租赁住房投资建设和运营管理的通知》明确表示，支持以未来收益覆盖融资本息的公共租赁住房资产发行房地产投资信托基金，探索建立以市场机制为基础、可持续的公共租赁住房投融资工具。

但是何时开始实行 REITs 模式，REITs 模式在中国是否可行，目前还处于探索阶段。在中国公租房领域实行 REITs 制度可能存在某些条件还不成熟的情况，应该先限定特定地区、特定行业、特定模式进行先行试点，REITs 对公租房项目融资效果及其可行性还未能下定论。

那么，REITs 融资工具是否可以解决公租房的融资问题呢？目前中国没有实行 REITs 制度，而实际上采用"公募基金 + ABS 地产项目的资产"支持专项计划的模式。这个模式本质上还不是真正的 REITs，只是具有大部分 REITs 的特征。因此，本章研究基于 REITs 特征的融资工具对公租房项目的融资效果及相关影响因素，以评判 REITs 的可行性。

一、研究设计

我们采用访谈方法，将相关问题以邮件的方式发送给专业的行业人士和学者，请他们以笔录或者录音的方式回答相关问题。此外，我们还采用了档案文件，并对行业进行直接观察。

访谈：本研究搜集整理了 10 位专家学者的深度问卷式访谈，并在网络收集了 26 位业内人士针对在中国公租房领域实行 REITs 融资工具的公开访谈。10 位专家学者都是资深从业人士及相关学者。本研究使用结构化的访谈模板，作者设定题目由专家学者作答。

档案文件：本研究针对 REITs 的文献查阅了相关新闻、论坛、研究报告、公司公告等资料，这些资料构成了很有价值的数据来源。

直接观察：自 2013 年至 2017 年，研究者参加了相关 REITs 的学术研讨会及商业投资计划的讨论，从个人投资者、高管、房地产从业人员、其他行业的从业人员处了解了 REITs 在中国的普及情况。

研究假设：融资工具的 REITs 特征对公租房项目的融资效果具有影响。

分析步骤：

第一步，本章通过专家访谈发现，基于 REITs 特征的融资工具可以解决公租房租金回报率低的问题。

第二步，本章通过专家访谈发现，基于 REITs 特征的融资工具需要借助证券市场、传统金融机构和个人投资者的资金支持对公租房项目产生影响，进而解决公租房租金回报率低的问题。

第三步，本章通过专家访谈发现，基于 REITs 特征的融资工具对公租房项目的融资效果受到行业环境、法律法规、政策规定的影响。

二、REITs 对公租房项目融资的影响

（一）公租房收益率问题

众多专家认为，公租房租金回报率低是公租房融资难题的关键，例如 1 号专家就认为，收益率低和退出风险大是公租房 REITs 融资的主要障碍。以广州市公租房为例，其租金回报率仅为 3.585%，是市场水平价格的 36%。目前公租房的回报率显然不符合资本市场对投资回报率的要求：

公租房租金的定价大大区别于商品房。租赁型保障性住房租金收益也明显低于商用租赁物业。因而，政府应出具相关政策进一步明确保障性住房产权，同时给予一定补贴，以提高物业收益水平，从政策上更好地支持公租房项目融资。

4号专家的意见基本相同：

根据目前的经验，公租房的租金大约是当地市场租金水平的40%～60%。如果现金流偏低，难以保证公租房在资本市场融资。

面对公租房收益率低的问题，有学者认为可以用信用增级的方式来解决。例如7号专家提到是否能加杠杆解决公租房基础资产的租金收益率不高的问题：

REITs基金事实上无杠杆回报率只是在4.2%左右，考虑到（广州市）越秀区REITs有意压低了估值，其实际回报率会更低。只是这里就有个利益冲突，地产商是不愿意以较低估值卖给房托的。

在香港，REITs的负债（直接负债或通过SPV的负债）比率不能超过总资产价值的45%。港交所上市的REITs里最低杠杆率只有18%（总负债与总资产之比），最高达到了38%，香港REITs的平均杠杆率为28.5%。新加坡REITs的负债上限也是其总资产价值的45%。到2016年三季末，新加坡杠杆率最高的REITs为42%，最低只有19%，新加坡REITs同期平均杠杆率则为33.7%[1]。

杠杆带来股息收益增加的同时，也要付出利息成本。以香港领展REITs为例，其所有零售物业的估值总额仅为1073.26亿港元，零售租金合计仅为57.11亿港元（2014年3月至2015年3月数据），租金收益率为5.32%。参考领展REITs的杠杆为18%，领展的实际利息仅为2.66%，2014年3月为2.77%[2]。加上其他收益，领展REITs实现收益77.23亿港元，分红收益率达到7.2%。

因此，香港基础资产的实际收益率与内地租金实际收益率并没有什么差别。那么，为什么在香港，REITs的分派收益率这么高呢？戴德梁行估价及顾问服务部副董事杨枝解释[3]：

---

① 戴德梁行：《亚洲REITs研究报告》。

② 微口网：《都在说资产管理，看看香港最好的REITs怎么玩（详细长文）》，http://www.vccoo.com/v/002a65。

③ 戴德梁行：《亚洲市场141支REITs总市值2096亿美元，内地物业REITs分布新加坡香港》（财经频道_同花顺财经），http://news.10jqka.com.cn/20170106/c595936940.shtml。

并不是物业租金收益和运营效率更高，相反，亚洲市场诸如酒店物业的客房价格及入住率都偏低。一方面是原始权益人对 REITs 在收益上有一些补贴，提高了分派收益；另一方面是 REITs 折价比较大，股价相对低。

由此反映到新加坡和香港市场 REITs 的折/溢价率①上，香港与新加坡 REITs 整体均呈现折价状态，香港平均折价率为 33.2%，新加坡为 3.5%②。

8 号专家在访谈中也提到了用融资方增信及补差的方式保障 REITs 的收益率：

香港上市 REITs 基金的回报率很高，国内物业的租售比在一线城市是 1% 左右，省会城市是 3% 左右，地市级城市一般是 5% 左右，均远远低于香港上市 REITs 基金的回报率。国内物业的租金收益率无法达到 REITs 基金上市要求，所以在国内类 REITs 产品设计中，是要求融资方增信的，以融资方担保和补差的方式来保证 REITs 基金投资者的稳定投资收益率。

9 号专家在访谈中也认为信用增级如杠杆、融资方担保和补差、折/溢价等对 REITs 的收益率有影响：

香港的 REITs 基本上确实能够达到 6% 跟 7% 的收益率，但是我并不认为它的底层资产能够达到这个收益率。它中间可能会进行一些加杠杆的操作。这个收益率是股息收益率及资本增值率结合而成的，所以并不意味着它的租金收益率会很高。国内如果谈资产收益的话，因为国内资产普遍溢价非常高，北上广深这些一线城市的资产收益率会更低，而且不同的物业种类收益率也不同，像写字楼这样的商业地产，收益率基本上在 2%～3%，基本上是做不了 REITs 的，但是有些比较优质的物业还是可以达到 4%～5% 这个区间。这样的话，加上一个优先级结构当作杠杆，也是可以做成 REITs 的。因为目前国内的 REITs 是一个类似债券的产品，那么就要高于公司债的收益率才有吸引力，所以收益率达到 4% 左右的物业都是有做类 REITs 的潜质的。

---

① 折/溢价率：每基金单位市价与每基金单位资产净值之间的差异占每基金单位资产净值的比例。
② 戴德梁行：《亚洲市场 141 支 REITs 总市值 2096 亿美元，内地物业 REITs 分布新加坡香港》（财经频道_同花顺财经），http://news.10jqka.com.cn/20170106/c595936940.shtml。

命题 1：基于 REITs 特征的融资工具对公租房融资产生作用就是通过发挥 REITs 金融特征解决公租房租金回报率低的问题。

（二）证券市场

REITs 作为一种房地产资产证券化产品，是资本市场的产品种类之一。资本市场包括一级市场和二级市场。二级市场即证券交易市场，能够为 REITs 提供活跃的交易平台。目前资本市场是否欢迎 REITs 在二级市场上市？被访谈专家普遍认为 REITs 这种产品会受到证券市场的欢迎，如 3 号被访谈专家说：

资本市场当然欢迎盈利稳定的产品。主要还是国家政策的支持方面，为了防止房地产市场风险引发金融风险，以及引导资金向实体经济流动，目前国家还不便于发展这类产品。

4 号被访谈专家称：

从成熟市场的经验来看，REITs 产品的长期回报率较高，单位风险回报水平较股票市场好，但落后于债券市场。除此之外，由于和股市、债券市场的相关性较低，能够有效分散风险、优化投资组合有效边界，使之成为股票、债券、现金之外的第四大资产配置类别。不能说四五千点就有钱，三千点就没钱，因为整个金融行业已经经过了去杠杆化的，释放了大量风险。加上全球的经济向好，因此从结构的角度来看，行情是支持 REITs 的。

从投资者的结构来看，随着机构投资者的数量、体量增大，机构投资者对新的投资品类是积极的。

中国的资产证券化率不到 100 个点，美国的 2016 年数据是 144.11%，中国在资产证券化率上，和发达国家有一定差距，因此 REITs 的发展是一种趋势。

银监会和证监会支不支持，我想有一条是肯定的，就是若一种产品有利于我们国家的金融市场，有利于资金脱虚向实，他们应该支持。事实也证明了他们是支持的。

5 号专家也持相同的意见：

资本市场欢迎 REITs 上市，可以丰富投资品种。这个产品跟普通股票有很大差异，股市的现状对 REITs 上市影响很有限。证监会和银监会都是支持

REITs 的。

8 号专家回顾了近两年资本市场的行情发展，认为中国投机心态浓厚，需要资本市场稳定器，而 REITs 可以扮演这个角色：

目前资本市场非常欢迎 REITs 的发展。2015 年 6 月和 7 月，中国资本市场极不稳定，不到一个月经历了"过山车"行情，6 月中旬股票指数重挫以来，A 股不断上演千股跌停，后利多效应、市场半数股票停牌而导致连续 3 日反弹又出现千股涨停。特别是 7 月上旬，反复经历了多轮千股跌停、千股涨停。资本市场犹如惊弓之鸟，投机心态浓厚，中国资本市场回归理性之路尚需时日，亟待资本市场稳定器。

REITs 从其在美国诞生之初就扮演了资本市场稳定器的角色。随着 REITs 规模的迅速增长，REITs 对资本市场的影响力也与日俱增，对美国资本市场持续创新和稳定发展发挥着不可替代的重要作用。如果中国借鉴美欧以及东亚国家和地区 REITs 的成熟经验，用地方公共不动产发行标准规范的 REITs 产品，不仅能够大力解决中国地方债积重难返的难题，而且能够有效促进中国资本市场稳定健康地发展。

1 号专家从分析 REITs 的风险属性上看，认为 REITs 有利于二级市场的发展，资本市场欢迎 REITs 上市：

REITs 具有优质的风险收益属性，与股市、债市的相关性较低，能够有效分散风险、优化投资组合有效边界，使之成为股票、债券和现金之外的第四个大类资产配置类别。研究表明：2000—2016 年，美国权益型 REITs 与标准普尔 500 指数的相关系数为 0.62，与纳斯达克综合指数的相关系数为 0.45，与巴克莱债券综合指数的相关系数为 0.19；对于股票市场，全球各地区市场的平均相关系数为 0.80，而对于权益型 REITs 市场，全球各地区市场的评级相关系数为 0.53。相对于股票来说，不同地区的 REITs 产品具有更显著的地域特征。从全球经验来看，REITs 非常适合养老基金、保险机构等长期投资者的需求；在个人投资者层面，REITs 使不动产投资化整为零，便于普通投资者参与，给予个人投资者低门槛投资商业物业的机会，丰富投资配置类别，资本市场将会非常欢迎 REITs 上市。

命题 1.1：基于 REITs 特征的融资工具是通过促进中国二级证券市场的发展而产生对公租房的融资效果。

（三）传统金融机构

目前中国传统金融机构在中国一二级资本市场起到了举足轻重的作用，银行、保险、证券分列金融行业总资产的前三名。截至 2015 年 12 月，银行业金融机构总资产 194.17 万亿元，保险行业总资产 12.4 万亿，证券业的总资产是 6.42 万亿。因此，获得这些传统金融机构的支持非常重要。以鹏华前海万科 REITs 的基金为例，其持有人结构如表 7-1 所示。

表 7-1　鹏华前海万科 REITs 的基金持有人结构

截止日期	2016-12-31	2016-06-30	2015-12-31	2015-09-23
基金总份额（万）	2999.59	2999.59	2999.59	303.32
个人持有份额（万）	203.23	241.09	243.11	301.01
个人持有比例	6.78%	8.04%	8.1%	99.24%
机构持有份额（万）	2796.36	2758.5	2756.49	2.3
机构持有比例	93.22%	91.96%	91.9%	0.76%

资料来源：国信证券行情客户端。

根据鹏华前海万科 REITs 基金招股说明书披露的信息，前十大持有人持有的基金份额占全部份额的 54.93%。最大持有人是保险公司，持有 20.78%；其次是信托公司持有人，有四家，合计持有 23.24%；然后是两只私募基金，合计持有 6.21%；最后是个人投资者，三位合计持有 4.7%（详见表 7-2）。

表 7-2　鹏华前海万科 REITs 基金前十大持有人持有基金份额

序号	持有人名称	持有份额（份）	份额比例
1	中华联合财产保险股份有限公司——传统保险产品	686892	20.78%
2	中信信托有限责任公司——企业年金资金信托	353764	10.70%
3	中国对外经济贸易信托有限公司——金锝量化套利集合资金信托计划	181248	5.48%
4	中信信托有限责任公司——中信信鑫稳健配置 1 期管理型金融投资	136183	4.12%
5	上海铂绅投资中心（有限合伙）——铂绅四号证券投资基金（私募）	107490	3.25%

续表

序号	持有人名称	持有份额（份）	份额比例
6	上海铂绅投资中心（有限合伙）——铂绅一号证券投资基金（私募）	97990	2.96%
7	中国对外经济贸易信托有限公司——金锝6号集合资金信托计划	97101	2.94%
8	林玉娟	58729	1.78%
9	郑洁	50302	1.52%
10	周建妹	46310	1.40%
	合计	1816009	54.93%

当问及"银行、证券、保险等传统金融机构对 REITs 的态度如何?"时，大部分专家认为这些金融机构支持 REITs 的发行。具有代表性的回答，正如 1 号被访谈专家所述：

随着各项资产管理新政的推出，银行、证券、保险、信托、基金子公司等相继涌入资产管理市场，中国迎来了"大资管"时代。资产管理行业也是中国金融体系中最具活力的板块，截至 2016 年年底，国内资产管理市场总规模达到约 126 万亿。

REITs 作为一种高比例分红、高收益风险比的长期投资工具，是高质量、成熟的金融产品，为居民财产性收入提供大量资产，充分体现了普惠性。REITs 与其他金融资产关联性低，有助于银行、证券、保险等传统金融机构的资产配置多元化，能够大大丰富除股票、债券之外的投资选择，具有极强的配置价值。银行、证券、保险等传统金融机构既作为 REITs 发行服务机构又作为 REITs 机构投资者，积极配合监管机构推动公募 REITs 落地，同时，在推进过程中可以不断积累经验，完善内部制度，积极探索解决其间遇到的各项阻力及问题，不断改变传统投资债券的思维模式，更加专注于资产本身的情况及发行人的运营管理能力，推动整个 REITs 市场不断地走向成熟。

6 号专家也认为传统金融机构会积极参与 REITs 的发行：

银行非常积极参与，是 REITs 最大的机构投资者；证券积极推进产品的设立和创新，是未来的主要推动者；保险目前还处于观望和研究之中。目前，类

REITs 产品在逐渐出现，机构参与热情高涨，预计未来将促进 REITs 市场的发展。因为中国整个社会的资产存量达到 800 万亿元左右（据中国社科院的调研，截止到 2014 年年底，中国整个社会资产存量为 660 万亿元人民币），即使仅仅只有 10% 的资产证券化，预计未来中国 REITs 市场的规模也将达到 80 万亿元人民币，远远大于现在股票市场 40 万亿元人民币的规模，为各种金融机构的发展开拓了一片广阔的天地。

但也有专家表示，目前传统金融机构还持观望的态度。正如 4 号专家所述，大部分传统金融机构还处于观望的状态，因为 REITs 还没有正式放闸实施；一旦实行，传统金融机构还是非常支持的：

应该说除了少部分尝试，大部分银行、证券、保险等传统金融机构还是采取观望态度。因为 REITs 在我们国家的发展和推动，其实是"内流涌动"，尝试者不断；观望者目前主要有对外因的诉求。我相信政策一旦开放实行，REITs 在传统金融机构领域还是生机勃勃的。

为什么说有外因的诉求，有放闸的诉求呢？根据中国基金业协会的统计，截至 2016 年年底，126 万亿元的资产管理总规模中，银行理财产品 29 万亿元，信托产品 19 万亿元，公募基金 9 万亿元，私募基金（包括券商资管、基金子公司专户、基金公司专户、私募基金管理人产品）52 万亿元，保险资管 17 万亿元。规模迅速扩张的同时，各类资管机构还处在低水平的竞争阶段，产品同质化现象仍然十分明显，具体体现在产品投资范围相对狭窄，投资策略与风格各机构之间相互模仿，基础资产重合现象较为严重等几个方面。

一旦 REITs 实施，从投资端来说，专业金融机构多了一大资产配置的类别；从产品端来说，新晋的产品类型有利于化解信贷市场的期限错配和高杠杆风险，增强社会风险分担能力，降低系统性金融风险；从客户端来说，由于资产化整为零，客户也从重转轻；从角色来说，传统金融机构可以从承销商、投资人、过桥贷款人等领域切入 REITs 业务。

命题 1.2：具有 REITs 特征的金融工具可以通过得到传统金融机构的认可和支持，产生对公租房项目的融资效果。

（四）个人投资者

截至 2016 年 10 月，中国个人存款余额超过 100 万亿元，人均存款 77623 元。个人投资者的资金对于 REITs 和公租房项目融资都是可观的。个人投资者对

REITs 的认识很大程度上影响着公租房项目的融资效果。

在访谈中，专家普遍认为个人投资者对 REITs 的认识不足，而机构投资者能够对 REITs 有较好的认识。5 号被访谈专家认为：

> 机构投资者对于这个产品有一定认识，个人投资者比较陌生。如果能提供合适的收益率，大家是欢迎 REITs 产品的。投资者的态度在一定程度上可以支持 REITs 的顺利实施。

8 号专家与 5 号专家的观点类似：

> 机构投资者有较充分的认识，个人投资者还基本没有认识。因为收益稳健，作为一种承载有现金流收入的底层资产为不动产的新型证券产品，预计会受到各类投资者的欢迎，对于稳定发展资本市场非常有用。

6 号被访谈专家则认为机构投资者和个人投资者对 REITs 认识都比较少：

> 目前机构投资者和个人投资者认识比较少，甚至搞不懂 REITs 这种产品，理财经理甚至也不太清楚，所以说如果要投资者将 REITs 纳入其投资组合范围内，还有很长路要走。

7 号专家也认为投资者对 REITs 认识不足：

> 不认为有认识，知道的都没有几个；但是在国外是很普遍的。

1 号专家指出投资者还很不成熟，这对于 REITs 的发展非常不利。目前主要为机构投资者，还未放开个人投资者投资 REITs：

> 在美国，REITs 的资金来源中有很大的一部分来源于成熟投资者的资金，在中国目前投资者还不够成熟，这对于 REITs 的发展非常不利，因此，加快培养成熟投资者势在必行。只有在一个成熟投资者占主体的市场上，才能保证存在着一个稳定的市场需求方，才能保证 REITs 得以快速的发展。目前国内 REITs 投资主要是机构投资者，还未放开个人投资者直接投资 REITs，未来可能会通过以个人认购公募基金的形式投向 REITs。经过这两年类 REITs 产品的不断推出，每一个类 REITs 产品都获得了市场的追捧，投资者对 REITs 有更深刻的认识，对产品的

交易结构、底层资产的运营模式都有更清晰的了解和判断，也将其作为资产配置的优质选择。

4号专家认为目前投资者对新事物的畏惧感是正常的，因为不了解，所以需要足够的事例破投资者思想的"坚冰"：

> 见得少，自然存在一种先天的畏惧感。加上法律法规不完善，诸如苏宁云创的例子，都会让机构投资者也好，个人投资者也好，产生一定的恐惧。投资者的态度是寒冰，但是我们只要有足够的事例来破冰，一定还是有很好的前景。长远来看，事物的发展是内因的驱使，人们的期望和认识是随着客观的事物发展上下波动的。

命题 1.3：基于 REITs 特征的融资工具可以通过得到个人投资者的认可、支持和投资而产生对公租房项目的融资效果。

三、融资环境的调节效应

（一）行业环境

REITs 模式是房地产投资经营管理和证券发行融资的综合，需要具备综合性知识的专业人才。而行业的发展水平和成熟度是关键。那么 REITs 专业人才储备是否足够？大部分专家认为目前 REITs 专业人才匮乏。

1号被访谈专家认为符合条件的专业人才非常匮乏，这无疑会放缓 REITs 的发展节奏：

> REITs 是一项具有较高难度的房地产金融项目，必须拥有大量的高素质专业化人才。REITs 的从业者不仅要熟练掌握房地产行业的相关业务，还需要具备金融、财务、物业管理、法律、资本运作等专业才能，所以 REITs 的发展要求其在管理能力和操作能力上都占有绝对的优势。但目前中国符合条件的专业化人才非常匮乏，这无疑放缓了 REITs 的发展节奏。
>
> 此外，目前国内现有的基金公司或者券商基本没有经营持有型地产的能力，而持有型地产开发公司自身的专业性也并不强。持有型地产从开发到运营，要求开发商具有对商业房地产项目的专业性知识，中国持有型地产企业大多数都是从做住宅房地产项目转型过来的，对持有型地产的经营模式还需要一段时间去了解

和掌握。因此，现阶段缺乏有效的外部专业的资产服务机构，而 REITs 管理人经营持有型地产的能力空缺也有待填补。

4 号被访谈专家也认为行业人才环境会对 REITs 的发展造成影响：

这是肯定的，任何行业的发展都和熟悉行业的人才息息相关。比如互联网行业，十年前要招一个产品经理，实际上招来的可能是一个学美术的或者一个学理科的，而今天去招，就能招到对口的产品经理。因此，不动产行业的专业中介机构（投资银行、评级机构、律所等），成熟的物业管理市场，都需要大量的人才弥补进来。我们培养人才的方式，一方面是要在教育层面，另一方面也靠市场的实践进行带动，所谓"学而不思则罔，思而不学则殆"。

9 号专家认为基本人才是足够的，但是通晓金融和地产的人才还是稀缺的：

现在做 REITs 的机构还是挺多的，现在只是一个基本运作的问题，是一个标准化技术化的工作，不存在人才短缺的问题。但是以后发展，需要既懂金融又懂地产的人才，我觉得这在中国是稀缺的。

6 号专家觉得专业人才不足会导致 REITs 野蛮生长：

REITs 储备人才远远不够，尤其是对于 REITs 产品的投资研究员来说是一个短板，这也会导致初期上市的 REITs 呈现野蛮生长的情况，炒作氛围会比较浓厚。

但是也有专家认为人才是足够的，如 3 号专家说：

如果政策允许会很快发展，人才不成问题。

8 号专家对 REITs 人才表达了乐观的情绪：

中国地大物博，尤其是人才不缺乏，缺乏的是合适的体制和机制。即使在现在 REITs 法规不全的环境下，有中国特色的类 REITs 产品也出现了 20 多单。一旦 REITs 法规健全，现有金融机构的人才质量和人才数量将完全能够应对庞大的市场需求。

综上所述，由于中国 REITs 还处于发展的初期，普通人才很多，但是专业人才还不够。随着 REITs 的发展，这个问题可以慢慢得到解决。

命题 2.1：如果行业环境人才储备充足，基于 REITs 特征的融资工具就能够通过规范运营管理，优化行业服务质量，满足公租房项目融资需求，对公租房项目融资产生效果；否则，就不然。

（二）法律环境

现在中国放开 REITs 的舆论氛围很浓厚，在 2017 年全国"两会"上，全国人大代表、越秀集团董事长张招兴呼吁尽快推出国内公募 REITs 试点。他认为，目前在国内市场推出公募 REITs 的法律框架、政策环境、市场准备等已具备条件，故建议由证监会牵头，会同有关部门共同建立监管体系，这有助于公募 REITs 设立、发行及运作的完善和试点落地。同时也有其他两会委员在提 REITs 立法的问题。2 号专家认为需要为 REITs 进行专门立法，解决公司层面的信托和 SPV 架构。这是一个过程，先做一下规定然后慢慢立法，立法后还需要相关的配套规定。具体的观点如下：

国内 REITs 现在需要立法。我们这次两会的提案是房地产信托基金法，做这个要克服很多困难。

第一，从公司层面来说还有些障碍。现在的信托法案只允许机构投资者，中小型普通股民投资不了。而且上市方式有很多种，但现在国内还没有信托上市的方式，所以也需要立法。

第二，现在的公司法对 SPV 的架构还没有理清。SPV 就是特殊目的公司，单独持有这个物业，里面是很干净的。这就变成公司法的配套要完善，但这两个法案不能改，也就是说要在这两个基础上单独立一个法，关于房地产信托基金的，这样就可以了。

立法会有一个过程，所以可以分步走。先做一些规定，然后慢慢立法，这个规定也是基本法的蓝图，先按这个来试行。香港的立法里面有很多的规定，比如信托基金借贷比例要在 45% 以下。有了这个法案，配套也要规管才行。香港的配套规管，第一是信托契约，第二是合规手册。内地很多时候都是有了法案，但是没有配套的东西。所以我们这次提案除了基本法案还有一些配套的规管条例。

4 号专家则认为目前很多方面没有统一的制度进行规范，但是制定专门的法律的成本较高，这也和 2 号专家的观点趋同：

您提到的法律风险固然是存在的，比如投资期限、投资范围、收入来源、负债限制、信息披露、关联交易、分配方式等诸多方面仍然没有统一制度规范。当年苏宁云创就是因为强制收购员工份额，造成了不好的影响。但我们也必须清醒认识到，进行专项立法或是单独设立监管机构牵涉面广，制度规范的成本较高。

3 号专家认为中国还无暇立法规定 REITs 的业务，中国还不想资金流入房地产领域影响国家引导产业创新的战略：

尽管国家在这方面还无暇设立法规来管辖房地产信托基金业务，但是一些尝试还是被允许的。随着 2016 年国家出台允许 PPP 项目资产证券化的政策，对 REITs 也已经提出了相应的概略性意见。但是目前国家还不想让社会资金流动到房地产领域里，以免冲击国家引导产业创新的战略。相信当国家经济转型成功，国家才会考虑对房地产信托基金的具体发展政策的制定问题。

因此，8 号专家在现有的法律条件下分析了公司型和契约型的税费对比情况，建议使用契约型 REITs：

一、建议以契约型基金方式设立 REITs。REITs 的存在形存通常包括公司型和契约型，其中公司型又包括公司制和合伙制。
二、不同 REITs 模式适用的法律不同。各种模式依法依规来设立和运营，尽量规避法律风险。
三、不同 REITs 模式的组织构架也不同。没有一成不变和统一的组织构架，要按需要来具体设立组织构架。

5 号专家也表示在当前的法律规定下，用信托组织更好：

目前 REITs 设立应该以信托形式比较合适。组织架构可以这样设置：先成立物业项目公司（持有物业全部股权），再成立私募投资基金，收购项目公司股权。信托管理人再发行专项理财计划，购买全部私募投资基金份额，从而间接持有物业资产。

1 号专家则进一步详细分析了公募基金的形式，认为应该采取"公募基金 + ABS"模式的公募 REITs 模式：

受《中华人民共和国证券投资基金法》的限制①，公募基金难以作为载体直接投资不动产资产或不动产资产所属项目公司股权。如今中国资产证券化（ABS）的发展以及相关制度规则日渐成熟，不动产支持证券将成为 REITs 投资标的的自然选择，"公募基金 + ABS"模式的公募 REITs 应运而生。

"公募基金 + ABS"模式的公募 REITs 模式即由计划管理人根据《证券公司及基金管理公司子公司资产证券化业务管理规定》、以目标公司的股权作为"基础资产"，发起设立资产支持专项计划；然后由基金管理人发起募集公募基金，并明确公募基金的唯一或主要投资目标即资产支持专项计划的权益型份额。

在此模式下，由于公募基金的投资目标为资产支持证券，其可视为《中华人民共和国证券投资基金法》所述的"国务院证券监督管理机构规定的其他证券及其衍生品种"，并不违反上位法律（如《中华人民共和国证券投资基金法》）中关于公募基金投资范围的相关规定。同时，由于此模式的实施仍然在一定程度上涉及对中国证监会部门规章（主要是《运作办法》项下的"双十限制"）的突破性理解，需要依赖于中国证监会进一步的支持。"公募基金 + ABS"模式充分利用了现有的制度框架，突破难度最小、层级最低，并且考虑到中国证监会在过往项目中的审批态度，在未来一段时期内"公募基金 + 资产支持计划模式"得到中国证监会认可作为早期公募 REITs 产品法律结构的可能性相对较大。

4 号专家也提出"公募基金 + ABS"模式的公募 REITs 模式：

中国的 REITs 产品，严格地说只能算是类 REITs 产品，其中我们熟知的有三个案例。其一是您所提到的越秀 REITs，它是第一只以中国内地资产为标的并在香港上市的 REITs；其二是中信启航，是第一只与标准 REITs 产品具有一定相似性的私募"类 REITs"产品；其三就是"鹏华前海万科 REITs"，它首次使用了公募基金作为载体。我认为鹏华前海用的模式在目前中国的法律框架下比较值得借鉴，因为它采用的是"公募基金 + ABS 架构"，用投资于不动产资产的比例不超过基金资产的50%的方法，来实现公开募集。但它资产证券化的对象是租金收入而不是万科前海企业公馆的物业本身，因此不能严格地算成是 ABS。

7 号专家则认为 REITs 只是一个条条框框，相关规定只需要到时候遵守就可以了：

---

① 即"双十限制"：基金管理人运用基金财产进行证券投资，不得有下列情形：A. 一只基金持有一家公司发行的证券，其市值超过基金资产净值的百分之十；B. 同一基金管理人管理的全部基金持有一家公司发行的证券，超过该证券的百分之十。

法律上不存在风险，因为事实上如美国，是否决定做 REITs 是公司自己决定的，完全可以突然有一年说自己不做 REITs 了。REITs 只是说有一个条条框框，当你决定做公募的时候需要遵守而已。

总之，目前法律环境是允许 REITs 实行的，鹏华前海用的"公募基金 + ABS 架构"模式是各方专家比较认可的模式。但是该案例依然存在不足之处。目前法律环境对于 REITs 的可行性存在漏洞，毕竟没有真正的 REITs 法案推出，而且推出的成本比较大，需要时间也比较久。

命题 2.2：在法律法规环境规范的情况下，基于 REITs 特征的融资工具更能够通过合规管理规避法律风险，降低公租房项目融资难度，对公租房项目融资产生效果；反之，则难以产生效果。

（三）政策环境

不同地方的 REITs 的发展都不是一蹴而就的，发展有快有慢，步调不一。美国 19 世纪就出现了类似 REITs 形式的投资模式，但是直到 1960 才颁布《REITs 法案》，允许设立 REITs。1986 年，美国出台《税收改革法案》，放松了 REITs 对房地产进行管理的限制；1999 年，美国《REITs 现代法案》获得通过，该法案于 2001 年生效，将应分配利润比例从 95% 下调为 90%，发行的股票可以由机构投资者和社会公众认购，可以从金融市场融资，诸如银行借入、发行债券或商业票据等。

某业内人士裴先生认为，中国 REITs 的发展不会是一蹴而就的，也需要经历一个过程：

REITs 在美国已经发展了 52 年（截止 2012 年），这 52 年经历了多次法律以及税收制度的变化。目前美国的 REITs 已有 5000 多亿美元的规模，这其中国会或者政府的推动力不可忽视。中国至今还没有出现 REITs 的一个原因是各方面还没有协调好。REITs 的出台涉及多个不同部门，需要经历一个过程。

目前中国已经出台了一系列 REITs 相关的政策，包括金融、财税和公租房领域的政策。2005 年 11 月，商务部明确提出"开放国内 REIT 融资渠道"的建议，这是中国内地首次提出开展 REITs，迄今已经有 10 多年的时间，目前中国的政策环境中，REITs 的可行性慢慢变得明朗。

1. 金融政策

目前的金融政策支持 REITs 的实施。1 号被访谈专家认为政府的政策行政审批并不对 REITs 上市造成任何困难，政府及相关监管部门一直在推动 REITs 发展。

迄今为止，国内现有的类 REITs 产品与标准的公募 REITs 还存在着一定的区别，但随着市场不断发展，实践经验持续积累，经过监管部门前期扎实有效的推动及发行人、投资机构的积极探索，初期的大部分约束问题都已经有相当程度的突破。政府的行政审批并不对 REITs 上市造成任何困难，政府及相关监管部门一直在推动 REITs 发展。进入 2016 年后，证监会债券部和机构部就 REITs 制度多次征求机构意见。

1 号专家还列举了多项对推动 REITs 实施有利的金融政策：

2007 年，央行、证监会和银监会的 REITs 专题研究小组分别成立，各相关监管部门都开始启动中国 REITs 市场建设的推动工作。

2008 年 12 月，国务院先后发布关于促进房地产市场健康发展的相关文件，明确提出开展 REITs 试点，拓宽不动产企业融资渠道。

进入 2016 年后，证监会债券部和机构部就 REITs 制度多次征求机构意见。

2016 年 3 月，当时新任证监会主席刘士余明确要求在前期准备工作基础上，加快公募 REITs 的推出，以此落实中央"去库存"的要求。

2016 年 10 月，国务院发布《国务院关于积极稳妥降低企业杠杆率的意见》，其中明确指出："支持房地产企业通过发展房地产信托投资基金（REITs）向轻资产经营模式转型。"

2017 年 1 月，国家发改委与中国证监会联合发布《关于推进传统基础设施领域政府和社会资本合作（PPP）项目资产证券化相关工作的通知》，其中指出："中国证监会将积极研究推出主要投资于资产支持证券的证券投资基金，并会同国家发展改革委员会及有关部门共同推动不动产投资信托基金（REITs），进一步支持传统基础设施项目建设。"同时交易所类 REITs 及银行间类 REITs 推出都表明了监管机构对 REITs 发展的探索与支持。

目前的法律框架、监管环境、市场准备等条件已基本成熟，推出公募 REITs 正当其时，应尽快推出相关法律法规及业务指引，对 REITs 载体的法律地位、设立条件、投资要求、各方主体权责以及监管协调等内容作出统一指引，大力推进中国公募 REITs 上市试点正当其时。

8 号专家也认为，目前的政策环境有利于 REITs 的实施，并且也列举了一系列关于 REITs 的政策规定：

REITs 是非常符合国家政策的，是未来中国经济健康发展的必由之路。REITs 是房地产存量资产的证券化，其本意不是用资金支持新的房地产开发，反而是限制将资金投入到新开发项目上。REITs 投资收益率远远低于房地产开发企业的融资成本，符合中央领导的"三去一降一补"的要求。

2016 年 6 月 3 日发文《关于加快培育和发展住房租赁市场的若干意见》第十四条指出：提供金融支持。鼓励金融机构按照依法合规、风险可控、商业可持续的原则，向住房租赁企业提供金融支持。支持符合条件的住房租赁企业发行债券、不动产证券化产品。稳步推进 REITs 试点。

2017 年 6 月 7 日，财政部、央行、证监会《关于规范开展政府和社会资本合作项目资产证券化有关事宜的通知》（财金〔2017〕55 号）第十四条：大力营造良好发展环境。建立多元化、可持续的资金保障机制，推动不动产投资信托基金（REITs）发展，鼓励各类市场资金投资 PPP 项目资产证券化产品。

4 号专家也表示金融政策是支持 REITs 的实施的。

其他专家虽然没有详细列举所颁布的相关金融政策，但是他们基本表示政策对 REITs 有利的支持态度。从访谈中可以了解，国内监管部门在 REITs 的推动与探索方面一直没有停止过，都已经开始启动中国 REITs 市场建设的推动工作。

然而具体到公租房领域，8 号专家指出了一项不利于 REITs 实施的政策：

中国公租房、保障性住房基本上都是依靠政府补助来维护和运营的，但是在证监会的资产证券化清单中，主要依靠政府补贴的资产属于负面清单之类，是禁止做 REITs 等资产证券化的。

笔者查阅了《资产证券化业务基础资产负面清单指引》，发现负面清单第四条规定不动产相关的基础资产不能作为资产证券化的基础资产：

待开发或在建占比超过 10% 的基础设施、商业物业、居民住宅等不动产或相关不动产收益权。当地政府证明已列入国家保障性住房计划并已开工建设的项目除外。

由于公租房属于国家保障性住房计划的项目，所以公租房可以作为 REITs 等资产证券化的基础资产。大成律师事务所律师、合伙人、高级经济师、上市公司独立董事邹光明分析[①]：

> 政府保障性住房由于在建设期间资金来源有保障，建成后销售收入受市场影响较小，现金流稳定持续，故被排除在负面清单之外。

8号专家所述，笔者未查到相关事实证明，因此金融政策是有利于REITs的实施的。

总之，金融政策是支持REITs的实施的，金融政策不会对REITs可行性造成障碍。

2. 财税政策

当前中国房地产租赁回报率低，税收会削弱投资者的最终利润，而且房地产行业被政府定为暴利行业，被征收了相对于其他行业更高的税负。当前的税负对REITs的实施会造成哪些影响？是否对REITs的可行性造成影响？8号专家分别从运营、流转、投资者税负等方面详细梳理了中国房地产行业公司税负的情况：

一、REITs运营环节的税负

若REITs作为独立的纳税主体，那么在REITs持有商业物业经营过程中存在的税负有所得税、营业税及其附加、房产税等。综合来说，在考虑到当前中国商业地产运营过程中租金普遍不高的情况下，REITs的运营税负相对较高。REITs运营环节涉及的主要相关税负情况如下：

（1）企业所得税。根据2008年生效的《中华人民共和国企业所得税法》及其实施条例，企业须按企业利润总额的25%缴纳企业所得税。

（2）营业税、城市维护建设税、教育费附加。营业税，指对在中国境内提供应税劳务、转让无形资产或销售不动产取得的营业收入征收的一种税，REITs在境内的SPV（特殊目的工具）通过租赁等方式产生的租金收入，需要按照租金收入的5%缴纳营业税。

同时，又根据《中华人民共和国城市维护建设税暂行条例》以及《征收教育费附加的暂行规定》，城市维护建设税、教育费附加需按照营业税的基准进行缴纳。其中，城市维护建设税纳税人所在地为城市的，税率按营业税基准的7%缴付，教育费附加按照营业税的基准的3%缴付。

（3）房产税。房产税，是指以房屋为征税对象，按房屋的计税余值或租金

[①] 财新网：《资产证券化基础资产负面清单解读》（观点频道），http：//opinion. caixin. com/2014 – 12 – 22/100766538. html。

收入为计税依据，向产权所有人征收的一种财产税。根据《中华人民共和国房产税暂行条例》（国发〔1986〕90 号）的规定，企业所持物业需视物业所在地按照不同税率缴纳房产税。从价计征的，其计税依据为房产原值一次减去 10%～30% 后的余值，年税率为 1.2%。从租计征的（即房产出租的），以房产租金收入为计税依据，年税率为 12%。

二、REITs 流转环节的税负

一般来说，REITs 收购相关房地产项目主要有两种方式，一是购买物业产权，二是收购项目公司股权。以上不同方式所涉及的税收种类也各不相同。

采取直接购买物业产权的方式，对于交易双方涉及的税费较高，买方通常需要支付相应的契税和印花税等，卖方则要支付企业所得税、营业税及附加税、土地增值税和印花税等。

采取收购商业地产的项目公司，即股权收购方式，对于买卖双方交易成本较低，主要涉及企业所得税和印花税等，在 REITs 流转环节（买入或卖出）涉及的主要相关税负情况如下：

（1）企业所得税。REITs 在交易物业的过程中所产生的收益，需要按照出售利得的 25% 缴纳企业所得税。

（2）土地增值税。是指转让国有土地使用权、地上的建筑物及其附着物并取得收入的单位和个人，以转让所取得的收入包括货币收入、实物收入和其他收入减除法定扣除项目金额后的增值额为计税依据向国家缴纳的一种税赋。中国房地产的境内及境外投资者均需缴纳土地增值税。根据《中华人民共和国土地增值税暂行条例》（国务院令第 138 号）及其实施细则，转让土地使用权、该土地上的楼宇或其他设施后，纳税人需就扣除必要的价款与费用后的资本收益缴税。税率为累进计算，范围为土地增值额的 30%～60%。

（3）印花税。房地产的印花税，一般指因房地产买卖、房地产产权变动、转移等而对书立的或领受的房地产凭证的单位和个人征收的一种税赋。根据《中华人民共和国印花税暂行条例》的规定（中华人民共和国国务院令第 11 号），产权及所有权转让的相关文件，印花税税率按房产转移文件所载金额的 0.05% 征收。

（4）契税。契税，是指对在中国境内转移土地、房屋权属时向承受土地使用权、房屋所有权的单位征收的一种税。征收范围包括国有土地使用权出让、土地使用权转让（包括出售、赠与和交换）、房屋买卖、房屋赠与和房屋交换。契税实行幅度比例税率，税率幅度为 3%～5%，契税的计税依据按照土地、房屋交易的不同情况确定，一般取 3%。

三、REITs 投资者的税负

REITs 机构投资者主要涉及企业所得税、营业税和印花税，个人投资者的税收种类主要是个人所得税和印花税。对于机构投资者，依照现行企业所得税的税收政策，如果投资企业取得的投资收益已经在被投资企业缴纳企业所得税，且其所得税率率等于或者大于投资企业的所得税税率，投资企业不用再缴纳；如果小于投资企业的所得税税率，差额部分需要补缴企业所得税。REITs 的机构投资者在这个环节上不存在重复纳税问题。

对于个人投资者来讲，依照现行个人所得税的税收政策，如果个人取得了股利等投资收益，应按全部收益数额的 20% 缴纳个人所得税。根据 1998 年 3 月 30 日财政部、国家税务总局《关于个人转让股票所得继续暂免征收个人所得税的通知》，个人在中国二级市场投资股票的收益暂免所得税。REITs 的推出也同样面临这个问题，否则个人投资者在这个环节上会出现重复纳税问题。而在香港与新加坡，投资者的个人所得税均被减免。

上述是比较全面的房地产税负情况，因为目前推出的类 REITs 属于私募性质，并不属于二级市场投资股票，所以目前存在双重纳税的情况。但是也可以了解到 REITs 一旦上市，并不存在重复纳税的情况，因为根据 1998 年 3 月 30 日财政部、国家税务总局《关于个人转让股票所得继续暂免征收个人所得税的通知》，个人在中国二级市场投资股票的收益暂免所得税。

如果以信托形式成立的 REITs，则根据《关于信贷资产证券化有关税收政策问题的通知》（财税〔2006〕5 号）① 进行征税，大致与公司形式类似，此处不再赘述。正如 21 号专家所说，目前信托税收政策导致投资 REITs 负担的税负高于直接投资于房地产的税负，从而限制了 REITs 的发展：

第一，信托设立对信托财产的征税问题：REITs 设立时，委托人按照信托协议将不动产转移给受托人，受托人需缴纳契税、印花税，委托人除缴纳印花税以外还要按照不动产的市场价值或评估价值就不动产转让缴纳营业税。

第二，信托存续和终止阶段的重复征税问题：受托人以信托目的管理信托财产而产生的信托净收益，需缴纳企业所得税，对获得的报酬应缴纳营业税和企业所得税，涉及的房产交易还需缴纳房产税。此时，投资者（受益人）对分配所得信托收益还需缴纳所得税。在终止阶段，委托人收回信托财产或受益人接受信托财产时，委托人或受益人还需缴纳契税、印花税，受托人还需缴纳相应营

---

① 目前该通知仅适用于中国银行业开展信贷资产证券化业务试点中的有关税务处理。

业税。

上述影响导致投资 REITs 负担的税负高于直接投资于房地产，限制了 REITs 的发展。

他认为应该坚持税收中性的原则，受益人投资 REITs 所承担的税负不应超过其从事房地产投资所承担的税负。

第一，坚持"税收中性"原则，明确 REITs 在设立、存续和终止环节的税收政策。受益人投资 REITs 所承担的税负，不应超过其亲自从事房地产投资所承担的税负。信托财产是相对独立于委托人和受托人的固有财产，信托的设立和终止将导致所有权的变更。因此，在信托设立环节，信托财产的所有权并未发生转移。在信托终止环节，如果信托财产转移至委托人，也不构成所有权转移；如果信托财产转移至受益人，那么在办理不动产产权登记等产权转移行为发生后，该项所有权转移才告成立，应由委托人和受益人分别承担转让方和受让方相应的纳税义务。

第二，参照信贷资产证券化税收政策，解决 REITs 交易重复征税的问题。《关于信贷资产证券化有关税收政策问题的通知》（财税〔2006〕5 号）规定："对信托项目收益在取得当年向资产支持证券的机构投资者（以下简称'机构投资者'）分配的部分，在信托环节暂不征收企业所得税；在取得当年未向机构投资者分配的部分，在信托环节由受托机构按企业所得税的政策规定申报缴纳企业所得税；对在信托环节已经完税的信托项目收益，再分配给机构投资者时，对机构投资者按现行有关取得税后收益的企业所得税政策规定处理。

"在对信托项目收益暂不征收企业所得税期间，机构投资者从信托项目分配获得的收益，应当在机构投资者环节按照权责发生制的原则确认应税收入，按照企业所得税的政策规定计算缴纳企业所得税。机构投资者买卖信贷资产支持证券获得的差价收入，应当按照企业所得税的政策规定计算缴纳企业所得税，买卖信贷资产支持证券所发生的损失可按企业所得税的政策规定扣除。"

1 号专家认为税收只是 REITs 的痛点，税收只能进行避税处理或者递延缴纳处理，妄图减免应交的税费是不切实际的想法。目前国内 REITs 更多的是债性融资工具，在机构投资者这个环节不存在重复纳税的情况，同时也提到 REITs 在中国一旦实行也不会出现个人投资者双重纳税的情况：

税收对于 REITs 只是痛点，但并不是阻碍 REITs 发展的绊脚石，境外的

REITs 仅是在分红的部分不再二次征税，并没有任何一个国家或地区会在房地产公司将自己的资产增值出售给 REITs 时不用缴税的。目前市场上很多人在讨论 REITs 税收问题时提出"某一持有型标的资产账面价值 10 亿元，出售给 REITs 20 亿元，增值的部分 10 亿元不应该缴纳所得税和土增税"。这种理解是不正确的。我们可以通过一些税收筹划的措施去做一些避税处理或者递延缴纳处理，不因为 REITs 这个产品相对于其他资产安排和资产处置多缴税，则就实现了税收中性。

目前国内类 REITs 更多的仍然是一个债性的融资工具，投资者主要为机构投资者。对于机构投资者而言，依照现行企业所得税的税收政策，如果投资企业取得的投资收益已经在被投资企业缴纳企业所得税，且其所得税率等于或者大于投资企业的所得税率，投资企业不用再缴纳；如果小于投资企业的所得税税率，差额部分需补缴企业所得税。REITs 在机构投资者这个环节上不存在重复纳税的问题。

未来中国真将 REITs 推出、放开，面向个人投资者，根据财政部、税务总局《关于个人转让股票所得继续暂免征收个人所得税的通知》，个人在二级市场投资股票的收益暂免所得税。若将 REITs 浮动收益部分投资认定为与股票同性质投资，投资者的个人所得税依然是减免的。

2 号专家提出，税负是中国实行 REITs 需要解决的困难点之一：

境外公司直接持有物业只需要收一个 10% 的异地所得税，登记收入就可以扣除。但境内公司交完 25% 所得税，退出的时候还得给 10% 的税收。其中 25% 是根据利润的 25% 来算，10% 是根据所得税交的金额 10% 来计算。境外公司的异地所得税是根据收入的 10% 来收。因此，现有不同的架构影响了税负，税收的要求也减少了投资者真正拿到手的钱。

3 号专家预期未来减税会有新的变化：

税负问题是困扰中国 REITs 发展的重要问题。在普遍房地产租赁回报低的情况下，要想发展租赁业和改善持有条件，很重要的一环就是减税。这也是中国"十三五"税务制度改革的重要任务。目前国家正在制定相应的税政政策，由于美国特朗普政府未来的减税政策方向，我们可以预期减税方面和租赁税收抵扣都会有新的变化。

4 号专家指出在 REITs 产品结构搭建过程中，涉及大量税负，但可以跟税务部门沟通来进行缓解。他认为关键在于政府的税收优惠和支持。

在 REITs 产品结构搭建过程中，很多项目涉及底层不动产产权的剥离和重组。在当前国内税法环境下，资产重组过程中通常涉及土地增值税、契税、增值税、企业所得税等大量税费成本。从现有的案例来看，税负问题可以通过合理的路径设计，以及在符合当前税法规定的前提下与税务部门的有效沟通来得到缓解；但是最关键的还是政府的作用。如果没有政府在税收方面较大的政策的支持，那么规避税收的干扰就成了无本之木、无源之水，成为一纸空谈。

在公租房领域，财政部和国家税务总局发布《关于公共租赁住房税收优惠政策的通知》（财税〔2015〕139 号，下称《通知》），决定继续对公共租赁住房建设和运营给予税收优惠，优惠政策涵盖城镇土地使用税、印花税、契税、土地增值税等七大税种。

根据《通知》，对公租房建设期间用地及公租房建成后占地免征城镇土地使用税。对公租房经营管理单位免征建设、管理公租房涉及的印花税。对公租房经营管理单位购买住房作为公租房，免征契税、印花税；对公租房租赁双方免征签订租赁协议涉及的印花税。另外，对企事业单位、社会团体以及其他组织转让旧房作为公租房房源，且增值额未超过扣除项目金额 20% 的，免征土地增值税。

在所得税优惠政策方面，对企事业单位、社会团体以及其他组织捐赠住房作为公租房，符合税收法律法规规定的，对其公益性捐赠支出在年度利润总额 12% 以内的部分，准予在计算应纳税所得额时扣除。而对个人捐赠住房作为公租房，符合税收法律法规规定的，对其公益性捐赠支出未超过其申报的应纳税所得额 30% 的部分，准予从其应纳税所得额中扣除。对符合地方政府规定条件的低收入住房保障家庭从地方政府领取的住房租赁补贴，免征个人所得税。

此外，对公租房免征房产税。对经营公租房所取得的租金收入，免征营业税。公共租赁住房经营管理单位应单独核算公租房租金收入，未单独核算的，不得享受免征营业税、房产税优惠政策。

小结：税收问题确实是 REITs 实现的一个痛点，但不是 REITs 可行性的绊脚石。房地产的巨大增值不可避免需要缴税，这是无法绕过的。国外的物业虽然回报率较高，但是他们也走过了物业增值的过程。另外大家关注的双重纳税问题，只存在于个人投资者之中，而一旦 REITs 上市，这个问题也就相应解决了，因为股票是不需要缴纳个人所得税的。且在公租房领域，国家财政税收给予了诸多税费减免，这有利于 REITs 在公租房领域实行。

3. 公租房政策

1号被访谈专家认为 REITs 在公租房领域实行，不仅缓解企业资金压力，降低财务成本，还利用所融资金继续投入保障性住房建设工程，与国家在棚改、民生等国民经济的重点领域实现金融创新的政策导向相契合。1号专家列举了一些公租房领域的试点：

2012年，中信证券将天津廉租房 REITs 项目通过资产支持票据的形态在银行间市场发行，标志着保障性住房 REITs 试点推动的第一次尝试。

2014年底，住房和城乡建设部初步确定北京、上海、广州、深圳四个一线城市 REITs 试点，试点范围初步定于租赁型保障性住房，包括公共租赁住房、廉租房。根据此次试点方案，通过设立"特殊目的公司"（SPV），以对应租赁性保障性住房项目为主要资产包，通过公募市场募集资金并挂牌交易，完成资产证券化。

2015年，国内首单以棚户区拆迁安置保障性住房信托受益权为基础资产的资产支持专项计划在深交所挂牌交易，这不仅缓解企业资金压力，降低财务成本，还利用所融资金继续投入保障性住房建设工程，与国家在棚改、民生等国民经济的重点领域实现金融创新的政策导向相契合。

相关公租房政策前文已有详细讲述，在这里不再赘述。总之，公租房契合 REITs 的发展，相关政策不会对 REITs 可行性造成影响。4号专家在被问及"公租房 REITs 是否具有可行性？目前的问题在哪，怎么解决？"时说：

当然具有可行性。REITs 和公租房是有契合点的。第一，REITs 在业务上符合公租房的租赁性特征，这点我不必过多解释。第二，公租房的收益较为稳定，也和 REITs 的业务特性匹配。第三，公租房作为一种特殊的不动产投资标的，符合 REITs 的多元化投资需求。第四，公租房的运营可以设定为专业机构管理，对物业的保值增值有所保障。第五，公租房 REITs 具有较低的风险性。

目前的问题主要是，它要求公租房 REITs 的收益率要高于银行存款和国债。在这种要求下，对于租金的要求涉及地区、人口收入水平、政策等诸多因素。根据目前的经验，廉租房的租金大约是当地市场租金水平的40%～60%，如果现金流偏低，难以保证 REITs 稳定且较高的收益水平。

解决对策主要包括：第一，政府应当保障建设用地的供应。中央给各地下达公租房建设规模时应同步下达公租房建设用地相应的配给规模；此外，各地要科学编制公租房土地供应计划，加强土地储备和供应工作。第二，提高公租房的收益。这里面方式包括：①土地划拨以降低购地成本。②与商业地产捆绑打包，通过利益捆绑实现整体收益的提高。③公租房 REITs 的税收优惠政策。④收益分配，即 REITs 提高收益分配比率，必要时考虑前几年按 100% 的比例进行收益分配。

另外，1 号专家在访谈中谈到产权政策不清晰的问题：

收益率低和退出风险大是保障性住房 REITs 大范围推行的主要障碍：

第一，保障性住房租金和售价的定价大大区别于商品房。销售型保障性住房只能按照微利原则而非市场原则定价，收益会明显低于商品房；租赁型保障性住房租金收益也明显低于商用租赁物业。

第二，以廉租房和公租房作为 REITs 基础资产标的，由于产权界定不清晰，会导致退出风险较高。即便以经济适用房等销售型保障性住房作为 REITs 基础资产标的，收益风险小于租赁型保障性住房，但仍然存在产权界定风险。

因而，政府应出具相关政策进一步明确保障性住房产权，同时给予一定补贴提高物业收益水平，从政策上更好地支持保障性住房 REITs 类融资。

公租房的土地是公有的，而公租房秉承谁出资谁拥有的原则，因此若 REITs 投资建设公租房，则土地权和房屋权不统一。1990 年国务院《中华人民共和国城镇国有土地使用权出让和转让暂行条例》规定用地单位通过承租国有土地、补缴出让金的方式拥有土地使用权，便可在法律范围内处分土地使用权，如土地入股、联营联建、开发建筑物、转让、出租、赠与、抵押等。

但是公租房土地产权属于划拨用地，因此公租房土地不属于 REITs。REITs 事实上只拥有房屋的产权。这相当于政府无偿提供土地给公租房 REITs 使用，REITs 以无成本的方式长期租用该土地，因此土地使用权的问题也不会对 REITs 的可行性造成影响。

小结：公租房政策有利于 REITs 的实施，且相关政策不会对 REITs 可行性造成障碍。

命题2.3：在政府政策环境支持的情况下，基于 REITs 特征的融资工具能够通过合规管理规避政策风险，降低公租房项目融资难度，对公租房项目融资产生作用；反之，如果政府政策环境不支持，基于 REITs 特征的融资工具就不能通过合规管理规避政策风险，从而对公租房项目融资产生负面影响。

四、研究结果

本章通过专家访谈，梳理了在中国背景下，基于 REITs 特征的融资工具对公租房项目的融资效果机制和环境调节变量。通过专家访谈，本文发现，证券市场、传统金融机构和个人投资者对公租房 REITs 的支持影响巨大；另外，行业环境、法律环境和政府政策环境这些环境也起到调节作用。也就是说，这些融资环境越好，则基于 REITs 发挥融资效果越好，反之则不然。

滕王阁　（插图：高权）

第八章

可行性分析之调查统计

本章通过对普通个人投资者的问卷调查，对上章提出的关键因素进行数学建模验证。

一、研究假设

根据第七章命题1.1、命题1.2和命题1.3，资金方的支持使REITs金融特征增强，进而影响公租房REITs融资效果。由此提出假设一：在证券市场、传统金融机构及个人投资者等资金方的支持下，公租房REITs金融特征越显著，公租房项目融资效果越佳。

根据第七章命题2.1、命题2.2和命题2.3，融资环境会影响REITs对公租房融资效果。由此提出假设二：在行业水平、法律法规和政府政策等融资环境的支持下，REITs对公租房项目融资具有积极作用。

根据假设一，进而可提出假设三：REITs地产行业特征越显著，相应公租房项目融资效果越佳。

根据假设二，进而可提出假设四：在投资者普遍了解REITs的环境下，REITs对公租房项目融资具有积极作用。

从以上假设中，本文构建基于REITs特征的融资工具对公租房项目融资的效果模型（具体详见图8-1）。

自变量：① REITs 金融特征（证券市场支持、传统金融机构支持和个人投资者支持）；② REITs 房地产行业特征。

因变量：公租房项目融资的效果。

调节变量：融资环境（行业环境、法律环境、政策环境、投资氛围）。

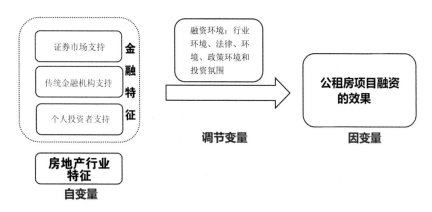

图 8-1　基于 REITs 特征的融资工具对公租房项目融资的效果模型

二、研究设计

（一）问卷调查工具

"问卷星"是一个专业的在线问卷调查、测评、投票平台，为了确保回收答卷的数据真实有效，问卷星提供了严格的质量控制机制①：

1. 样本质量控制

问卷星样本库都是在问卷星上填写过问卷的用户，他们自愿接收邀请继续填写其他感兴趣的问卷。每份答卷提交后都会经过自动筛选规则的筛选和客户人工排查，不符合要求的答卷将被标记为无效答卷。

2. 填写者控制精确定位

通过性别、年龄、地区、职业、行业等多种样本属性，精确定位目标人群。通过设置甄别页可以进一步过滤掉不符合条件的填写者。对于任何一个样本服务的项目，同一个 IP 地址、同一台电脑、同一用户名都只能填写一次，包括被筛选为无效答卷或者被甄别页排除掉的填写者也不能再次填写。

---

① 百度百科：《问卷星》，https：//baike. baidu. com/item/% E9% 97% AE% E5% 8D% B7% E6% 98% 9F/6272243？fr = aladdin。

3. 填写过程控制

（1）自动筛选规则：支持多种无效答卷筛选规则，例如设置填写所用时间太少规则和陷阱题规则，以便筛选掉随意填写的答卷。

（2）选项配额规则：对任意单选题的选项都可以设置配额，支持隐式配额和显式配额规则。

（3）答题时间控制：支持对每一页单独设置最短答题时间或最长答题时间。

（4）随机调整顺序：支持随机调整题目或选项的顺序。

4. 全程跟踪效果

在项目执行过程中可以随时登录问卷星查看最新答卷的详细情况，对不符合要求的答卷进行人工排查。项目只有经过用户确认达到订单中约定的目标后才会结束。

问卷星具有快捷、易用、低成本的明显优势，已经被大量企业和个人广泛使用。本研究使用问卷星进行问卷调查，总共收到 474 份问卷，有效问卷 470 份。系统自动保存样本资料及统计相关数据，具体详见本书附录 4。

（二）变量测量

1. 因变量：公租房项目的融资效果

本研究以问卷调查中第 21 个问题"您对中国公租房 REITs 能解决保障性住房建设资金不足的态度"作为因变量，并将其定义为 Y；

将选项"非常悲观，不能解决"视为基于 REITs 特征的融资工具对公租房项目融资不起作用，将其分值设为"0"；

将选项"态度一般，乐观其成"分值设为"1"，表示基于 REITs 特征的融资工具对公租房项目融资稍微能起一点作用；

将选项"比较乐观，态度支持"分值设为"2"，表示基于 REITs 特征的融资工具对公租房项目融资较能起作用；

将选项"非常乐观，能够解决"分值设为"3"，表示基于 REITs 特征的融资工具对公租房项目融资能够起作用。

2. 自变量：证券市场、传统金融机构、个人投资者、房地产行业相关

资金方的支持与否对基于 REITs 特征的融资工具对公租房项目融资是否起作用影响巨大，因此本研究将证券市场、传统金融市场、个人投资者作为资金方的代表。

（1）本研究选择第 15 个问题"您认为阻碍中国推出 REITs 的因素有哪些？"作为证券市场是否支持的变量，并将其定义为 x_1：将选择有"证券市场不健全"的选项视为证券市场不支持，分值设为"0"；将没有选择"证券市场不健全"的选项视为证券市场支持，分值设为"1"。

（2）本研究选择第 22 个问题"您认为中国如果推出 REITs，主要投资者是____?"作为传统金融机构是否支持的变量，并将其设为 x_2：将选择有"银行、保险、证券"的选项分值设为"1"，表示传统金融机构支持；将没有选择有"银行、保险、证券"的选项分值设为"0"，表示传统金融机构不支持。

（3）本研究选择第 26 个问题"如果中国推出公租房为基础资产的 REITs，您会投资吗?"作为个人投资者是否支持的变量，并将其设为 x_3：将选择有"重点投资"的选项分值设为"2"，表示个人投资者大力支持；"少量配置"的选项分值设为"1"，表示个人投资者支持；将"不投资"的选项分值设为"0"，表示个人投资者不支持。

（4）本研究选择第 14 个问题"您对投资中国 REITs 产品感兴趣的原因是?"作为是否有房地产行业特征的变量，并将其设为 x_4：将选择有"房地产相关"的选项分值设为"1"，表示具有房地产行业特征；将其他选项分值设为"0"，表示与房地产行业特征无关。

3. 调节变量：行业环境、法律环境、政策环境和投资氛围

行业环境水平的高低，从业人才的多寡和优劣会影响基于 REITs 特征的融资工具对公租房项目融资效果的程度。本研究选择第 15 个问题"您认为阻碍中国推出 REITs 的因素有哪些?"作为行业水平的调节变量，并将其设为 z_1：将选择有"管理人才素质不高"的选项视为行业水平低下，分值设为"0"；将没有选择"管理人才素质不高"的选项视为行业水平较高，分值设为"1"。

法律法规完善程度及执行好坏会影响基于 REITs 特征的融资工具对公租房项目融资效果的程度。本研究选择第 15 个问题"您认为阻碍中国推出 REITs 的因素有哪些?"作为法律法规的调节变量，并将其设为 z_2：将选择有"法律不健全"的选项视为法律法规不完善或执行不到位，分值设为"0"；将没有选择"法律不健全"的选项视为法律法规完善并执行到位，分值设为"1"。

政府政策对 REITs 的鼓励与否会影响对公租房项目融资效果。本研究选择第 15 个问题"您认为阻碍中国推出 REITs 的因素有哪些?"作为政府政策的调节变量，并将其设为 z_3：将选择有"政策不支持"的选项视为政府政策不支持鼓励，分值设为"0"；将没有选择"政策不支持"的选项视为政府政策鼓励支持基于 REITs 特征的融资工具，分值设为"1"。

本研究把投资氛围，特别是中国投资者对 REITs 的了解程度，作为调节变量 z_4，相应问题是调查问卷中的第 11 个问题"您对 REITs 的了解程度?"将选项"有研究非常了解"分值设为"3"；将"有所认识了解"分值设为"2"；"听说过没去了解"分值设为"1"；将"没听说过"分值设为"0"。

另外本研究认为，行业水平、法律法规、政府政策、投资氛围这四个变量

构成了整体融资环境，且可以用地域来区分整体融资环境的好坏。中国沿海一线城市北上广深作为发达地区，行业环境充足、法律法规执行规范、政府政策鼓励创新金融发展，因此整体融资环境好，而非一线城市作为不发达地区，行业环境不足、法律法规执行不够规范、政府政策比较依赖传统金融，不鼓励创新金融的发展，因此融资环境不好。本研究将第5个问题"您所在的城市"作为调节变量，并将其设为Z；将选择"北京""上海""广州"和"深圳"的选项分值设为"1"，表示融资环境支持基于REITs特征的融资工具对公租房项目融资产生作用；而将没有选择"北京""上海""广州"和"深圳"的选项分值设为"0"，表示融资环境不支持基于REITs特征的融资工具对公租房项目融资产生作用。

（三）描述性统计分析

1. 调查对象的整体特征情况

首先了解本研究问卷调查对象的整体特征，统计如下：此次有效问卷一共474份，男性299人，占比63.08%；女性175人，占比36.92%。在这474份有效问卷中，已婚有367人，占比77.43%；单身107人，占比22.57%。分布的年龄段主要以41～50岁年龄段为主，其次是31～40岁年龄段，如图8-2所示。

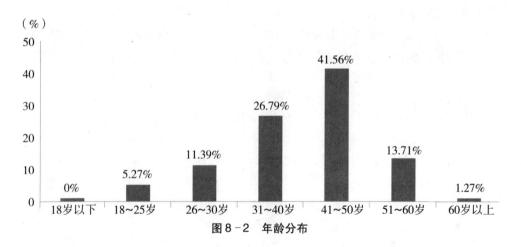

图8-2　年龄分布

从教育程度上看，以本科为主（占49.16%），其次是硕士（占34.39%），如图8-3所示。

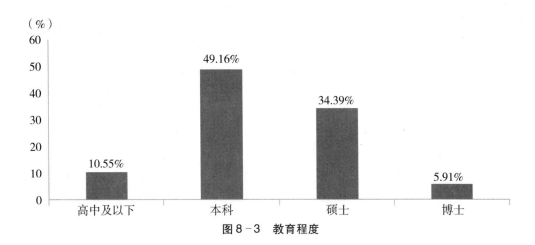

图 8-3　教育程度

　　从分布的区域看，主要以一线城市北上广深为主，合计占比 68.99%。因为作者处于广州市，所以微信朋友处于广州市居多（占 51.48%），其次是二线城市（占比 22.15%）。一二线城市合计占比 91.14%。所以本次调查的投资者大部分处于一二线城市，其中又以广州市所占比重最大（见图 8-4）。

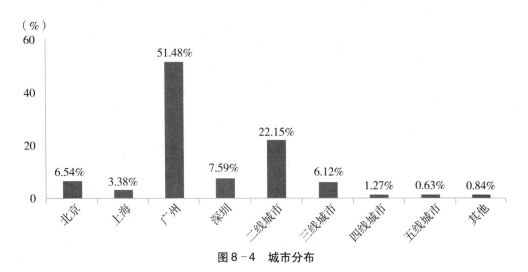

图 8-4　城市分布

调查对象所处行业分布比较分散，其中咨询/教育培训院校占比19.16%，银行、证券、保险等金融业占13.26%，房地产行业占比17.68%，如图8-5所示。

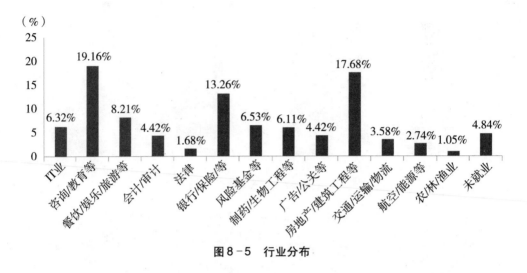

图 8-5　行业分布

这些行业中，私企占比 55.7%，国企占比 13.29%，其次是事业单位 10.13%。这与中国经济结构基本符合（见图 8-6）。

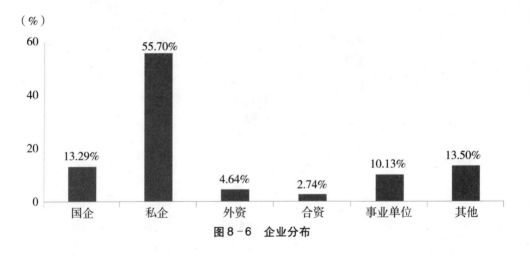

图 8-6　企业分布

从职务来看，以管理人员居多，其他则较为分散。而在管理人员中，又以高级管理人员居多（占比 31.22%），其次是中级管理者（占比 24.05%），股东、所有者排第三（占比 19.2%）。可见问卷调查对象素质普遍较高（见图 8-7）。

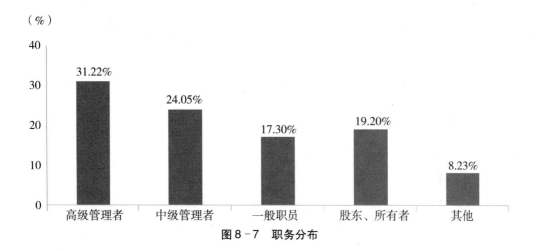

图 8-7　职务分布

以工资收入来看，月收入为 8000 元至 16000 元的人员占比 26.32%，16000 至 30000 的人员元占比 25.05%，而 30000 元以上的人员占比 25.89%。收入普遍较高，远远超过了中国平均收入水平，具有作为投资者的收入属性（见图 8-8）。

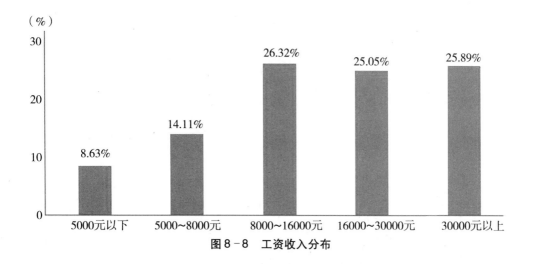

图 8-8　工资收入分布

对比中国证券基金业协会发布的《基金个人投资者投资情况调查问卷（2014年度）》分析报告可以发现本文调查的对象比较符合私募投资者的特征。

而对于公募基金这类普惠金融投资产品，个人投资者的税后收入更多集中在 5 万~10 万和 5 万元以下两个区间段，所占比例分别为 39% 和 26%；税后收入在 15 万元以下的投资者所占比例为 85%。公募基金投资者中占比最多的为本科，所占百分比为45%；本科以上学历的投资者超过了一半（占比58%）。总之，公募基金这类普惠金融产品的个人投资者主要是30～40岁中青年，本科以上学历，税后年收入在15万元以下的中小投资者，多数为男性。

小结：本次调查的对象对比基金投资者，收入水平更高、年纪较大，教育水平较高。相比于门槛较低的基金投资者，本次调查的对象具有更雄厚的资金实力进行投资，即投资需求更大，投资选择更多，投资经验更加丰富，该群体更加符合私募基金投资者的特征面貌。目前中国 REITs 还处于私募基金向公募基金过渡阶段，对于该群体问卷调查的结果更能够反映中国个人投资者对 REITs 的认识了解情况。

2. 调查对象对 REITs 的认识水平

本次调查的投资对象虽然较为高水平，但是完全没有听过 REITs 的占比22.57%，听过但没有去了解的占比39.24%，以上两者合计61.81%；而有所认识了解的人占比29.54%，非常了解的占比8.65%（见图8-9）。这反映了中国投资者对 REITs 整体上是认识不足的。

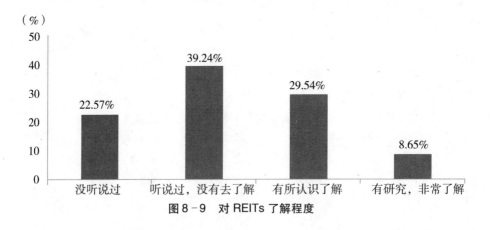

图 8-9　对 REITs 了解程度

当问及"您认为阻碍中国推出 REITs 的因素有哪些"时，62.53%的被调查者选择了"投资者不了解"，55.16%的人选择了"法律不健全"，34.95%的人选择了"证券市场不成熟"。而"回报率低""相关税负太高""管理人才素质低""房地产投资热""政策不支持"等因素都各自只获得了20%多的支持①。（详见图8-10）

---

① 房地产过热是目前中国热议的一个话题，房价太高引起普通民众的反感，社会舆论一直指责房地产价格飙升，因此政府连续出台相关抑制房地产投资过热的政策，而 REITs 则属于推动房地产发展的政策，因此房地产热也属于阻碍 REITs 发展的原因之一。

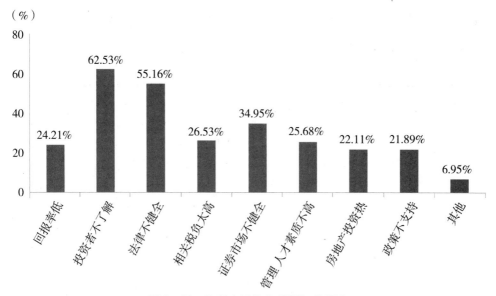

图 8‑10　阻碍中国推出 REITs 的因素

对于中国公租房 REITs 能否解决保障性住房建设资金不足问题的态度，60.13% 的人持有的态度是"乐观其成"，27.22% 的态度是"比较乐观支持"，有 5.7% 的人"非常乐观，能够解决"，而只有 6.96% 的人认为不能解决公租房建设资金不足的问题。

关于中国 REITs 主要投资者的调查，57.89% 的人选择基金，53.89% 的人选择保险，51.16% 的人选择了银行，接着才是个人投资者，47.79% 的人选择了这个选项（见图 8‑11）。这与作者调查的情况接近，鹏华前海万科 REITs 主要为信托基金及保险资金持有，然后才是个人投资者。

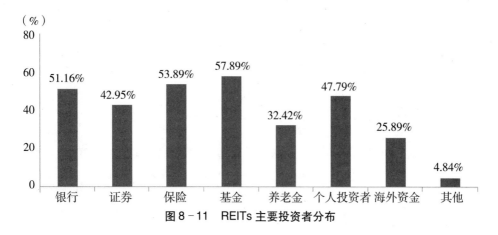

图 8‑11　REITs 主要投资者分布

3. 投资者认为 REITs 的推出利好哪些群体

当被问及"REITs 的推出利好哪些群体"时，49.37% 的人认为是利好房地产开发商，其次是传统的金融机构，占比从大到小依次是基金（46.41%）、保险（40.30%）、银行（43.41%）和证券（40.30%），差距不大（见图 8－12）。或许人们主观上认为 REITs 是房地产开发商套现的工具，目前确实有许多成熟的物业无法套现，而且媒体普遍鼓吹轻资产运营，因此开发商寻求房地产等重资产剥离财报。然而国外 REITs 大部分资金投资于成熟的物业，对于新开发、未成熟的物业的投资比例被严格限制，这或许并不为中国个人投资者所熟知。

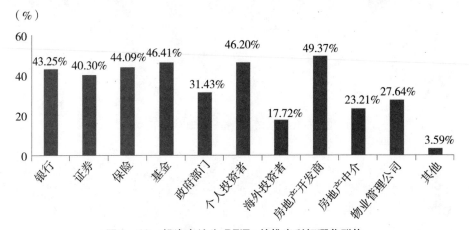

图 8－12　投资者认为 REITs 的推出利好哪些群体

4. 小结

（1）问卷调查的各项内容与专家访谈内容相互印证，调查的结果符合常识，没有出现悖论，目前未找到相关证据推翻本次调查结果。

（2）中国个人投资者对 REITs 的认识水平不足，完全没有听过的占比 22.57%，听过但没有去了解的占比 39.24%，以上两者合计 61.81%。

（3）阻碍我国 REITs 推出的因素中，除 62.53% 的被调查者认为是投资者不了解，55.16% 的人认为是法律不健全，34.95% 的人认为是证券市场不成熟。

三、回归分析

一些因素与另外一些因素之间具有相互关联的关系。本文构建 REITs 特征对公租房项目融资效果模型，并假设公租房 REITs 融资效果为因变量 y，证券市场支持与否设为自变量 x_1，传统金融机构支持与否设为自变量 x_2，个人投资者支持与否设为自变量 x_3，房地产行业特征设为自变量 x_4，行业水平情况设为自变量

z_1，法律法规环境设为自变量 z_2，政府政策情况设为自变量 z_3，投资氛围（即问卷调查对象对 REITs 的了解程度）设为自变量 z_4。整体融资环境设为自变量 z，则自变量和因变量模型可以用下式表示：

$$y = c + \alpha_1 x_1 + \alpha_2 x_2 + \alpha_3 x_3 + \alpha_4 x_4 \qquad (1)$$

逐步加入调节变量后：

$$y = c + \alpha_1 x_1 + \alpha_2 x_2 + \alpha_3 x_3 + \alpha_4 x_4 + \alpha_5 z_1 + \alpha_6 z_2 + \alpha_7 z_3 + \alpha_8 z_4 + \alpha_8 z \qquad (2)$$

首先本研究对（1）式用 EVIEWS 6.0 软件进行回归分析，结果如下：

$$y = 0.782 + 0.077 x_1 + 0.089 x_2 + 0.428 x_3 + 0.1 x_4 \qquad (3)$$
$$P \text{ 值：} (0.29) \quad (0.01) \quad (0.00) \quad (0.12)$$

拟合优度 R^2[①] 为 0.162，该变量可以解释因变量被自变量解释的能力，拟合优度较低表示证券市场支持（x_1），传统金融机构支持（x_2），个人投资者支持等 REITs 金融特征（x_3）和房地产行业特征（x_4）对于融资效果的解释能力不强。从 P 值来看，一般在 5% 显著水平下，$P < 0.05$ 的变量才能留下。因此我们发现证券市场 x_1 和房地产行业特征 x_4 不能解释因变量，传统金融机构 x_2 和个人投资者 x_3 具有解释能力。因此（3）式可以变成：

$$y = 0.85 + 0.08 x_2 + 0.447 x_3 \qquad (4)$$

重新计算拟合优度 R^2 为 0.156，拟合优度并没有改变。因此证券市场支持和 REITs 的房地产行业特征对 REITs 融资效果并无影响。

然后模型逐步加入调节变量行业水平 z_1，法律法规环境 z_2，政府政策情况 z_3，投资氛围 z_4；和整体融资环境 z。拟合情况如下：

$$y = 0.778 + 0.089 x_2 + 0.45 x_3 + 0.085 z_1 \qquad (5)$$
$$P \text{ 值：} (0.013) \quad (0.00) \quad (0.21)$$
$$\text{拟合优度 } R^2 \text{ 为 } 0.159$$

$$y = 0.855 + 0.08 x_2 + 0.446 x_3 - 0.004 z_2 \qquad (6)$$
$$P \text{ 值：} (0.029) \quad (0.00) \quad (0.95)$$
$$\text{拟合优度 } R^2 \text{ 为 } 0.156$$

$$y = 0.96 + 0.0686 x_2 + 0.44 x_3 - 0.1156 z_3 \qquad (7)$$
$$P \text{ 值：} (0.058) \quad (0.00) \quad (0.1)$$
$$\text{拟合优度 } R^2 \text{ 为 } 0.161$$

$$y = 0.677 + 0.045 x_2 + 0.387 x_3 + 0.21 z_4 \qquad (8)$$
$$P \text{ 值：} (0.18) \quad (0.00) \quad (0.00)$$
$$\text{拟合优度 } R^2 \text{ 为 } 0.227$$

---

① 该变量小于 1，且越接近 1 表示解释能力越好，相反越接近 0 表示解释能力越差。

$$y = 0.94 + 0.08x_2 + 0.44x_3 - 0.0356z \tag{9}$$
$$P\text{值：}(0.02) \quad (0.00) \quad (0.42)$$
拟合优度 R^2 为 0.161

结果发现，调节变量行业水平情况 z_1、法律法规环境 z_2、政府政策情况 z_3 和整体融资环境 z 对拟合优度的影响不大，且上述因子不显著；而投资氛围 z_4 对模型的拟合优度影响较大，且该因子显著正相关。

四、研究结果

（1）传统金融机构、个人投资者这两项金融特征对于融资效果影响较为显著，且为正相关关系。而证券市场和房地产行业特征的影响证据暂未发现。因此，为增加 REITs 的可行性，应该加大传统金融机构和个人投资者对 REITs 的支持力度，提高公租房 REITs 的融资效果。

（2）暂未发现行业水平情况、法律法规环境、政府政策环境、整体融资环境这四个调节变量对公租房 REITs 融资效果有影响。

（3）本研究发现投资氛围（个人投资者对 REITs 知识的了解程度）对于模型的拟合优度影响较大，且该因子为显著的正相关关系。因此，提高中国个人投资者对 REITs 的认识，可以提高公租房 REITs 的融资效果和可行性。

摩天轮 （插图：高权）

第九章

广州公租房REITs实践案例分析

一、研究设计

数据样本：广州市国土资源与房屋管理局网站、广州市住房保障办公室。

研究假设：公租房项目的收益率越高，则 REITs 融资可行性越大，而 REITs 特征能够影响项目的收益率。

因变量：租金收益率。

自变量：融资工具的 REITs 特征。

分析步骤：

第一步，调查广州市公租房项目融资情况，了解公租房项目融资缺口和困难；

第二步，通过测算广州市公租房的收益率，发现广州市公租房项目融资问题的关键；

第三步，通过不断增加基于 REITs 特征的融资工具，确立以公租房为基础资产的 REITs 租金收益率与其 REITs 特征的相关关系。

二、广州市公租房融资现状

(一)"夹心层"问题

自 2006 年以来，广州市就开始大力建设保障性住房，广州市调查了城市低收入困难家庭住房状况，制定了保障性住房建设目标。广州市总共有 208 万本地户籍家庭，除去自有产权（占 86%）、入住保障性住房、享受住房补贴、租住私人房的，最终有 7.66 万户无住房，而 2011 年广州登记在册有 7.72 万户住房困难家庭。

"十二五"规划第一年（2011 年）有 8.5 万套保障性住房开工。整个"十二五"规划期间建成 16.68 万套，加之之前已建成 20 多万套保障性住房，到 2013 年，广州市国土房管局直管房住宅安置着约 30 万中低收入人群，其中，直管房住宅总面积的 35% 实行免租或廉租（1 元/m³）标准，居住着约 2.6 万户低保低收入困难家庭。

广州市民政局统计数据显示，到 2015 年末，广州市常住人口为 1350 万人，城镇人口比重为 85.53%，低保户 6 万多户，目前保障性住房已经可以基本满足广州本地在册的低收入人群的需要。

但是，广州市城镇中低收入住房困难家庭、新就业无房职工和在城镇稳定就业的外来务工人员的住房问题还没有得到很好的解决。面对主要为外来务工人员的"夹心层"，有关人员在面对记者提问时回答道：

> 从去年（2010 年）开始，广州 77177 户在册属于低收入需要住房保障的群体差不多全部解决，即时开始思考下一个保障群体。根据国务院相关政策，广州确定下一个保障的重点包括分不到保障性住房又买不起商品房的"白骨精""夹心层"人群。今年（2011 年）广州筹集的 85000 套保障性住房，大概有 60% 是用于这部分群体的保障，以公租房形式出租，租金低于市场租金的 80%，在设施基本完善的公租房里，他们可以结婚可以生孩子，具备基本的有尊严的生活条件，将来有钱后，再去买商品房。这种公租房已在工业园、开发区等实施。

政府于是提出"十二五"规划期间将保障性住房覆盖率达到 20%。按照这个要求，在 2015 年底广州市 20% 的低收入人群，即 270 万人应该得到住房保障。按照平均一户 3.02 人计算[1]，即需要 90 万套保障性住房。而截至 2015 年年底，广州市保障性住房总共只有 40 万套左右，那么还需要 50 万套的保障性住房。

但是从广州"十三五"规划中发现，"十三五"期间筹建公共租赁住房 2 万套、棚户区改造 2.95 万套、新增发放租赁补贴 0.8 万户，总计只有 5.75 万套（户）[2]。由此看出，广州市城镇中低收入住房困难家庭、新就业无房职工和在城

---

[1]《中国家庭户均人数由 5.3 人降至 3.02 人》，http://news.sina.com.cn/c/2014 - 05 - 15/012030137043.shtml。

[2] 数据来源：广州市保障性住房办公室。

镇稳定就业的外来务工人员的住房问题远远没有得到解决。

根据笔者的实际观察，广州市场上还有几十万套出租屋，目前很大部分需求都由城中村解决，而城中村的治安管理混乱则是有目共睹的，对于"夹心层"来说，其中蕴含了大量的居住风险。而小区房月租金普遍达到 50 元/m²，广州市"夹心层"生活压力较大。目前，广州市保障性住房转为主要以公租房为主，公租房实际还有 50 万套需求，而未来五年供给只有 5.75 万套且位置偏远，配套不足，供给严重不足。

（二）公租房建设资金缺口巨大

资料显示，负责广州保障性住房的部门是广州国土资源与房屋管理局下属的广州市住房保障办公室（以下简称"住保办"）及两个财政核拨事业单位，之后改为住保办机关服务中心。每年广州市住保办都会在网站公布当年的部门决算，从中可以了解广州保障性住房的进展情况。

2011—2015 年，住保办收到的财政拨款见表 9 - 1。

表 9 - 1   2011—2015 年广州市住保办收到的财政拨款

年份	财政拨款（万元）	专项拨款（万元）	总拨款（万元）	总建设资金（亿元）	开工套数（万套）
2011	41164	463350	504660	118	8.49
2012	11027	283190	294361	51	4.1759
2013	5122	257843	262980	49	1.81
2014	30904	198168	229072	55.7	1.17
2015	18444	226756	245200	50.72	1.5

资料来源：广州市国土资源与房屋管理局网站。

根据"十三五"保障性住房覆盖率达 20% 的目标，"十三五"期间规划建设 50 万套保障性住房。假设全部以公租房作为保障性住房形式，按照相关规定，新建的成套公共租赁住房，单套建筑面积控制在 60 平方米以下，以 40 平方米左右为主。以最低 40 平方米的标准，每平方米估计建设费用为 4800 元，则资金缺口为 960 亿元。

2020 年，广州市全年财政总收入 6155 亿元，全市一般公共预算收入 1721.6 亿元。每年拨款专项用于保障性住房建设的资金平均为 30 亿元，按照这个速度，50 万套公租房需要 20 年以上才能建设完成。由此看出，即使是财政实力较为雄厚的广州市，如果以满足"夹心层"的需求为目标，其保障性住房建设的资金缺口也是非常巨大的，而且随着城镇化的发展，广州市的外来人口不断增加，保障性住房的需求只有增没有减，广州市保障性住房资金缺口巨大。

保障性住房建设遇到的最大困难是什么？资金如何筹集？2011 年以后，保障性住房的目标逐步转为以解决"夹心层"需求为目标的公租房建设上来，所需资金严重不足。从 2011 年之后的建设目标看，广州市住保办制定的目标依然是选择性地无视"夹心层"的需求，从表 9-1 住保办每年收到的财政拨款情况可以看出。有关人士指出：

建房不是种菜，最大的困难是时间紧，今年 4 月才下达任务。但保障性住房的质量监督和审查环节一个都不能少，一个都不能松，同时要保证让市民入住时配套也已经搞好。广州建保障性住房也不缺钱，今年用款的进度还嫌慢了一点。有三个方面的稳定财源：财政投入每年有 2 亿元，同时，将土地出让净收益用于保障性住房建设的比例从 10% 提高到 13%，规定当年土地出让超收部分资金优先安排保障性住房建设，而住房公积金增值收益每年也有 8 亿多元。这些可视作保障性住房投融资平台上保障性住房建设的流动资金，再加上这 20 多万套保障性住房作为投融资平台的固定资产，这样平台的负债能力强，加之用地协议划拨等保障性住房建设的各种优惠政策。目前，社保基金、银行纷纷找上门来贷款，保障性住房建设成了"香饽饽"。①

（三）公租房租金收益率微薄

以广州市国土资源与房屋管理局公布的广州市公共租赁住房房源情况，从中可计算出公租房分布、套数、建筑面积、月租金等大致情况，见表 9-2。

表 9-2　广州市公共租赁住房房源情况

序号	地区	小区	套数	建筑面积（m²）		月租金（元/m²）	备注
				最小面积	最大面积		
1	白云区	龙归花园	2264	35.9	48	12	报审价，户型：一房
2	白云区	龙归花园	1642	31	43.6	12	户型：一房一厅
3	白云区	龙归花园	1443	44.67	51.4	12	户型：二房一厅

---

① 凤凰网：《广州市副市长苏泽群：房价在我任内不会暴涨》，https://news.ifeng.com/c/7faeHoP48Gl/。

序号	地区	小区	套数	建筑面积（m²）		月租金（元/m²）	备注
				最小面积	最大面积		
4	白云区	龙归花园	1636	60.72	63.3	12	户型：三房一厅
5	越秀区	零星存量房	1	17.83	17.83	35	
6	越秀区	零星存量房	1	53.11	53.11	37	
7	海珠区	惠馨轩	1	38.4	38.4	34	
8	黄埔区	亨元花园	10	25.16	25.27	24	
9	黄埔区	苗和苑	348	39.33	39.33	24	
10	天河区	棠德花苑	59	22.33	36.88	28	以上户型：一房
11	天河区	安厦花园	61	34.48	40.36	30	
12	天河区	广氮花园	10	32.97	33.07	36	
13	白云区	金沙浦花园	20	50.95	51.03	21	
14	白云区	富康村	9	50.82	57.39	22	
15	白云区	泽德花苑	8	35.63	48.3	27	
16	白云区	民惠居	6	36.82	37.66	31	
17	白云区	零星存量房	10	34.11	52.66	22	
18	黄埔区	大田花园	1	46.8	46.8	23	
19	黄埔区	亨元花园	12	32.32	36.65	24	
20	黄埔区	苗和苑	18	44.3	44.3	24	以上户型：一房一厅
21	越秀区	零星存量房	7	45	58	29	租金为报审价均值
22	荔湾区	芳和花园	4	49	50	40	
23	海珠区	新惠轩	7	40.63	41.83	29	
24	海珠区	聚德花苑	14	45.76	48.68	34	
25	海珠区	零星存量房	3	52.48	70.35	30	租金为平均值
26	天河区	棠德花苑	139	62.33	69.77	33	
27	天河区	安厦花园	80	45.89	46.4	30	
28	天河区	广氮花园	22	45.6	47.3	36	
29	天河区	云宁居	13	65.4	71.1	16	

序号	地区	小区	套数	建筑面积（m²）		月租金（元/m²）	备注
				最小面积	最大面积		
30	天河区	零星存量房	21	52.55	74.8	30.75	租金为平均值
31	白云区	金沙洲花园	20	63.97	69.37	20	
32	白云区	民惠居	8	51.94	52.78	31	
33	白云区	泽德花苑	9	60.74	67.68	25	租金为平均值
34	白云区	平德苑	41	39.23	49.63	25	
35	白云区	零星存量房	18	62.33	75.48	28	
36	黄埔区	亨元花园	107	41.09	45.25	24	以上户型：二房一厅
37	越秀区	零星存量房	2	64	77	28.5	租金为平均值
38	海珠区	聚德花苑	13	56.77	57.46	36.5	租金为平均值
39	天河区	安厦花园	20	49.26	49.91	30	
40	天河区	广氮花园	25	52.2	52.36	36	
41	白云区	零星存量房	16	76	80	28	
42	黄埔区	亨元花园	79	54.65	54.65	24	以上户型：三房一厅
合计（或均值）			总套数 8228	总面积 385720	每套平均面积 46.88	14.34 平均月租金	

资料来源：作者收集整理。

从表9-2可看出，统计样本总套数8228套，平均面积为46.88m²，公租房出租总面积385720 m²，平均月租金为14.34元/m²，而同期广州市全市月租金价格平均为39.89元/m²，中心区域月租金为41.84元/m²，外围区域的月租金平均为26.72元/m²[①]，所以公租房月租金标准是广州市月租金价格的36%，远远低于市价。

另外，根据《广州市人民政府办公厅关于加强户籍家庭住房保障工作的实施意见》，对承租政府建设筹集的公共租赁住房的户籍中等偏下收入家庭，按照家庭收入情况，实行差别化租金，采取租金减免方式分档计租（详见表9-3）。

---

① 数据来源：广州市房地产中介协会。

表 9-3　家庭年人均可支配收入与公租房租金标准

家庭年人均可支配收入（元）	租金缴交标准
低于或等于 10800	公布的公租房租赁住房租金标准 ×0.2
高于 10800，低于或等于 15600	公布的公租房租赁住房租金标准 ×0.3
高于 15600，低于或等于 20663	公布的公租房租赁住房租金标准 ×0.4
高于 20663，低于或等于 24795	公布的公租房租赁住房租金标准 ×0.5
高于 24795，低于或等于 29434	公布的公租房租赁住房租金标准 ×0.6
高于 29434，低于或等于 35321	公布的公租房租赁住房租金标准 ×0.7

家庭年人均收入低于 35321 元的，根据收入高低，缴纳公布的公共租赁住房租金标准的一定比例，从 0.2～0.7 不等。由此看出，广州市公租房的真正租金收益非常微薄，据计算，广州一年公租房收益只有 6637 万元左右，租金回报率只有 3.585%。

另外，《广州市公共租赁住房保障制度实施办法（试行）》规定：民政部门认定的低保、低收入或市总工会认定的特困职工住房困难家庭，或政府已有文件明确可享受租金优惠政策的对象按优惠租金计租，不予发放租金补助。因此，保障性住房的现金流收益将低于所计算的金额，因为政府对享受租金优惠政策的对象以较低的缴纳标准支付，而不是以补贴的形式进行支付。根据住保办公告，这是为了减少重复计算经济数据，有利于政府自身的统计和各部门之间的资源分配。然而，这对于公租房证券化发展，吸引社会资本进入却是不利的，不利于社会力量投资公共租赁住房。政府鼓励用人单位等社会力量通过直接投资、间接投资、参股、委托代建等方式参与公共租赁住房建设、运营和管理。也就是说，如果社会力量投入公租房建设，其年回报率不会超过 3.585%。

三、广州市公租房收益率计量分析

公租房供给不足，融资困难的原因之一是公租房的租金收益率低。公租房被用于社会福利事业，有助于社会的稳定繁荣，这使得全社会因之受益。然而，全社会并没有为公租房买单，因此也可以说，公租房的收益权未能得到有效保护。政府作为全社会的最大公约数，是全社会的最好代表，因此，政府作为建造补贴公租房的主体，应使公租房建设达到全社会的边际收益。

另外，如前文所述，域外房地产的 REITs 上市融资，基础资产的收益率也不高，然而通过杠杆、融资方担保增信及融资方收益补贴等方式，也能够达到资本市场的收益率要求。这也从侧面佐证了政府作为融资主体补贴公租房的租金，使其收益率达到资本市场的要求具有正当性，这是解决公租房收益率低问题的一种行之有效的方法。

（一）公租房建造成本测算

如果要计算出公租房的租金收益率，则需要先知道公共租赁住房项目建造成本。以广州市公租房的数据为例，公租房项目成本主要由三部分组成：项目土地开发成本、公共租赁住房建设成本，以及房屋装修成本。

1. 土地开发成本

《广州市公共租赁住房保障制度实施办法》中第五条规定，公共租赁住房的建设用地由政府采取划拨的方式供应，所以土地开发成本只用计算征地和拆迁安置成本即可。因为缺乏公租房开工建设成本的有关数据，这里以同为保障性住房，在筹集、建设、管理与公租房类似的经济适用房的相关建设成本进行估算。广州四个经济适用住房小区征地和拆迁安置成本，见表 9-4。取其中位数 1004元/m^2，按照通货膨胀率年 3%[①]计算，2014 年公共租赁住房征地和拆迁安置成本为 1125 元/m^2，而真正的拆装费用预估为 150 元/m^2。

表 9-4　广州四小区的建设成本

单位：元/m^2

小区	大塘 DE 高层新社区住宅	郭村小区 8、9 号高层住宅	泰安花园 8 号楼高层带电梯住宅	中山八路党恩新街新社区高层电梯住宅
征地和拆迁安置成本	813.4	620.2	1194.9	1978.69
建安成本	3302.29	3302.25	2891.2	3294.2

数据来源：潘阳，《广州公租房建设中 REITs 融资的方案设计》，华南理工大学博士学位论文，2013。

2. 建筑安装成本

公共租赁住房建设安装成本是和土地成本同样重要的成本项目，主要是指在

[①] 根据国家统计局网站公布数据，2011 年通胀率为 5.6%，2012 年通胀率为 2.6%。

项目建设过程中发生的房屋建筑成本、基础设施建设成本等。由于公租房和经济适用房同属于保障性住房，假设建筑材料的价格基本相同，建设安装成本相差不大，按照这四个小区的计算，平均值为3197.5元/m²。加上通货膨胀因素，可以得到公租房建设安装成本为3293.4元/m²。

广州市没有公布自己的公租房装修标准，上海市明确成套小户型住宅和成套单人型宿舍公租房的卧室应当配置分体式空调，装修标准是600～800元/m²，杭州市装修标准是315元/m²，而沈阳和重庆的装修标准均是400元/m²。据此取中值，广州的公租房装修标准估计为400元/m²。

3. 其他成本

廉租住房和经济适用住房建设、棚户区改造、旧住宅区整治项目可减免城市基础设施配套费。《广州市公共租赁住房保障制度实施办法》第十九条同时规定，公租房建设一律免收各项行政事业性收费和政府基金，同时免征从建设到经营的各个环节的土地增值税、城镇土地使用税、契税、印花税、营业税、房产税等。建设安装成本中的其他费用，按房地产行业一般规律，同品质的小区的造价成本在100～200元/m²之间。表9-5为公租房建设成本的估算。

表9-5　公租房建设成本估算

项目开发费用明细	价格（元/m²）	备注
一、土地成本（楼面价）	1125	
1. 土地款	0	
2. 土地契税	0	
3. 土地交易费	0	
4. 拆迁及补偿费	1125	
二、前期费用	100	
1. 三通一平	50	
2. 规划设计	10	
3. 施工图设计	30	
4. 行政事业性收费	10	
三、工程费用	2630	
1. 建筑工程	1300	
2. 安装工程	350	
3. 室外工程	980	
四、工程建设其他费用	563.4	

续表

项目开发费用明细	价格（元/m²）	备注
1. 建设项目前期咨询费用	66.4	
2. 工程建设监理费	105	
3. 施工图设计费	141	
4. 地址勘察费	86	按工程费用的2%计取
5. 工程保险费	17	
6. 施工图审图费	10	设计费的6.5%
7. 工程单位管理费	55	
8. 工程招标代理费	18	
9. 工程造价咨询服务费	65	
建安成本合计（二+三+四）	3293.4	
五、装修费用	400	
六、市政基础设施费	0	保障性住房免收

由于公租房不可出售，所以其造价难以统计，可以用同是保障性住房的经济适用房价格来估算（参见表9-6）。从广州市国土资源和房屋管理局经济适用房房源信息中可查找广州市近年来全部的经济适用房[①]。计算全市经适房加权平均价为5095元/m²。由于物价局批复的价格是在其成本价上上浮3%左右的利润，一般房屋建好需要2年左右，因此以3%的收益进行折现，则预估出的成本价格为4802元/m²。

表9-6 广州市已售经济适用房销售价格情况

序号	项目名称	区划	可售总套数	可售总面积（m²）	物价局批复基准价格（元/m²）	总价（元）	备注
1	2013年芳和花园（分散房源）	荔湾区	1	65.77	4277.57	281335.78	
2	2012年分散房源（芳园居）	荔湾区	2	175.87	3200.00	562784.00	

---

① 参见广州市国土资源和房屋管理局，http：//www.laho.gov.cn/ywpd/scjg/fyxx/jsf/。

序号	项目名称	区划	可售总套数	可售总面积（m²）	物价局批复基准价格（元/m²）	总价（元）	备注
3	2012 年分散房源（芳和花园）	荔湾区	2	132.20	4277.57	565494.75	
4	零星房源（芳园居）	荔湾区	8	664.00	2470.00	1640080.00	不带电梯
5	零星房源（芳园居）	荔湾区	9	664.00	3200.00	2124800.00	带电梯
6	2013 聚德花苑（分散房源）	海珠区	1	76.07	2615.80	198983.91	
7	2012 年分散房源（万松园）	海珠区	1	72.36	4438.09	321140.19	
8	2012 年分散房源（聚德花苑）	海珠区	35	3313.35	4423.74	14657398.93	
9	零星房源（聚德花苑）	海珠区	30	2800.00	3695.76	10348128.00	不带电梯
10	零星房源（聚德花苑）	海珠区	35	2960.00	3900.23	11544680.80	带电梯
11	2013 年第二批经适房项目	天河区	1574	93320.48	5522.96	515405278.22	
12	2013 年广氮花园（分散房源）	天河区	2	127.26	4445.15	565689.79	
13	2013 年安厦项目（分散房源）	天河区	2	140.00	4256.60	595924.00	30 层
14	2013 年安厦项目（分散房源）	天河区	3	156.00	3775.17	588926.52	10 层
15	2012 年分散房源（安厦花园）	天河区	87	4851.08	4256.60	20649107.13	
16	2012 年分散房源（广氮花园）	天河区	11	706.52	4445.15	3140587.38	

序号	项目名称	区划	可售总套数	可售总面积（m²）	物价局批复基准价格（元/m²）	总价（元）	备注
17	2012 年分散房源（泰安花园）	天河区	1	68.44	4385.84	300166.89	
18	2012 年分散房源（育龙居）	天河区	2	179.78	2431.00	437045.18	
19	2012 年分散房源（云宁居）	天河区	10	830.83	2470.00	2052150.10	
20	2012 年分散房源（天雅居）	天河区	20	2202.98	2960.00	6520820.80	
21	广氮花园	天河区	2641	168149.30	4445.15	747448860.90	
22	2015 年经适房项目（穗和家园二期）	白云区	655	36549.06	5855.22	214002787.09	
23	2014 经适房项目（穗和家园）	白云区	1821	127399.73	5817.17	741105887.36	
24	2013 年云山居（分散房源）	白云区	1	105.68	2480.00	262086.40	
25	2013 年松洲项目（分散房源）	白云区	1	70.20	4409.00	309511.80	
26	2013 集贤苑（分散房源）	白云区	3	325.68	2480.00	807686.40	
27	2013 年龙归花园（分散房源）	白云区	15	955.27	4538.38	4335378.26	
28	2013 年南悦花园（分散房源）	白云区	28	1705.22	5216.89	8895945.17	
29	2012 年南悦花园	白云区	2040	128094.64	5216.89	668255646.47	
30	2012 年分散房源（金沙洲花园）	白云区	35	3467.95	4445.36	15416286.21	
31	2012 年分散房源（积德花苑）	白云区	10	895.12	3000.00	2685360.00	

续表

序号	项目名称	区划	可售总套数	可售总面积（m²）	物价局批复基准价格（元/m²）	总价（元）	备注
32	2013 年苗和花园（分散房源）	黄埔区	9	584.22	4401.46	2571420.96	
33	2013 年亨元项目（分散房源）	黄埔区	29	1133.96	4122.89	4675192.34	
34	2013 年经适房项目	黄埔区	1451	83528.88	5216.89	435760978.78	
35	2012 年苗和苑	黄埔区	272	17502.18	4401.46	77035145.18	
36	2012 年亨元花园	黄埔区	634	32144.97	4122.89	132530175.36	
总计				716119.05	5094.96	3648598871.06	

根据以上两个不同侧面的计算，为计算方便取整，我们估算公租房的建设成本在 4800 元/m²。

（二）公租房的租金收益

上文表 9-2 中已经统计了广州市公共租赁住房房源情况，从中计算出公租房分布、套数、建筑面积、月租金等详细情况。

广州公共租赁住房样本总套数 8228 套，平均面积为 46.88m²，公租房出租总面积为 385720 m²，平均月租金为 14.34 元/m²。而同期广州市全市月租金价格平均为 39.89 元/m²，中心区域月租金为 41.84 元/m²，外围区域的月租金平均为 26.72 元/m²，所以公租房月租金标准是广州市月租金价格的 36%，远远低于市价。2014 年，公租房收益只有 6637 万元左右，粗略计算租金毛收益率只有 3.585%。如果要做成 REITs，还要减去一系列费用，详情见下表 9-7。

表 9-7　REITs 运营收益费用表

序号	项目	金额（元）	比率	备注
1	租金收益	66374697.60	3.585%	月租金 14.34 元/m²
2	管理费收益	385720.00	0.021%	月管理费 1 元/m²
3	租金相关收益	0.00	0.000%	
4	政府财政拨款	0.00	0.000%	
5	主营业务收入	66760417.60	3.606%	
6	减：物业经营开支	14974131.78	22.560%	不计房产税及不计提折旧

序号	项目	金额（元）	比率	备注
7	物业收益净额	51786285.82	2.797%	
8	管理人费用	663746.98	1.000%	
9	信托及其他支出	247013.55	0.370%	
10	财务费用	0.00	0.000%	未负债
11	物业公允价值增加	0.00	0.000%	
12	税前利润	50875525.30	2.748%	
13	营业税、房产税、印花税等	0.00	0.000%	财税〔2015〕139号
14	企业所得税	12718881.33	0.687%	信托企业所得税率25%，政府补贴免所得税
15	税后净利润	38156643.98	2.061%	
16	物业总值	1851456000.00		总建筑面积385720 m²，单价4800 元/m²

表格说明：

（1）租金收益：指的是公租房各物业的租金收入及相关收入，按月租金14.34 元/m² 进行计算。

（2）管理费收益：按公租房管理条例规定，月管理费按照 1 元/m² 计算。

（3）租金相关收益如商铺租金、公共设施收益、车库收益、广告收益等未计入。

（4）政府财政拨款补贴收益暂时未计入。

（5）公租房总收入为上述四项的收入加总。

（6）物业经营开支：主要是物业管理费用及人工开支。在中国，物业要缴纳租金收入的12%作为房产税及计提折旧，按照财税〔2015〕139 号的规定，公租房不需要缴纳房产税，为计算方便，本研究不计提折旧。本研究参考 2016 年香港冠君 REITs 和领展 REITs 的物业经营开支数据。冠君 REITs 物业经营收入为 25.57 亿港元，经营开支为 5.31 亿港元，占收入比 20.7%；领展 REITs 物业经营收入为 92.55 亿港元，经营开支为 22.61 亿港元，占收入比 24.4%。本研究假设经营开支与经营收入相关，则本研究取两者的平均值为 22.55%。

（7）物业收益净额为总收入减去物业经营开支。

（8）管理人费用：REITs 基金管理人费用，用于基金的日常开支，如场地租赁费用、人工工资、办公差旅等。按照中国内地基金管理行业的惯例，一般每年收取总收入的0.5%～2%的管理费外加项目退出收益分红。本研究结合公租房基金管理的难易程度，按照年收入1%确定管理费。

（9）信托及其他费用：REITs结构中最重要的就是信托机构（往往是银行）来信托资产和管理机构（专业的物业管理人）来管理资产，这些都需要支付费用；信托人一般是银行机构，信托费率以双方商定为准，比例较小。根据2016年香港冠君REITs和领展REITs的财务数据，本文取平均值为0.37%[①]。

（10）财务费用：主要是利息成本。香港规定REITs的杠杆率不能超过总资产价值的45%，港交所上市的REITs里最低杠杆率（总负债与总资产之比）只有18%，最高达到了38%，香港REITs的平均杠杆率为28.5%。所借资金需要支付利息，领展REITs的实际利息仅为2.66%，2014年3月为2.77%，这就产生了利息费用。本部分暂不考虑负债。

（11）物业公允价值增加：香港年报中往往写"投资物业公平值增加"，也就是每年REITs雇请第三方的评估机构对物业进行评估，将评估增值部分也列入利润项目，但是这一部分将不可作为当年可分派利润。

（12）税前利润为物业净收益减去管理人费用、信托费用及财务费用后的值。

（13）按照财税〔2015〕139号的规定，公租房不需要缴纳房产税、营业税、印花税等。

（14）参考《中国信托业税收政策及现行税制下相关税务处理规定》（财税〔2006〕5号)[②]，发起机构转让信贷资产取得的收益应按企业所得税的政策规定计算缴纳企业所得税，分配到个人后，由个人自行缴纳20%的个人所得税。

（15）税后净利润为税前利润减去企业所得税后的值。

（16）2014年盘点的在运营的公租房面积为385720 m^2，按照前面计算的每平方米4800元的成本，合计该部分物业的总值约为18.5亿元。

从上面估算的利润表来看，公租房的收益率在扣除一系列费用后，净利润率仅有2.06%，不及中国内地一年期定期存款利率，所以社会资本出于收益率的考虑，是不会进入公租房领域进行投资的，这也侧面佐证了专家所说的公租房收益率低是融资难的问题之一。

---

① 理财频道：《REITs一哥教你快速读懂REITs财报的秘密》，http://invest.10jqka.com.cn/20170724/c599303849.shtml。

② 该通知仅适用于中国银行业开展信贷资产证券化业务试点中的有关税务处理。

四、REITs 对公租房收益率的影响

（一）加入政府补贴后的基金收益率

公租房项目融资困难的原因之一是公租房的租金收益率低。在公租房领域实行 REITs 融资工具的障碍之一也是公租房收益率低。公租房被用于社会福利事业，从产权理论上说①，公租房的产权未能有效保护其专有性。政府作为全社会的最大公约数，是全社会的最好代表，因此政府应该补贴公租房的租金收益，使其收益满足资本市场的要求，最终达到全社会的帕累托有效。

如果要使中国公租房领域 REITs 的收益率达到香港资本市场的要求，则需要政府每年补贴 9169.9 万元。具体情况见表 9-8。

表 9-8　政府补贴后 REITs 运营利润

序号	项目	金额（元）	比率	备注
1	租金收益	66374697.60	3.585%	月租金 14.34 元/m²
2	管理费收益	385720.00	0.021%	月管理费 1 元/m²
3	租金相关收益	0.00	0.000%	
4	政府财政拨款	91699000.00	4.953%	
5	主营业务收入	158459417.60	8.559%	
6	减：物业经营开支	14974131.78	22.560%	不计房产税及不计提折旧
7	物业收益净额	143485285.82	7.750%	
8	管理人费用	663746.98	1.000%	
9	信托及其他支出	586299.85	0.370%	
10	财务费用	0.00	0.000%	未负债
11	物业公允价值增加	0.00	0.000%	
12	税前利润	142235239.00	7.682%	

---

① 能够保证经济高效率的产权应该具有如下特征：第一，明确性，即它是一个包括财产所有者的各种权利及对限制和破坏这些权利时的处罚的完整体系；第二，专有性，它使因一种行为而产生的所有报酬和损失都可以直接与有权采取这一行动的人相联系；第三，可转让性，这些权利可以被引到最有价值的用途上去；第四，可操作性。参见 https://baike.baidu.com/item/% E4% BA% A7% E6% 9D% 83% E7% 90% 86% E8% AE% BA/3997398？fr = aladdin。

序号	项目	金额（元）	比率	备注
13	营业税、房产税、印花税等	0.00	0.000%	财税〔2015〕139号
14	企业所得税	12634059.75	0.682%	信托企业所得税率25%，政府补贴免所得税
15	税后净利润	129601179.25	7.000%	
17	物业总值	1851456000.00		总建筑面积385720 m²，单价4800 元/m²

相比2014年政府补贴投资建设保障性住房约19.8亿元，如果这部分资金平摊到每年补贴9169.9万元，则可以支持近21.6年。如果按照新加坡REITs上市收益率6%的要求，则政府补贴只需要7000万即可（即每月补贴15元/m²），政府补贴金额与REITs的回报率密切相关，具体见表9-9。

表9-9 政府补贴金额与REITs基金收益率相关情况

政府补贴（万元）	1000	2000	3000	4000	5000	6000	7000	8000	9000
基金收益率	2.600%	3.138%	3.677%	4.215%	4.754%	5.293%	5.831%	6.37%	6.908%

因为目前中国处于货币宽松时期，资产收益率都处于较低水平，同时资产价格处于高位，所以目前银行存款利率和国债收益率也具有参考价值。如果按照专家4所说的要求公租房REITs的收益率要保障高于银行存款和国债，按目前1年期银行整存整取利率为1.95%，2年期为2.73%，3年期为3.575%，中国10年期国债票面利率3.52%，则政府补贴金额将在3000万元左右即可超过3年期利率和10年期国债票面利率（即每月补贴6.5元/m²）。

因为公租房REITs拟在中国上市，那么也可以参考中国股市的收益率要求。按照中国证券市场的市盈率倍数，则REITs的收益率不需要那么高。截至2017年3月23日收盘，创业板平均市盈率高达70.99倍，中小板平均市盈率高达50.46倍，上交所平均市盈率为16.92倍。具有参考价值的是上交所市盈率，因为上交所蓝筹股较多，与REITs的属性相对接近。参考上交所市盈率，REITs在上交所上市的收益率要求为5.91%，那么只需要政府补贴不超过6000万元（即每月补贴13元/m²）。

以上计算方法不包括公租房物业公允价值增加和租金上涨的预期，因此政府补贴公租房的收益率在实际中应该更低。政府用少量的资金即可使价值18.5亿的资产盘活上市，进而将融到的资金再修建、收购公租房进行运营，不断增加公租房的供给数量。至融资成本刚好覆盖公租房的收益时，即不再融资扩建公租房。

（二）加入杠杆后的基金收益率

由于公租房属于社会公益事业，所以在公租房领域实施 REITs 融资工具时，可以加入政策性银行的贷款支持。政策性银行不以营利为目的，专门为贯彻、配合政府社会经济政策或意图，在特定的业务领域内，直接或间接地从事政策性融资活动。

中国政府在1994年设立了国家开发银行、中国进出口银行、中国农业发展银行三大政策性银行，均直属国务院领导。政策性银行的贷款利率很低，住房和城乡建设部总经济师赵晖在接受人民网的采访时表示：

政策性银行，国家开发银行和农业发展银行提供利息较低，基本是基准利率的贷款。而一年期存款基准利率为 1.5%。

由于 REITs 属于低风险收益性产品，各国对 REITs 的负债率都有规定，保障了 REITs 的杠杆风险。香港规定 REITs 负债率不能高于45%，新加坡规定 REITs 负债率上限也是其总资产价值的45%，美国 REITs 的平均负债率是43%，因此中国 REITs 的负债率大概率不能超过45%。本研究按负债率35%进行粗略估算。具体见表9-10。

表9-10 加杠杆后 REITs 的利润

序号	项目	金额（元）	比率	备注
1	租金收益	66374697.60	3.585%	月租金 14.34 元/m²
2	管理费收益	385720.00	0.021%	月管理费 1 元/m²
3	租金相关收益	0.00	0.000%	
4	政府财政拨款	0.00	0.000%	
5	主营业务收入	66760417.60	3.606%	
6	减:物业经营开支	14974131.78	22.560%	不计房产税及不计提折旧
7	物业收益净额	51786285.82	2.797%	
8	管理人费用	663746.98	1.000%	

序号	项目	金额（元）	比率	备注
9	信托及其他支出	247013.55	0.370%	
10	财务费用	9720144.00	35.000%	负债率35%，利率1.5%
11	物业公允价值增加	0.00	0.000%	
12	税前利润	50875525.30	2.748%	
13	营业税、房产税、印花税等	0.00	0.000%	免税，财税〔2015〕139号
14	企业所得税	12718881.33	0.687%	信托企业所得税率25%，政府补贴免所得税
15	税后净利润	38156643.98	3.171%	
17	物业总值	1851456000.00		总建筑面积385720 m²，单价4800元/m²
18	投资股本金	1203446400.00	65.000%	负债率35%

经过计算，在没有政府补贴时，REITs的收益率可以达到3.171%，如果再加上政府补贴，则收益率见表9-11。

表9-11　加杠杆后政府补贴与基金收益率相关情况

政府补贴（万元）	1000	2000	3000	4000	5000	6000	7000	8000	9000
基金收益率	3.999%	4.828%	5.657%	6.485%	7.314%	8.142%	8.971%	9.800%	10.63%

由上表可以看出，在有杠杆的情况下，政府补贴5000万元所得到的REITs回报率可以轻松超过7%的要求。利用融资方政府补贴及金融杠杆，收益率可以大幅度提高，因此，在公租房领域实行REITs的障碍，即租金收益率低的问题完全可以解决。

（三）租金水平锚定市场水平的情况

公租房平均月租金为14.34元/m²，而同期广州市全市月租金价格平均为39.89元/m²，中心区域月租金为41.84元/m²，外围区域的月租金平均为26.72

元/m²①，所以公租房月租金标准大约是广州市月租金价格的36%，远远低于市价。

参考上海市2021年11月发布的《关于加快发展本市保障性租赁住房的实施意见》，对于保障性租赁住房的租赁价格实施房管部门建立健全市场租金检测机制，加强对保障性租赁住房初次定价和调价统筹指导。面向社会供应的项目，应在同地段同品质市场租赁住房租金的九折以下定价，面向本园区、本单位、本系统定向供应的项目，租赁价格可进一步降低。因此，如果保障性租赁住房的租赁价格锚定市场水平不超过其90%的比例，公租房REITs的收益率将随之上升，达到应有水平，如此，公租房的融资问题将随之得到解决。

以保障性租赁住房的租赁价格锚定市场水平90%为例，按市场价格平均为40元/m²计，保障房的租金为36元/m²，那么计算出的回报率达到6.51%，这个水平已经达到香港公租房上市水平（见表9-12）。

表9-12　按36元/m²租金水平的保障性租赁住房投资收益率

序号	项目	金额（元）	比率	备注
1	租金收益	166631040.00	3.59%	月租金36元/m²
2	主营业务收入	166631040.00	3.61%	
3	减:物业经营开支	33326208.00	20.00%	
4	物业毛收益额	133304832.00	2.80%	
5	管理人费用	1666310.40	1.00%	
6	信托及其他支出	616534.85	0.37%	
9	税前利润	131021986.75	2.75%	
10	企业综合税率	10481758.94	8.00%	免征营业税、房产税、印花税
11	税后净利润	120540227.81	3.17%	
12	物业总值	1851456000.00		总建筑面积385720 m²，单价4800元/m²
13	投资收益率		6.51%	

在公租房租金锚定市场水平的情况下，公租房收益率见表9-13。

---

① 数据来源：广州市房地产中介协会。

表 9 - 13 公租房租金与基金收益率情况

市场水平（%）	40%	50%	60%	70%	80%	90%
公租房租金（元/m²）	16	20	24	28	32	36
租金总价（30 m²）	480	600	720	840	960	1080
租金负担率	14%	17%	21%	24%	27%	31%
REITs 收益率	2.89%	3.62%	4.34%	5.06%	5.79%	6.51%

由表 9 - 13 可以看出，公租房租金锚定市场水平的情况下，REITs 回报率在市场水平的 70% 的情况下，基本达到 5% 的上市融资水平。而市场水平的 70% 的情况，以 30 m² 的一室一厅为例，租金总价达到 840 元，对于低收入人群（广州月收入小于 5000 元）的情况下，租金负担率大约为 24%（以 3500 元为例），房租压力较大但属于可承受范围；如果增加租金补贴券使租金负担率降低到 20% 以内，那么房租压力可以得到较好的缓解。因此，在公租房领域实行 REITs 市场价格的 70% 水平，租金收益率低的问题可以得到解决。

（四）研究结论

在本章的测算中，广州市公租房通过政府补贴和增加杠杆的方式对基于 REITs 特征的融资工具进行了信用增级，进而使广州市公租房 REITs 的租金收益率提高，从而可以解决广州市公租房的融资问题。因此，基于 REITs 特征的融资工具可以通过其金融特征解决公租房租金回报率低的问题。

五、本章小结

本章实际上是对上两章专家访谈和问卷调查的结论予以印证。通过对广州市公租房回报率的计算，本章论证了公租房的基础回报率确实如专家所言，只有 3.585%，如果再减去公租房 REITs 基金的运营管理费用，则基础回报率只有约 2% 左右，而同期基金的回报率高达 4.25%，公租房 REITs 基金不能够满足社会资本的要求。

本章表明，政府补贴、政策性银行的低息贷款等 REITs 金融特征（信用增级）能够很好地解决公租房回报率低的问题，使 REITs 融资达到符合资本市场的回报率要求，进而解决公租房的融资问题。

另外，在公租房领域实行 REITs 锚定市场价格的 70% 水平以上，租金收益率低的问题可以得到轻松解决，但是租房者需要承担一定的房租压力。如果 REITs 需要借助资本市场，那么锚定市场价格的做法将较为妥善，因为通过政府补贴、政策性银行的低息贷款等手段是外部增信方式，而自身回报率锚定市场租金价格水平是自身内部增信方式，是可持续的，也对 REITs 运营有一定的运营压力，毕竟能够经受市场检验的企业才能够基业长青。

结　语

本书通过详细介绍当前中国保障性公租房项目融资问题，论证了在公租房领域实施 REITs 融资工具的必要性和及公租房 REITs 的可行性。当前在政府主导模式下的公租房项目融资体系不足以满足公租房建设资金的需求，而且出现了诸多国有经济体制的管理弊端，缺乏社会资本的真正参与和监督，因此公租房必须引导社会资金参与到公租房的建设之中。

而基于 REITs 特征的融资工具很好地契合了公租房的特点，而且 REITs 在国外多年的探索运营中逐渐完善并已推广到全球 30 多个国家，REITs 已被实践证明是一项引导房地产健康发展的先进制度。目前中国政府已颁布的多项指导意见明确指出要积极探索 REITs 在中国的实施应用。

在可行性分析中，本书通过专家访谈发现：第一，REITs 必须解决公租房租金回报率低的问题；第二，REITs 可以借助证券市场、传统金融机构和个人投资者的资金支持；第三，公租房 REITs 融资效果还会受到行业环境、法律法规和政策规定的影响。另外，本书通过对个人投资者的问卷调查发现，公租房 REITs 应该争取得到传统金融机构和个人投资者的支持，提高普通民众对 REITs 知识的普及和了解。

在案例分析中，本书调查了广州市公租房的情况，发现公租房项目融资缺口巨大，融资困难。通过测算广州市公租房的收益率，发现公租房收益率低于资本市场的要求。但REITs 可以通过各种增信手段提高融资可得性，因而本书对公租房 REITs 的可行性作出相关操作建议。

本研究有如下几个创新点：

（1）本书将 REITs 特征分为金融特征和地产行业特征进行研究分析。

（2）本书以基于 REITs 特征的融资工具替代对 REITs 的研究，使 REITs 在中国的研究具体化、实物化、可论证化。

（3）本研究对广州市公租房案例作了实际数据的测算，说明了公租房的回报率低的问题，并对未来广州市公租房的 REITs 模式提出了几种操作方式以解决回报率低的问题。

然而，由于水平及条件的限制，本研究也存在不少缺点：

（1）本研究对基于 REITs 特征的融资工具对公租房项目融资效果因素未能穷尽，未来依然可能会出现未考虑到的因素，因此本文的回归模型的拟合优度较低。

（2）本研究的问卷调查只有 474 份有效问卷，相比于中国庞大的人口基数来说数量较小，而且相对于大众投资者而言，本次所调查的对象收入水平、职业素养、投资能力、教育水平较高，对于较低水平的投资者反映不足。

（3）本书实证研究并没有找到证券市场、行业水平、法律法规环境和政府政策情况对基于 REITs 特征的融资工具对公租房项目融资效果的证据，但这并不能表示这些因素对公租房 REITs 融资效果无影响。事实上专家普遍认为这些因素对公租房 REITs 的融资效果具有影响，因此后续应该继续寻找相关证据分析这些因素。

（4）本书研究限于公租房 REITs 的必要性和可行性，至于公租房 REITs 上市实操及策略，可参考附录 1《公开募集基础设施证券投资基金指引（试行）》的相关规定，并可以持续关注后续证券交易所公布的关于公租房 REITs 上市的实操案例。

附录 1

专家访谈问题提纲[①]

1. 国内公司交完 25% 所得税，REITs 退出的时候还得缴大约 10% 的税收（根据所得税交的金额 10% 来计算）。我们知道美国 REITs 在企业层面免缴所得税，税收要求会削弱投资者真正拿到手的钱。对于当前中国房地产租赁的回报率，您觉得当前的税负对 REITs 的实施会造成哪些影响？您认为应该从哪些方面协调税收对 REITs 回报率造成的干扰？

2. 很多国内公司持有物业，如果 REITs 要收购这些公司的物业，那么增值税就非常高。一些公司通过一些架构设计降低成本，比如越秀 REITs 通过设置 6 家 BVI（海外离岸公司）将白马大厦、财富广场、城建大厦和维多利亚广场等 4 个国内优质物业分别转让给柏达、金峰、福达和京澳这 4 个 BVI 公司。但是 2006 年之后 171 号文不允许 BVI 公司直接持有物业了。目前 REITs 设立应该以哪种形式设立比较合适？中国目前尚未出台针对 REITs 的专项法律法规，只能依托信托法、投资基金法、公司法等相关法律进行设立，由此是否存在一些法律上的风险？机构组织架构如何设置？

3. 在香港上市，REITs 基金的回报率每年是 7% 以上，目前内地物业的租金收益率如何，是否能够达到上市要求？

4. 您对 REITs 上市融资的看法如何？主要考虑到哪些原因希望 REITs 上市融资？REITs 上市能够给公司带来哪些影响？REITs 上市须花费哪些费用，比如顾问、法律、会计等？

5. 除了回报率问题、法律架构问题、税收问题等，目前实施 REITs 境内上市您觉得还有有哪些困难需要解决？政府行政审批上是否会对 REITs 上市造成困难？未来几年，国内资本市场是否有 REITs 上市的可能？

6. 银行、证券、保险等传统金融机构对 REITs 的态度如何？这些态度对 REITs 在中国的顺利实施造成了哪些影响？是促进了还是阻碍了 REITs 的发展？

---

① 相关附件见 https：//pan. baidu. com/s/1dFRoijf。

REITs 一旦在中国实施会对哪些金融机构产生什么样的影响？

7. REITs 人才储备是否足够？人才储备对 REITs 的实施是否构成影响？

8. 证券交易所对 REITs 的限制非常多，比如对资产、收益、股东等都有非常多的要求，国内的物业能够满足这些要求吗？REITs 本身的诸多限制对于 REITs 在中国的顺利实施造成了哪些影响？比如物业业主分散问题，房产产权问题，以及一些公建配套如管理用房、垃圾用房、自行车车库等不能打包持有等问题，以及都会对 REITs 上市造成影响。

9. 目前有一些类 REITs 的产品，比如中信启航 REITs、万科鹏华 REITs、苏宁云创 REITs 等，这些产品对于 REITs 的发展起到了什么作用？这些产品又有哪些不足需要后续不断完善？

10. 目前资本市场是否欢迎 REITs 上市？沪深两市目前在 3000 点左右徘徊，资本市场行情是否能够支持大量 REITs 上市？证监会是否支持 REITs 公开上市募资？银监会对 REITs 的态度如何？

11. 房地产市场是一个需要大量资金的行业，目前国家对房地产市场不断地进行调控，限制房价的快速上涨。REITs 给予了房地产商一个新的融资方式，在这种政策环境下，REITs 是否与国家政策背道而驰？国家政策对 REITs 的顺利实施造成了哪些影响？

12. 目前国内机构投资者和个人投资者是否对 REITs 有足够的认识？是否欢迎 REITs 这种产品？投资者的态度是否可以支持 REITs 顺利实施？

13. 中国在"十二五"规划中要求建设 3600 万套保障性住房，使保障性住房覆盖率达到 20%。然而由于保障性住房的资金来源问题，导致进展缓慢。而 REITs 提供了一个融资选择，美国已经有不少廉租房的 REITs，政府把廉租房卖给 REITs，然后租回来，这样就减轻了政府的财政压力。您觉得廉租房或者公租房 REITs 是否具有可行性？目前的问题在哪？怎么解决？

14. 目前 REITs 在中国施行还存在哪些问题？

中国个人投资者对 REITs
的认识程度的问卷调查

　　REITs 是一种国外成熟的以房地产为基础资产的金融产品，模式类似于房地产众筹。REITs 将持有的许多成熟物业打包后再细分成许多基金份额或股份，出售给投资者。物业所产生的租金相关收益必须几乎全部分配出去。REITs 在国外具有专门的法律进行限制和保护，REITs 基金份额或股票可以在证券市场上市流通，国外 REITs 年分红一般可到达 7% 左右。

　　目前在中国还没有真正实行 REITs。目前 REITs 在中国是否具有可行性呢？本问卷调查表旨在调查中国个人投资者对 REITs 的认识程度，以了解 REITs 在中国的可行性程度。

1. 您的性别：［单选题］［必答题］
　　○ 男　　　○ 女

2. 您的婚姻状况：［单选题］［必答题］
　　○ 已婚
　　○ 单身

3. 您的年龄段：［单选题］［必答题］
　　○ 18 岁以下　　○ 18～25 岁　　　○ 26～30 岁　　○ 31～40 岁
　　○ 41～50 岁　　○ 51～60 岁　　　○ 60 岁以上

4. 您的教育程度是：［单选题］［必答题］
　　○ 高中及以下
　　○ 本科
　　○ 硕士
　　○ 博士

5. 您所在的城市：［单选题］［必答题］
　　○ 北京
　　○ 上海
　　○ 广州

○ 深圳

○ 二线城市——省会城市、沿海开放城市和经济发达的地级市等

○ 三线城市——比较发达或经济总量较大的中小城市

○ 四线城市——县级市

○ 五线城市——小县城

○ 其他

6. 您目前从事的行业：［单选题］［必答题］

○ IT/软硬件服务/电子商务/因特网运营

○ 咨询/教育/培训/科研/院校

○ 餐饮/娱乐/旅游/酒店/生活服务

○ 会计/审计

○ 法律

○ 银行/保险/证券/基金

○ 私募股权投资/风险基金

○ 制药/生物工程/医疗设备/器械

○ 广告/公关/媒体/艺术

○ 房地产/建筑工程/装潢/设计

○ 交通/运输/物流

○ 航天/航空/能源/化工

○ 农业/渔业/林业

○ 未就业

7. 您所在企业的性质是：［单选题］［必答题］

○ 国企

○ 私企

○ 外资

○ 合资

○ 事业单位

○ 其他

8. 您目前从事的职业：［单选题］［必答题］

○ 全日制学生

○ 生产人员

○ 销售人员

○ 市场/公关人员

○ 客服人员

○ 行政/后勤人员

○ 人力资源

○ 财务/审计人员

○ 文职/办事人员

○ 技术/研发人员

○ 管理人员

○ 教师

○ 顾问/咨询

○ 专业人士（如会计师、律师、建筑师、医护人员、记者等）

○ 其他

9. 您在企业的职务属于：［单选题］［必答题］

○ 高级管理者

○ 中级管理者

○ 一般职员

○ 股东、所有者

○ 其他

10. 您的月薪收入区间：［单选题］［必答题］

○ 5000 元以下

○ 5000～8000 元

○ 8000～16000 元

○ 16000～30000 元

○ 30000 元以上

11. 您对 REITs 的了解程度：［单选题］［必答题］

○ 没听说过

○ 听说过，没有去了解

○ 有所认识了解

○ 有研究，非常了解

12. REITs 是以房地产为主要投资行业，以租金相关收益为主，国外 REITs 年分红回报可达7%左右，可上市流通，您对中国推出这种 REITs 产品感兴趣的程度：［单选题］［必答题］

○ 不感兴趣　　（请跳至第13题）

○ 兴趣一般　　（请跳至第13题）

○ 比较感兴趣　（请跳至第14题）

○ 非常感兴趣　（请跳至第14题）

13. 您对投资中国 REITs 产品不感兴趣或兴趣一般的原因是：［多选题］［必答题］

　　□ 对投资不感兴趣

　　□ 难以理解

　　□ 回报率低

　　□ 其他＿＿＿＿＿＿＿＿＿＿＿＿

　＊填写完该题，请跳至第 15 题。

14. 您对投资中国 REITs 产品感兴趣的原因是：［多选题］［必答题］

　　□ 回报率满足要求

　　□ 风险波动低

　　□ 房地产相关

　　□ 其他＿＿＿＿＿＿＿＿＿＿＿＿

15. 您认为阻碍中国推出 REITs 的因素有哪些：［多选题］［必答题］

　　□ 回报率低

　　□ 投资者不了解

　　□ 法律不健全

　　□ 相关税负太高

　　□ 证券市场不健全

　　□ 管理人才素质不高

　　□ 房地产投资热

　　□ 政策不支持

　　□ 其他＿＿＿＿＿＿＿＿＿＿＿＿

16. 在目前的环境下，您认为 REITs 在中国推出是否具有可行性？［单选题］［必答题］

　　○ 具有可行性

　　○ 不具有可行性

17. 您对中国近期（一年内）推出 REITs 的可能性的乐观程度：［单选题］［必答题］

　　○ 非常悲观，不会推出

　　○ 态度一般，不看好

　　○ 比较乐观，有可能推出

　　○ 乐观，近期会推出

18. 您预计中国未来最有可能何时推出 REITs：［单选题］［必答题］

　　○ 2 年内

○ 3～5 年

○ 5～8 年

○ 8～10 年

○ 10 年以上

○ 不会推出

19. 中国若推出 REITs，您认为最有可能先在哪个行业实施：［多选题］［必答题］

☐ 写字楼

☐ 零售店

☐ 工业厂房

☐ 酒店

☐ 公租房

☐ 购物广场

☐ 养老地产

☐ 仓库物流园

☐ 住宅

☐ 医疗地产

☐ 其他_____

20. 您认为中国推出 REITs 是否会给房地产行业加温：［单选题］［必答题］

○ 不会有影响

○ 影响不明显

○ 影响较明显

○ 影响比较明显

21. 您对中国公租房 REITs 能解决保障性住房建设资金不足的态度：［单选题］［必答题］

○ 非常悲观，不能解决

○ 态度一般，乐观其成

○ 比较乐观，态度支持

○ 非常乐观，能够解决

22. 您认为中国如果推出 REITs，主要投资者是____：［多选题］［必答题］

☐ 银行

☐ 证券

☐ 保险

☐ 基金

□ 养老金

□ 个人投资者

□ 海外资金

□ 其他

23. 您认为中国如果推出 REITs，利好哪些群体：［多选题］［必答题］

□ 银行

□ 证券

□ 保险

□ 基金

□ 政府部门

□ 个人投资者

□ 海外投资者

□ 房地产开发商

□ 房地产中介

□ 物业管理公司

□ 其他

24. 中国若全面开放 REITs，您会选择投资哪种行业的 REITs 物业：［多选题］［必答题］

□ 写字楼

□ 零售店

□ 工业厂房

□ 酒店

□ 公租房

□ 购物广场

□ 养老地产

□ 仓库物流园

□ 住宅

□ 医疗房产

□ 其他_____

25. 您认为 REITs 业绩受到哪些因素影响［多选题］［必答题］

□ 租金收益回报率

□ 物业成长性

□ 宏观环境

□ 物业管理团队

□ 基金管理人

□ 其他＿＿＿＿＿＿＿＿＿＿＿

26. 如果中国推出公租房为基础资产的 REITs，您会投资吗：［单选题］［必答题］

○ 不投资

○ 少量配置

○ 重点投资

○ 全部投资

27. 您如果投资公租房为基础资产的 REITs，最担忧的是［单选题］［必答题］

○ 回报率不高

○ 风险太大

○ 成长性不高

○ 其他＿＿＿＿＿＿＿＿＿＿＿

28. 您投资 REITs 要求的每年分红回报率：［单选题］［必答题］

○ 无要求

○ 1～3%

○ 3～5%

○ 5～8%

○ 8～11%

○ 11%～15%

○ 15%～18%

○ 18% 以上

参考文献

Abdou K. , Ghosh S. What Motivates REITs to Pay Cash Versus Other Forms of Payment in Mergers and Acquisitions? [J]. Journal of Property Investment & Finance, 2011, 29 (1): 19 – 34.

Adizes I. Organizational Passage: Diagnosing and Treating Life Cycle Problem in Organizations [J]. Organizational Dynamics, 1979, 8 (1): 3 – 24.

Alchian A. Uncertainty, Evolution and Economic Theory [J]. Journal of Political Economy, 1950 (58): 211 – 222.

Ambrose B. W. , Linneman P. REIT Organizational Structure and Operating Characteristics [J]. Journal of Real Estate Research, 2001, 21 (3), 141 – 162.

Bairagi R. K. , Dimovski B. The Direct Costs of Raising External Equity Capital for US REITs IPOs [J]. Journal of Property Investment & Finance, 2012 (30): 538 – 562.

Ball M. RICS European Housing Review 2004: Executive Summary [J]. RICS, 2004, 72 (3): 210 – 215.

Campbell R. D. , Ghosh C. , Sirmans C. F. The Information Content of Method of Payment in Mergers: Evidence from Real Estate Investment Trusts (REITs) [J]. Real Estate Economics, 2001, 29 (3): 361 – 387.

Cannon S. E. , Vogt S. C. , Wang K. REITs and Their Management: An Analysis of Organizational Structure, Performance, and Management Compensation [J]. Journal of Real Estate Research, 1995: 297 – 317.

Capozza D. R. , Seguin P. J. Debt, Agency, and Management Contracts in REITs: The External Advisor Puzzle [J]. The Journal of Real Estate Finance and Economics, 2000, 20 (2): 91 – 116.

Cheong C. S. , Olshansky A. , Zurbruegg R. The Influence of Real Estate Risk on Market Volatility [J]. Journal of Property Investment and Finance, 2011, 29 (2): 145 – 166.

Corgel J. , Gibson S. Real Estate Private Equity: The Case of US Unlisted REITs

［J］. Journal of Property Investment and Finance，2008，26（2）：132 - 150.

Damodaran A. , John K. , Liu C. The Determinants of Organization from Changes：Evidence and Implication from Real Estate ［J］. Journal of Finance Econimics，1997，45（2）：169 - 192.

Friday H. S. , Sirmans G. S. Board of Director Monitoring and Firm Value in REITs ［J］. Journal of Real Estate Research，1998（16）：411 - 428.

Ghosh C. , Nag R. , Sirmans C. F. The Pricing of Seasoned Equity Offerings：Evidence from REITs ［J］. Real Estate Economics，2000，28（3）：363 - 384.

Gillan S. , Starks L. T. A Survey of Shareholder Activism：Motivation and Empirical Evidence ［J］. Contemporary Finance Digest，1998（2）：10 - 34.

Graeme N. , Karen S. Global Trends in Real Estate Finance ［M］. New Jersey：Wiley-Blackwell，2010.

Ha H. , Lee I. W. Adoption of Institutional Option for Affordable Housing Production：Collective Action Problems and Option Choice ［J］. International Review of Public Administration，2001，16（2）：71 - 93.

Jaffe J. F. Taxes and the Capital Structure of Partnerships，REITs，and Related Entities ［J］. The Journal of Finance，1991：911 - 922.

Kim J. , Jang S. Comparative Analyses of Hotel REITs：Examining Risk-return and Performance Characteristics ［J］. International Journal of Contemporary Hospitality Management，2012，24（4）：594 - 613.

Morri G. , Beretta C. The Capital Structure Determinants of REITs. Is It a Peculiar Industry？ ［J］. Journal of European Real Estate Research，2008，1（1）：6 - 57.

Narron，F. The Evolution of the Low-Income Housing Tax Credit and the Boom in Affordable Housing ［J］. Real Estate Finance，2004，21（4）：18 - 21.

Nelson W. A. , Johnson D. The Strong Building：A Case Study in Direct Investment ［J］. Managerial Finance 1975，32（12）：997 - 1002.

Niskanen J. , Rouhento J. , Falkenbach H. European Real Estate Equities：Ownership Structure and Value of the Firm ［J］. Journal of European Real Estate Research，2011，4（2）：131 - 144.

Obereiner D. , Bjorn-Martin K. Inflation-hedging Properties of Indirect Real Estate Investments in Germany ［J］. Journal of Property Investment & Finance，2012（30）：218 - 240.

Pennathur A. K. , Shelor R. M. The Determinants of REIT CEO Compensation ［J］. The Journal of Real Estate Finance and Economics，2002（25），99 - 113.

Shlay A. B. Low-income Homeownership：American Dream or Delusion？［J］. Urban Studies，2006，43（3）：511 – 531.

Whiting D. Playing the REITs Game：Asia's New Real Estate Investment Trusts ［M］. New York：John Wiley & Sons，2007.

Wolfgang A.，Julie L.，Alexis M. Structured Financing Allows for Affordable Rental Housing in Austria ［J］. Housing Finance International，2009（4）：14 – 18.

巴曙松. 公募 REITs 的中国实践及模式创新 ［OL］. 2021 – 02 – 26. https：// hfri. phbs. pku. cn/2021/short_ 0301/1311. html.

布洛克. 房地产投资信托基金 ［M］. 宋光辉，田京华，曲子辉，译. 4 版. 北京：机械工业出版社，2014.

陈淑贤. 房地产投资信托：结构绩效与投资机会 ［M］. 刘洪玉，黄英，译. 北京：经济科学出版社，2004.

陈淑珍，孙敬涛. 房地产投资信托基金投资领域分析 ［J］. 科技信息，2012 （32）：516.

杜月. 房地产投资信托基金在中国保障性住房融资中的运用研究 ［D］. 沈阳：辽宁大学，2012.

法斯，沙夫，泽夫. 美国房地产投资信托基金指南 ［M］. 邢建东，陶然，译. 北京：法律出版社，2010.

冯智强. 中国商业地产的融资工具研究基于 REITs 模式研究 ［D］. 武汉：华中师范大学，2013.

郭恩才. 私募股权基金 ［M］. 北京：中国金融出版社，2008.

郭丽. 保障房债券融资探析：以广州市中低收入群体的住房消费保障为例 ［J］. 特区经济，2012（6）：34 – 36.

韩函. 租赁型保障性住房建设资金来源问题研究 ［D］. 武汉：华中师范大学，2011.

何杰锋，潘洋. 广州公租房建设利用 REITs 融资的可行性研究 ［J］. 财会月刊，2014（2）：55 – 57.

何小峰，等. 资产证券化：中国的模式 ［M］. 北京：北京大学出版社，2001.

胡晓霜. 保障性住房融资工具创新研究 ［D］. 成都：西南财经大学，2012.

李娟. 房地产信托投资基金的发展研究 ［D］. 兰州：兰州大学，2013.

李晓峰. 中国私募股权投资案例教程 ［M］. 北京：清华大学出版社，2011.

沈建忠. 房地产基本制度与政策 ［M］. 北京：中国建筑工业出版社，2016.

张民省. 新编社会保障学 ［M］. 太原：山西人民出版社，2015.

李智，等. 廉租房投资信托（REITs）：瓶颈与出路 ［M］. 上海：上海大学出版社，2016.

李智.REITs 法律制度研究［M］.法律出版社，2005 年.

厉以宁，孟晓苏，李源潮，等.走向繁荣的战略选择［M］.北京：经济日报出版社，2015.

刘大志.房地产企业融资：业务匹配、金融支持与政策调整［M］.广州：中山大学出版社，2012.

刘方强，李世蓉.REITs 在我国公共租赁房建设中的应用［J］.建筑经济，2010（12）：104 – 107.

刘洪辞.蚁族群体住房供给模式研究［D］.武汉：武汉大学，2012.

刘金川.房地产信托中道德风险的经济学研究：基于投资者视野［D］.重庆：重庆大学，2012.

刘堃.公租房应用 PPP 融资工具分析：以河南省为例［J］.会计之友，2016（10）：83 – 85.

刘向东.中国房地产投资信托基金设立与运行模式研究［D］.北京：清华大学，2012.

刘颖.中国廉租住房制度创新的经济学分析［M］.上海人民出版社，2007.

龙雯.公共住房保障中的政府责任研究［D］.长沙：湖南大学，2012.

陆却非.房地产投资信托基金系统性风险研究［D］.合肥：中国科学技术大学，2011.

栾世红.中国保障性住房融资工具研究［D］.沈阳：辽宁大学，2015.

马建平.中国保障性住房制度建设研究［D］.长春：吉林大学，2014.

马智利，王晓燕，马敏达.REITs 在公租房项目融资中的应用研究［J］.建筑经济，2014（1）：23 – 26.

孟晓苏，柴效武.反向抵押贷款制度［M］.浙江大学出版社，2008.

明源地产研究院.房地产企业战略突围的 N 种模式［M］.北京：中信出版社，2015.

明源地产研究院.房地产项目运营最佳实践［M］.北京：中国建筑工业出版社，2011.

彭龙.合作博弈框架下的信托利益分配机制研究［D］.北京：北京邮电大学，2013.

彭敏瑜.REITs 市场的风险及其传染研究［D］.天津市：南开大学，2013.

彭小兵，王梓.基于房地产投资信托基金的公租房融资研究［J］.中国市场，2012（42）：38 – 47.

祁继华.REITs 与公租房"联姻"的前景分析：从廉租房角度研究 REITs 的

运作与管理 [J].中国商界，2010（7）：11－12.

石振武，刘扬.基于 PFI＋ABS 的公租房融资研究 [J].财会通讯，2016（29）：28－30.

司军辉.基于 REITs 的经济适用房融资模式研究 [D].北京：北京邮电大学，2010.

宋明星.基于城市关联性的保障性住房发展历程与设计策略研究 [D].长沙：湖南大学，2016.

宋琪.资本化视角下地方公共品供给的财政激励研究 [D].济南：山东大学，2014.

苏建，黄志刚.房地产投资信托基金税制研究 [M].北京：中国经济出版社，2014.

孙明阳.房地产投资信托基金中的委托代理问题 [D].开封：河南大学，2012.

孙永祥.公司治理结构：理论与实证研究 [M].上海：上海三联书店，2002.

田晖.中国城市轨道交通建设融资工具研究 [D].成都：西南财经大学，2014.

田一淋.基于 PIPP 模式的公共住房保障体系研究 [D].上海：同济大学，2012.

王凯.REITs 组织模式与治理结构研究 [D].成都：西南财经大学，2006.

王祺.房地产投资信托基金治理模式对收益的影响分析 [J].哈尔滨师范大学社会科学学报，2013（1）：66－68.

王仁涛.中国房地产金融制度创新研究：基于 REITs 理论的探讨 [M].上海：复旦大学出版社，2009.

王巍.房地产信托投融资实务及典型案例 [M].北京：经济管理出版社，2013.

王伟.用公共物品生产公共物品 [D].南京：南京大学，2014.

王贤磊.中国保障住房供给问题的研究 [D].武汉：华中师范大学，2013.

王霄，胡军.社会资本结构与中小企业创新：一项基于结构方程模型的实证研究 [J].管理世界，2005（7）：116－122.

王小雪.中国不动产投资信托基金运行机制研究 [D].天津：天津财经大学，2009.

吴春玥.房地产投资基金投资项目财务监管问题探讨 [J].价值工程，2011（30）：139－140.

吴永宏.中国城市住房保障制度设计与实践运行研究 [D].苏州：苏州大

学，2013.

向永泉. REITs：理论分析与中国实践 [D]. 厦门：厦门大学，2006.

项泾渭. 国际知名 REITs 绩效评价与启示 [J]. 金融科技，2014（17）：309 – 310.

肖亮. 中国农村公共产品供给的投融资问题研究 [D]. 武汉：华中农业大学，2012.

肖忠意，刘炼. 中国公租房融资探究：以重庆市引入房地产投资信托基金为例 [J]. 价格理论与实践，2014（6）：87 – 89.

谢义维. 主要发达国家住房保障制度及中国的实践研究 [D]. 长春：吉林大学，2014.

邢建东，陶然. 美国房地产投资信托基金制度与运用 [M]. 北京：中国法制出版社，2008.

徐东辉. 中国公租房制度创新研究 [D]. 长春：吉林大学，2012.

薛潇. 中国房地产投资信托基金投资者利益保护：以契约型房地产投资信托基金为研究对象 [D]. 厦门：厦门大学，2009.

杨阳. 房地产投资信托基金运行模式研究 [D]. 北京：北方工业大学，2012.

殷燕. 国际公共住房财政与金融体系实证研究 [D]. 北京：北京邮电大学，2012.

于磊杰. 中国养老地产融资工具的研究 [D]. 西安：西北大学，2015.

袁博. 中国保障性住房基金运行及模式研究 [D]. 北京：对外经济贸易大学，2014.

张碧波. 中国公共产品供给中的公私合作问题研究 [D]. 北京：中共中央党校研究生院，2015.

张桂玲. 公租房房地产信托投资基金融资工具构建 [J]. 对外经贸，2012（4）：116 – 118.

张建中，冯天才，曾福林，等. 房地产开发与经营 [M]. 北京：北京大学出版社，2008.

张巍，杨莹. REITs 在我国城镇廉租房建设中的运动模式研究 [J]. 建筑经济，2010（7）：99 – 102.

张兴. 房地产投资信托基金运营 [M]. 北京：机械工业出版社，2009.

张旭旭. 英国住房抵押贷款一级市场监管体系研究 [D]. 成都：西南财经大学，2014.

赵亮. 经济法视角下的中国保障性住房制度研究 [D]. 北京：中央财经大学，2015.

郑书耀.准公共物品私人供给研究 [M].中国财政经济出版社，2008.

周礼文.保障性住房法律制度研究 [D].长沙：中南大学，2012.

周志军.中国商业地产100个操作细节与轻资产模式解读 [M].北京：中国建筑工业出版社，2014.

朱清.房地产投资信托基金与房地产直接投资的比较研究 [J].经济研究，2012 (17)：147 – 148.

后 记

今天是我们所有中国人以及全球华人的春节，传统的大年初一。

岁序常易，华章日新。律回春渐，新元肇启。然而，时间亦如孔子所言，"逝者如斯夫，不舍昼夜"。

初始研究 REITs 这个主题，是因为本人早期曾参与过一些高档酒店与房地产领域项目的投资和建设，以及 20 世纪之初在新加坡、马来西亚和中国香港的那次旅行所带来的一点启发，惦记着如何在将来用国外的金融实践经验为我们国家的经济建设服务，为我们的地方政府排忧解难，为我们新一代城市青年提供不做"房奴"的可能……

而 2007 年 4—5 月，我与同学们在美国纽约大学学习金融地产，在加州大学洛杉矶分校学习创新性思维。其间分别参访了摩根士丹利和高盛银行总部，以及纽约证券交易所、房地美、联合国总部等企业或机构，虽然历时不算很长，却使我重新认识了世贸大楼时代广场被恐怖分子撞毁后正在恢复重建的曼哈顿，同时也了解到华尔街几乎所有的大楼商厦都是用房地产信托基金（REITs）模式在管理和运营的。当时我就在思考一个问题：鉴于房地产行业的金融属性，这种模式将来也必然会成为中国房地产相关产业的重要发展方向。

然而，当我真正深入学习研究 REITs时，却因为素材资料有限而举步维艰。

2010 年开始，我逐渐受到在中国素有"房地产 REITs 教父"之称的孟晓苏教授和素有"私募股权基金 PE 之父"之称的何小锋教授的一些影响，于是就把这个课题作为自己的研究方向，并结合国家政策环境和实际工作经验，在读博士期间与同事合作委托中信出版集团出版了我们的新书《REITs：颠覆传统地产的金融模式》。没想到 5 年间多次重印，且曾经出现过脱销现象，可见这个话题在中国政界、学界、商界的反应不小。

朱熹先生《观书有感》诗云：

> 昨夜江边春水生，
> 艨艟巨舰一毛轻。
> 向来枉费推移力，

此日中流自在行。

国家金融政策来了……

财政税收优惠来了……

资产证券机会来了……

企业家正宜把握大势、乘势而上、顺势而为，让资产证券化为企业创造更大利益价值，为社会创造更优品质项目，为未来创造更多金融资源……

我们用了几年时间与国家新出台的政策结合，反复推敲，数易其稿，写成《公租房 REITs》。新书很快就要由我们母校中山大学的出版社出版发行，与广大读者朋友们见面了。看着即将付梓的又一本文稿，欣喜和感激之情油然而生。

首先衷心感谢把我们引到 REITs 研究路上的孟晓苏教授和何小锋教授！特别是孟晓苏教授，为了能够给我们更多一些 REITs 专业辅导，他曾欣然接受暨南大学的兼职教授敦聘。孟老师是个温文尔雅、学识渊博的爱国知识分子，是国家高级领导干部、优秀企业家、著名学者。作为推动 REITs 在中国落地实施的领军人物，是他引导、启发、帮助我对 REITs 中国化进行深入研究和分析的。韩愈所说的"传道、授业、解惑"在他身上都有着特别充分的体现。

还要特别感谢图卢兹商学院的导师郑立华教授和暨南大学的导师王霄教授，二位导师在我的学习和论文写作进程中，倾注了大量时间精力，启发了我实事求是的论证方法和学术思维，对我的论文研究具有很大的启发和帮助。甚至在我曾经遇到压力考虑要放弃的时候，他们也能用锲而不舍与持之以恒的精神，支持我不抛弃、不放弃、坚定前行。特别感谢王霄老师，在教学的间隙抽出时间为我们这本新书撰写了序文。

还要感谢 Jacques Digout、Colomb Dominique、王玮、李东辉、黎文靖、刘建军、李明、王步芳等诸位教授，他们都曾在教学中或生活中给予过我们指导和鞭策。

还有值得我特别铭记与感谢的刘慧、张凯、吕新艳、何冰心等老师，他们在我的学习和写作过程中给予我帮助与鼓励。

还有几位为我们题写推荐语的良师益友，也非常值得我们铭记与感谢：

中山大学副校长李善民教授不仅为我们的第二本书撰写序文，这次匆忙翻阅过书稿后，又为我们新书题写了推荐语，还两次介绍我们与中山大学出版社的编辑老师对接交流。

深圳市大湾区金融研究院院长、《新资本论》《新经济学》作者向松祚博士在看过我们的电子版书稿后，热情地为我们新书题写推荐语。

暨南大学管理学院院长黎文靖教授不仅学术研究出类拔萃，更是才雄德茂、年轻有为，在行政管理和教学研究之余，利用周末时间翻阅我们奉寄的书稿后，再次发来推荐语。

还要感谢国内外从事 REITs 工作与研究的前辈老师和朋友们，因为我们这一部著作正是在他们研究的基础之上所完成的。就像牛顿所说的那样，这一点小成果都是站在巨人的肩膀上完成的。我们在借鉴和引用他们的研究时，总是怀着一颗感恩之心与敬畏之心，虽然都尽可能地注明了出处，但又担心万一遗漏，或能力所限囫囵吞枣消化不良，以至于引起误解而贻笑大方。

还要感谢中山大学出版社的熊锡源老师，他作为本书的责任编辑，为本书的立项、审稿做了很多工作。

写到这里，要特别感谢的是我的合作伙伴修逸群先生和高仪同学。要知道，从过去一篇研究性学术论文到今天具有实用性的参考著作，这中间有大量文献查阅、政策分析、案例研究等辛苦工作都是靠他们两位帮助共同完成的。虽然他们两位是"90 后"的年轻人，但他们在学业的某些方面做我的老师也绰绰有余。所以说，他们对本书的贡献和作用比我要大很多。

最后，还是要感谢我亲爱的家人：太太周贤敏、女儿高仪、儿子高权。是他们给予了我这几十年生存的力量、生活的快乐和生命的意义！

高旭华

2023 年 2 月 1 日

壬寅年正月初一

推荐语

我国有足够的优质不动产资产可以进行证券化；我国人民素有持有房产等不动产的历史习惯，容易接受不动产证券化产品；近年我国与世界各国不动产资产持续增值，有利于增强不动产证券化的信心。这都是我国开展不动产资产证券化的优势。只要我们进一步解放思想，坚定扩大直接融资比重，相信 REITs 将会在中国大行其道。它将促进我国金融体系完善、资本市场健康发展，为中国经济长期发展与良性循环，发挥出更大的作用。

——孟晓苏 北京大学教授、博士生导师

中国房地产集团理事长、汇力基金管理有限公司董事长

发展公租房长期来看是利国利民之策，可谓是功在千秋！绝不能因一时的经济压力而中断放弃。当前，国家支持房地产投资信托基金 REITs 模式，公租房建设的步伐势必将大大加快，政府的财政压力也将大大减轻，进而必然促进房地产市场乃至整个中国经济良性发展。

——李善民 中山大学教授、博士生导师

岭南学院院长、高级金融研究院院长

REITs 是未来房地产金融服务模式多样化的必然之路，金融机构应及早展开全面的理论和实践研究，积极探索创新与房地产行业的金融合作模式。相信高旭华博士等作者的最新著作《公租房 REITs》，必然能够为金融机构开展 REITs 业务模式的研究创新、参与和运作，提供重大的启发和实质性的帮助。

——刘建军 高级经济师

中国邮政储蓄银行股份有限公司行长、执行董事

REITs 在国外已经是非常成熟的金融产品，在中国却是一个新鲜事儿。随着中国房地产业日益走向成熟和饱和，必须创新金融工具，助推房地产业实现转型升级，盘活存量，优化增量，为投资者提供稳健持续且满意的收益。为此，最近几年国家相关部门和证券交易所连续出台多项政策，加快推进 REITs 项目选择和

交易试点工作。试点工作取得较好成效，相关产品投资回报相当可观。实践证明，REITs 在我国具有广阔的发展前景，不仅对房地产业的稳健发展转型升级具有重要作用，而且对盘活我国庞大的基础设施存量，为基础设施建设提供长期资金也有重要意义。

高旭华先生等人合著的《公租房 REITs》一书，聚焦公租房 REITs 的理论和案例，充分借鉴国外成功经验，是我国第一部系统阐述公租房 REITs 的专著，值得所有参与 REITs 业务的朋友学习参考。

——向松祚 博士
《新资本论》、五卷本《新经济学》作者，深圳市大湾区金融研究院院长

2020 年 4 月，中国 REITs 政策出台，为当下国内房地产雾霾亮起了一盏明灯。高旭华、修逸群、高仪等实践派学者适逢其时做了一系列卓有成效的研究，继《REITs：颠覆传统地产的金融模式》后，又推出《公租房 REITs》一书，系统论述了公租房 REITs 的概念、历史沿革，并对比国内外的实践深入探讨了当下备受关注的热点问题，非常值得业界和相关学者研读。

——黎文靖 暨南大学教授、博士生导师
暨南大学管理学院院长，美的集团独立董事

第一次看到高旭华先生等人合著的《公租房 REITs》书稿就眼前一亮。我们国家对公租房的推动符合国情国策，但也需要借助现代金融工具的手段进行落实。在我们国家，目前关于 REITs 的理论研究成果及操作素材还不够丰富。该书能够对公租房 REITs 从理论到实务，从国外经验到国内现状进行系统研究，在此领域弥足珍贵。这不仅丰富了我国学者关于金融产品、金融工具的理论研究成果，同时对我国公租房 REITs 的实践具有重要的参考价值。

《公租房 REITs》一书值得我们大家关注和期待。

——袁森庚 教授
盈科律师事务所高级合伙人，国家税务总局干部学院原教授，全国律师协会财税法专业委员会委员

作者已出版著作